# Inhalt

# Einleitung zur deutschen Ausgabe

Wir leben in einer schnellebigen Zeit – so schnellebig, daß ein Stichwort wie »Geiselkrise im Iran« schon heute bei vielen eine Mischung aus Verwunderung und halbschläfriger Erinnerung auslöst. Geiselkrise? Iran? War das nicht das mit dem Schah?... Denn was gestern oder vorgestern wochenlang in den Schlagzeilen war, das ist heute bekanntlich vergessen. Gewöhnlich zu unserem eigenen Schaden.

Erinnern wir uns also etwas genauer: 1978 bröckelte im Iran das Regime von Schah Mohammed Reza in einer langen Welle von z. T. blutigen Unruhen, Demonstrationen und Streiks zusehends ab. Verschiedene Faktoren (nicht zuletzt eine übereilte Industrialisierung und »Verwestlichung«, Korruption, Arroganz und Unterdrückung durch Regierungsstellen und die gefürchtete Geheimpolizei SAVAK) hatten zu einer tiefen Entfremdung der Bevölkerung von der Regierung geführt, die sich auch durch hastig eingeleitete Liberalisierungsmaßnahmen nicht mehr heilen ließ. Als selbst die Armee zunehmend Auflösungserscheinungen zeigte, verließ am 16. 1. 1979 der Schah mit seiner Familie das Land. Die kurz zuvor gebildete neue Regierung unter Bakhtiar war nur von kurzer Dauer. Am 1. Februar kehrte der Schiitenführer Ayatollah Khomeini, der über 15 Jahre lang im Exil gelebt hatte (bis Oktober 1978 im Irak, dann in Frankreich) und zur einflußreichsten Stimme der religiösen Opposition gegen den Schah geworden war, in den Iran zurück und setzte eine neue provisorische Regierung unter Ministerpräsident Bazargan durch.

Mit Khomeini gewannen die radikalen Kräfte der iranischen Revolution, die auf die Errichtung eines totalitären Staates auf der Grundlage des Islam hinarbeiteten, rasch die Oberhand. Am 1. 4. 79 wurde nach einer Volksabstimmung die neue »Islamische Republik Iran« proklamiert. In einer wachsenden Welle von Verhaftungen und Hinrichtungen durch sogenannte Revolutionsgerichte wurden immer mehr Anhänger des alten Schah-Regimes, aber auch andere Gegner von Khomeinis Linie, beseitigt. Der Schah selbst wurde in Abwesenheit zum Tode verurteilt. Kulturell begann eine scharfe Re-Islamisierung des Landes – praktisch eine Art Rückkehr ins islamische Mittelalter.

Der Haß des neuen Regimes richtete sich auch gegen die westlichen Staaten, die in der Vergangenheit den Schah unterstützt hatten, vor allem gegen die USA. Als der Schah – nach Aufenthalten in Ägypten, Marokko und auf den Bahamas – im Oktober 1979 zur Behandlung eines schweren Krebsleidens in die USA ging, brach der antiamerikanische Sturm voll los. Am 4. November stürmten iranische Revolutionäre und Studenten die amerikanische Botschaft in Teheran und nahmen die über 60 dort befindlichen Amerikaner als Geiseln. Drei weitere amerikanische Diplomaten wurden im iranischen Außenministerium festgehalten. Die Besetzer forderten insbesondere die Auslieferung des Schahs und seines Vermögens. Es wurde rasch deutlich, daß Khomeini sie unterstützte; am 5. November trat Bazargan resigniert zurück.

Die Hoffnungen auf eine rasche Beilegung der Krise zerschlugen sich bald. Zwar wurden am 18. 11. aus politischen Gründen 13 der Geiseln (acht Frauen und fünf Schwarze) freigelassen, aber die übrigen Geiseln (bis auf einen, der im Juli 1980 aus Krankheitsgründen freigelassen wurde) kamen erst nach 444 Tagen wieder frei. Sowohl Verhandlungsversuche als auch amerikanische Sanktionen auf wirtschaftlichem, finanziellem und diplomatischem Gebiet blieben ohne durchgreifenden Erfolg. Am 28. 1. 1980 gelang sechs Botschaftsangehörigen, die der Besetzung und Gefangennahme entgangen waren, mit Hilfe der kanadischen Botschaft die Flucht aus dem Iran. Am 7. April 1980 brachen die USA offiziell die diplomatischen Beziehungen zum Iran ab. Ende April scheiterte der Versuch, die Geiseln durch ein vom Flugzeugträger »Nimitz« gestartetes militärisches Kommandounternehmen zu befreien, an technischem und organisatorischem Versagen. Am 24. 5. 1980 wurde der Iran vom Internationalen Gerichtshof verurteilt. Am 27. 7. 1980 starb der Schah in Kairo. Im September brach der bis heute (*Juni 1984*) noch andauernde Krieg zwischen dem Irak und dem Iran aus.

Im November 1980 kamen unter algerischer Vermittlung die entscheidenden Verhandlungen zur Freilassung der Geiseln in Gang. In einem im Januar 1981 abgeschlossenen Abkommen verpflichtete sich die amerikanische Regierung zur Zahlung einer Summe, die im wesentlichen den von ihr eingefrorenen iranischen Bankguthaben in den USA entsprach. Am 20. 1. 1981 wurden die 52 verbliebenen Geiseln (einschließlich der drei im Außenministerium internierten Diplomaten) endlich freigelassen; sie reisten über Algier und Frankfurt in die Vereinigten Staaten zurück.

Man sieht: Es war eine bewegte Zeit, diese 444 Tage. Und das nicht nur wegen der Geiselaffäre, denn immerhin fielen in diese Zeit unter anderem die sowjetische Invasion in Afghanistan, als Reaktion darauf der Boykott der Olympiade 1980 in Moskau durch die USA und 50 andere Länder, der Aufstieg der polnischen freien Gewerkschaft »Solidarität«, der Beginn der marxistischen Mugabe-Regierung in Zimbabwe (Rhodesien) und die Ablösung des amerikanischen Präsidenten Carter durch Reagan – auch das Ereignisse, die die meisten von uns wahrscheinlich schon wieder vergessen haben.

Zu den 52 Geiseln, die die ganzen 444 Tage durchstehen mußten, gehörte auch eine Frau namens Kathryn Koob, die damalige Leiterin der Iran-American Society (IAS) in Teheran, einer Institution für den kulturellen Kontakt zwischen den USA und dem Iran. In diesem Buch erzählt sie die Geschichte dieser 444 Tage so, wie sie sie persönlich erlebte. Sie gibt uns packende Einblicke in den Alltag der Geiselhaft, auch und gerade in das, was damals nicht in die Schlagzeilen kam. Und sie zeigt uns, wie sie während dieser langen Monate mehr und mehr Kraft aus ihrem christlichen Glauben bezog und wie sie nicht nur mit ihren Bewacherinnen und anderen Menschen, sondern auch mit Gott Erlebnisse hatte – Erlebnisse, die sie entscheidend und neu prägten.

Es muß noch gesagt werden, daß dieses Buch nichts für den bloß sensationslüsternen Leser ist; wer eine Horrorstory im Stil der Boulevardpresse erwartet, wird enttäuscht werden. Kathryn Koob wurde relativ gut behandelt (besser als die meisten anderen Geiseln), und sie schreibt nicht aus einer Position des unversöhnlichen Zorns oder Hasses heraus. Ihr Bericht ist – von der ersten bis zur letzten Seite – ebenso nüchtern wie packend. Wir erleben, wie ein ganz normaler Mensch in eine höchst unnormale und traumatische Situation hineingerissen wird – und ausgerechnet hier erfährt, daß Gott da ist und ihn durchbringt. Wir erleben, wie Glaube lebendig wird und daß eine christliche Erziehung kein nostalgischer Luxus ist, sondern eiserne Ration und Fundament für inneres Wachstum. Wir erleben, wie ein Mensch es lernt, seine Feinde zu lieben.

Friedemann Lux

# Vorwort

Als wir im Januar 1981, kurz nach unserer Freilassung, in Deutschland ankamen und ich meine Verwandten in Amerika anrief, sagte meine Schwester Mary Jane: »Kate, du mußt ein Buch schreiben. Die Leute haben ja so viele Fragen.«

Meine Antwort war schnell und bestimmt: »Ausgeschlossen!« Und als ich dann zu Hause von Verlagen und Journalisten ein Angebot nach dem anderen für ein Buch bekam, ließ ich sie einfach in den Papierkorb wandern. Ein Buch schreiben – nein; da hatte ich anderes zu tun.

Aber der Verlag Thomas Nelson erwies sich als ganz besonders hartnäckig, so daß ich mich schließlich halbherzig dazu breitschlagen ließ, einmal »über die Sache zu reden«. Ich war nach wie vor der Meinung, daß es viel zuviel Arbeit sei, ein Buch zu schreiben (damit hatte ich dann auch gar nicht so unrecht), und daß ich doch mit all meinen Vorträgen schon zur Genüge ausgebucht sei.

Nun, nach einem dieser Vorträge sprach ich mit meiner Freundin Gwenn über die Fragen, die mir meine Zuhörer anschließend gestellt hatten. Wieder einmal hatte ich zu meinem Erstaunen feststellen müssen, daß die Leute mich für ein Wesen besonderer Art hielten, und ich sagte Gwenn: »Was ich in diesen 444 Tagen getan habe, ist doch im Grunde nichts anderes, als was jeder Christ tut, wenn er in Not ist; dazu braucht man doch keine Geisel in Teheran gewesen zu sein.« – »Siehst du, Kate«, antwortete Gwenn, »und genau deshalb mußt du ein Buch darüber schreiben. Die Leute müssen wissen, daß das, was sie in Predigt und Bibelstunde lernen, keine leere Theorie ist, sondern etwas, was ihnen Kraft und Hilfe für ihr Leben gibt.« Darüber mußte ich lange nachdenken, und schließlich sah ich ein, daß ich in der Tat die Aufgabe hatte, meine Erfahrungen auch in schriftlicher Form weiterzugeben. Hier also, liebe Gwenn, ist das Buch, um das du gebeten hast!

Dieses Buch – das erste, das ich je geschrieben habe – hätte jedoch nicht zustande kommen können ohne die schier endlose Geduld und Zuversicht von Wendy Ragan und Peter Gillquist vom Thomas-Nelson-Verlag. Peter ließ sich nicht von der Überzeugung abbringen, daß ich ein Buch schreiben könne, und verwandelte meine mittelmäßigen Versuche in lesbares Englisch. Lisa Ferris, Bruce Nygren und Sandy Warden halfen mir mit großer Geduld bei der Erstellung der endgültigen Version. Zahlreiche Freunde unterstützten mich durch Gebete, Tipparbeit und Prüfen von allen möglichen Entwürfen und Ideen; hier möchte ich besonders meinen Freunden von der Gustavus Adolphus Lutheran Church in New York City ein herzliches Dankeschön sagen. Mein Dank gilt auch Mary Sharps von der Nachforschungsabteilung der Zeitung *Des Moines Register and Tribune,** die mir die den einzelnen Kapiteln vorangestellten Zeitungsmeldungen heraussuchte.

Dieses Buch ist kein vollständiger Bericht über das Ergehen der 52 amerikanischen Geiseln. Es gibt lediglich meine Erinnerungen daran wieder, wie ich den Geiselalltag – der mir unangenehm, mal regelrecht beängstigend war – er- und durchlebte. Jede der 52 Geiseln wurde anders behandelt, und ich kann hier nur meine persönliche Geschichte erzählen – und vom 12. März 1980 ab, als sie meine »Stubenkameradin« wurde, auch die Geschichte von Ann Swift, der zweiten Frau unter den Geiseln.

Wie ich den Schlagzeilen und Artikeln, die während unserer Gefangenschaft in den USA erschienen, entnehmen kann, traf die Geiselaffäre die amerikanische Öffentlichkeit sehr hart. Auch für die Geiseln selbst war es eine harte Zeit – aber oft auf ganz andere Weise, als die amerikanische Öffentlichkeit sich das vorstellte.

Und hier sind nun meine Erinnerungen an jene Tage meines Lebens, als ich ein unfreiwilliger »Gast der Revolution« im Iran war.

Katharina Koob
New York City
Juni 1982

---

* Des Moines ist die Hauptstadt des US-Bundesstaates Iowa.

# 1. Kapitel

US-Botschaft im Iran besetzt
Studenten nehmen Amerikaner als Geiseln
*(Des Moines Register, 5. November 1979)*

## 4. November 1979

Wir waren mitten in einer Besprechung in meinem Büro in der Iran-American Society, als das Telefon klingelte. Eva, meine iranische Sekretärin, sah mich fragend an. Es war eine Seltenheit, daß die Empfangssekretärin während einer Besprechung ein Telefongespräch zu uns heraufgab. Ich nickte Eva zu, und sie nahm ruhig den Hörer ab. Wir anderen – außer mir und unserem Stellvertretenden Direktor, Bill Royer, alles Iraner – setzten unser Gespräch über die Filmserie, die wir für Februar und März 1980 im Auge hatten, fort.

An diesem Morgen war unsere Besprechung ernster als sonst üblich. Tagesordnungspunkt: das Überleben der IAS. Es ging darum, ein Veranstaltungsprogramm durchzuführen, das so viel Geld einbringen würde, daß wir trotz unseres mageren Etats die vor Monaten entlassenen Mitarbeiter wieder einstellen und wieder einen vollen Mitarbeiterstab von 60 Angestellten haben konnten.

Ich konnte merken, wie Bill und ich hier, trotz unserer hochklingenden Titel, lediglich als Kollegen betrachtet wurden. Die Iran-American-Society (IAS) oder *Ahnjoman,* wie sie auf Farsi (der Amtssprache im Iran) hieß, war eine iranische Organisation, und meine iranischen Kollegen wußten, daß es zu ihrem eigenen Vorteil war, wenn der kulturelle Austausch zwischen den Vereinigten Staaten und dem Iran lebendig blieb.

Eva war mir bei meiner neuen Aufgabe im Iran eine große Hilfe. Wie Helen, Bills Sekretärin, sprudelte sie nur so über vor Ideen und Vorschlägen. Eva und Helen waren beide in ihren zwanziger Jahren, modisch-westlich gekleidet, mit lockigem, langem dunklem Haar. Helen wohnte, wie das im Iran für unverheiratete Frauen üblich ist, noch bei ihrem Vater.

Neben Helen saß Ziba, die für verschiedene örtliche Ausstellungen und Vorträge verantwortlich und schon über dreißig war, sowie der ebenfalls über dreißigjährige Programm-Manager und Film- und Publicity-Leiter, Herr Toorahni. Der Buchhalter, der normalerweise ebenfalls an solch einer Konferenz teilgenommen hätte, war gerade nicht in Teheran.

Mein Büro strahlte eine fortschrittliche und doch deutlich nationalistische Atmosphäre aus. Ich war erst seit vier Monaten im Iran – noch nicht lange genug, um der Einrichtung des Büros ein persönliches Gepräge zu geben, bis auf ein paar Perserbrükken, mit denen ich dem Fußboden etwas Farbe gegeben hatte. Der Raum war durchaus groß genug für Besprechungen; die Sessel und Sofas hatten moderne, braun-weiß gestreifte Polster. Durch die großen Fenster bei meinem Schreibtisch konnte man den Nieselregen draußen sehen – den ersten Vorboten des kommenden milden Winters.

Es war der 4. November 1979, 11 Uhr morgens.

»Entschuldigen Sie, Miss Koob«, sagte Eva, »könnten Sie wohl persönlich ans Telefon?« Ihre Stimme klang unruhig. Nun ja, die Iraner sind sehr sensible Menschen, die schnell ihre Gefühle zeigen.

Ich nahm den Hörer in die Hand. »Ja, hallo, hier Miss Koob. Guten Morgen.«

Es war jemand aus dem IAS-Vorstand, ein Iraner. Wir tauschten die übliche Begrüßung aus, aber die nächsten Worte waren wie eine kalte Dusche. »Haben Sie schon von dem Angriff auf die Botschaft gehört?«

»Nein«, antwortete ich vorsichtig; um mich herum ging die Besprechung weiter. Draußen vor dem Gebäude schien alles normal zu sein; jedenfalls klangen die Geräusche von der belebten Straße nicht verdächtig. »Was ist denn los? Können Sie mir Einzelheiten geben?«

»Nein, eigentlich nicht. Aber ich wollte Sie doch gewarnt haben. Bitte seien Sie sehr vorsichtig.« Er hängte auf.

»Angriffe« auf die amerikanische Botschaft hatte es seit Beginn der Revolution schon etliche gegeben. Die meisten waren einfach laute Demonstrationen gewesen, obwohl einmal, im Februar, bewaffnete Freischärler das Botschaftsgelände besetzt hatten;

aber schon nach ein paar Stunden waren sie auf Druck der iranischen Regierung wieder draußen gewesen. Was immer dieser neue »Angriff« war, er würde sicher auch bald wieder vorüber sein.

Ich berichtete meinen Kollegen – kurz und ruhig –, was mein Anrufer gesagt hatte. Einige von ihnen gingen sofort in ihre Büros, um Freunde, die in der Nähe der Botschaft arbeiteten, anzurufen und um nähere Informationen zu bitten. Zwei gingen gleich selbst zur Botschaft, um nach dem Rechten zu sehen.

Der Rest der Kollegen, Bill und ich fuhren in unserer Besprechung fort. Bill, der erst seit sechs Wochen hier war, hatte eine sehr diskrete, vernünftige Art, die Probleme und Konflikte, denen die IAS gegenüberstand, anzugehen. Wir hatten gehört, daß man zur Erinnerung an einen Protestmarsch vor einem Jahr, bei dem die Truppen des Schahs mehrere Studenten getötet hatten, eine Demonstration vorbereitete, und als sich an diesem Morgen auf dem Gelände der Universität von Teheran Studenten zu sammeln begannen, hatte Bill in weiser Voraussicht unser Academic Center (Akademisches Zentrum) dort geschlossen und war in mein Büro gekommen.

Daß eine Institution am hellichten Morgen auf einmal wieder ihre Türen schloß, war übrigens nichts Ungewöhnliches. Unregelmäßige Öffnungszeiten und Unregelmäßigkeiten allgemein waren schon, bevor der Schah das Land verlassen hatte, ein fester Bestandteil des iranischen Alltags geworden; sie gehörten zu den Waffen der Revolution. In den letzten sechs Wochen allerdings schien sich das Leben doch wieder etwas normalisiert zu haben, und sicher würde die heutige Demonstration bald vorüber und vergessen sein. Also weitergemacht mit der Programmplanung für das nächste Jahr! Wir unterhielten uns über unser Filmprogramm (mit John Wayne und einer Science-fiction-Serie) und darüber, ob wir es wohl schaffen würden, Fortbildungskurse für an Buchhaltung oder Management Interessierte anzubieten.

Als unsere Besprechung zu Ende war, fragte ich Bill noch, wie es mit dem Sprachprogramm (Englisch) ging. Das Mittagessen war unterwegs; ich hatte Eva in das Restaurant gegenüber geschickt, um mir eine der kleinen, leckeren persischen Pizzas zu holen.

Der Nachmittag kam, und ich wurde langsam unruhig. Die Botschaft hatte ich noch nicht angerufen; die Anweisung für solche Fälle lautete: »Wenn es Schwierigkeiten in der Botschaft gibt, dann bleiben Sie, wo Sie sind, und warten Sie, bis wir Sie anrufen.« Als der Schah im Oktober in die USA gekommen war, hatten wir noch einmal besondere Sicherheitsinstruktionen bekommen, und wir fühlten uns hinreichend gewappnet.

In der IAS ging alles seinen ruhigen, gewohnten Gang. Ein Reinigungstrupp war noch dabei, die Küche des Restaurants, das seit Beginn des Fastenmonats *Ramazan* (Ramadan) geschlossen gewesen war, wieder auf Hochglanz zu bringen. In der Bibliothek im Erdgeschoß war das übliche Kommen und Gehen. Der Studienberater zeigte einem hoffnungsvollen Einwanderer ein Videoband. Helen war in ihrem Büro und prüfte, ob alles startklar war für die Englischkurse später am Nachmittag. Ich konnte mir gar nicht vorstellen, daß es in der Botschaft, nur drei km entfernt von hier, Schwierigkeiten geben sollte.

Ich lehnte mich in meinen Sessel zurück, immer das Telefon im Auge, und erlaubte mir den kurzen Luxus, die letzten paar Monate vor meinem inneren Auge Revue passieren zu lassen. Sie waren hektisch gewesen – und faszinierend.

Als ich im Juli 1979 meinen Posten in Teheran antrat, herrschte dort eine Abendausgangssperre; sie war mehr oder weniger freiwillig, wurde aber von den Iranern wie von den ausländischen Diplomaten eingehalten. Ab 18.30 Uhr mußte man zu Hause bleiben. Mitglieder der Revolutionsmiliz patroullierten in den Straßen und hielten jeden Passanten, den sie erwischen konnten, an – besonders wenn er ein Ausländer war. Kam er ihnen irgendwie verdächtig vor, dann schleppten sie ihn zum nächsten *Khomite* – einer Art Bürgerwehr, die für ein bestimmtes Gebiet zuständig war. Es war wirklich vernünftig, zu Hause zu bleiben und sich nicht mit diesen Leuten anzulegen.

Anfangs teilte ich mir mit einer meiner Kolleginnen ein Haus – zum Teil deshalb, weil viele amerikanische Häuser jetzt so lange leergestanden hatten, daß man sie erst einmal wieder wohnlich machen mußte; denn die amerikanische Regierung hatte seit dem Fall des Schah ihr diplomatisches Personal in Teheran von mehreren Hundert Angestellten auf etwa 65 reduziert und war außerdem der Meinung, daß diese Angestellten, solange die politische Situation noch nicht wieder ganz stabil war, besser so dicht wie möglich zusammenwohnen sollten.

Aber Ende September, nach dem Ramadan, hatte ich dann doch ein eigenes Haus beziehen können. Während des Ramadans hatten wir die Aktivitäten der IAS gedrosselt; wir hielten nur unsere Englischstunden ab. Das Personal bekam Extrapausen für die vorgeschriebenen Gebete, und wir schlossen abends frühzeitig, denn in der Fastenzeit erscheinen dem Moslem die Tage ohnehin länger und anstrengender. Moslems dürfen während des Ramadans zwischen Sonnenaufgang und Sonnenuntergang absolut nichts essen und trinken.

Nach dem Sonnenuntergang aber sammelt man sich in der Familie oder mit Freunden zu dem jetzt erlaubten Mahl. Dergleichen bringt natürlich allerlei Besuche, Kommen und Gehen mit sich, und so hatte Ende September das Ausgehverbot praktisch aufgehört. Wir Amerikaner gingen immer noch zeitig nach Hause, aber man konnte merken, wie die ganze Stadt gelockert wurde. Einer meiner Kollegen gab eine Party, bei der auch ich dabei war, und auch in anderen Botschaften gab es Partys und sonstige Festlichkeiten.

Gegen Ende Oktober hatte sich das Leben der Ausländer in der Stadt schon wieder ziemlich normalisiert. Die amerikanische Botschaft war schon allein wegen ihrer Größe – das Botschaftsgelände war an die 11 Hektar groß und von einer 2,5–3,5 m hohen Mauer umgeben – eines der Zentren des gesellschaftlichen Lebens. Die meisten Botschaftspartys fanden in der Botschaftsresidenz statt; diese lag fast in der Mitte des Geländes, und von dort konnte der Lärm nicht so leicht nach draußen dringen und unsere islamischen Nachbarn stören.

Die Iran-American Society, die drei km von der Botschaft entfernt lag, war in den dreißiger Jahren gegründet worden, als eine Gruppe iranischer Gelehrter ihre amerikanischen Kollegen zu einem Gedankenaustausch über Themen wie den Einfluß persischer Elemente auf Literatur, Musik und Kunst in den Vereinigten Staaten eingeladen hatte. Bis 1979 hatte sich die IAS zu einer großen Institution mit 60 Angestellten – alle Iraner – und einem größeren Gebäudekomplex entwickelt. Das Academic

Center (Akademisches Zentrum) hatte man bewußt ganz in die Nähe der Universität Teheran gelegt, so daß die dortigen Studenten optimalen Zugang zu den Englischkursen der IAS hatten. Das Cultural Center (Kulturzentrum) hatte man auf einem Gelände errichtet, das zum Zeitpunkt des Baus am Nordrand der Stadt lag, inzwischen aber schon zum Stadtzentrum gehörte.

Zum Cultural Center gehörten im einzelnen das Studiengebäude mit den Lehrräumen, das Auditorium, ein Gebäude mit großen Galerien und Ausstellungen und schließlich das Verwaltungsgebäude, in dessen Obergeschoß das Büro des Direktors – also mein Büro – lag. In der Mitte zwischen diesen verschiedenen Gebäuden lag ein großer Innenhof. Hinter dem Verwaltungsgebäude zeugte ein großes Loch von unseren Bauplänen für ein neues Academic Center. Das alte bei der Universität wollten wir verkaufen, denn die meisten unserer Studenten waren mittlerweile Oberschüler und Erwachsene, die Englisch lernen wollten.

Wie man sieht, war die IAS schon eine größere Sache. Meine Aufgabe nun war, die Arbeit dieser Institution, die während der Revolution brachgelegen hatte, wieder richtig in Gang zu bringen.

Die politische Situation im Iran war einer der Hauptgründe dafür, daß ich mich für diesen Posten bei der IAS beworben hatte. Ich sah in der Revolution eine Chance für das Land und wollte mit eigenen Augen sehen, wie dieses Volk sich eine neue Zukunft aufbauen würde.

Die Revolution im Iran hatte ursprünglich alle Aussichten, ein Erfolg zu werden. Sie hatte die breite Unterstützung der Bevölkerung, quer durch alle Schichten hindurch: die Intellektuellen, die Armen, die Juden, Assyrer, Armenier, Christen – alle begrüßten den Machtwechsel. 85 Prozent der Bevölkerung hatten die Rückkehr von Ayatollah Khomeini aus seinem Exil in Paris begrüßt. Man war den Schah und noch mehr seine gefürchtete Geheimpolizei, die SAVAK, gründlich leid. Die Revolution war auch recht unblutig verlaufen; das meiste Blut war noch von den Soldaten des Schahs vergossen worden, als sie auf Demonstrationszüge schossen.

Im Gegensatz zu vielen anderen Ländern hatte der Iran auch die nötigen Mittel, um seine Probleme zu lösen. Durch seinen Ölreichtum hatte das Land harte Devisen zur Verfügung und konnte das, was es an Technologien, Maschinen u. a. brauchte, kaufen. Es hatte einen beträchtlichen Stamm von geschulten Fachleuten; zwar waren viele von ihnen unter dem Schahregime ausgewandert, aber sie waren jetzt mehr als bereit, zurückzukehren und als Bauarbeiter, Ingenieure, Architekten, Ärzte, Rechtsanwälte, Buchhalter, Lehrer und Professoren ihren Beitrag zum Neuaufbau zu leisten. Der Ayatollah hatte schließlich gesagt, daß er lediglich ein geistlicher Berater sein wolle, kein Politiker...

So weit, so gut. Aber die Anfangsphase der Revolution war vorbei, und das Bild wurde allmählich ungünstiger. Die Gemäßigten bangten mehr und mehr um ihren Einfluß. Sie mußten sehen, wie ultrakonservative Kräfte die Macht übernahmen – Kräfte, die nicht an neue Schulen und Krankenhäuser dachten, sondern an Macht, Rache und religiösen Fanatismus. Für diese Kräfte war die Revolution noch nicht weit genug gegangen, und offensichtlich dachten nicht wenige von ihnen, daß man vor allen Dingen die Amerikaner aus dem Land werfen müsse.

Aber es gab nicht nur gemäßigte und radikale Revolutionäre im Iran. Es gab auch noch den privaten Bürger, und eine der ironischen Seiten dieser Revolution war, zu sehen, wie leicht er an Schußwaffen kommen konnte. Der durchschnittliche Europäer kann sich das gar nicht vorstellen, aber in den ersten Wirren der Revolution wurden die Waffenkammern mancher militärischer Einrichtungen buchstäblich geleert. Das beliebteste »Souvenir« war das G-3-Gewehr (das NATO-Äquivalent zur amerikanischen M-16). Als Khomeini ins Land kam, befahl er der Bevölkerung, alle Waffen abzugeben, aber hier machte sie nicht mit. Die Leute hörten die Aufrufe – und behielten ihre Waffen. Auch mehrere meiner Mitarbeiter hatten sich Waffen besorgt und dachten nicht im Traum daran, sie wieder abzugeben; schließlich gab es immer mehr Einbrüche, und da fühlte man sich mit einer anständigen Schußwaffe doch sicherer.

Schußwaffen gab es im Land also mehr als genug, aber ich war sicher, daß die Studenten dergleichen bei einem Angriff auf die amerikanische Botschaft nicht einsetzen würden. Bei Studentendemonstrationen hörte man laute Parolen, aber keine Schüsse. Aber wie dem auch sein mochte – jetzt waren schon über zwei Stunden vergangen, seit ich die Nachricht von dem »Angriff« auf die Botschaft bekommen hatte, und immer noch hatte diese sich nicht gemeldet. Ich beschloß, doch einmal selbst anzurufen. Es war 13.15 Uhr, als ich die Nummer der Telefonzentrale der Botschaft wählte. (Meine Durchwahl funktionierte seit zehn Tagen nicht mehr.)

»Amerikanische Botschaft«, kam eine iranische Stimme. Na, das war eigentlich ganz normal; in unserer Telefonzentrale waren Iraner angestellt. Ich bat, mich mit dem Public Affairs Office (Büro für öffentliche Angelegenheiten) zu verbinden.

»Botschaft besetzt«, kam die Antwort. Klick.

Ich legte auf. Ich war wie vor den Kopf geschlagen. Das war ja heiter! Wenn die Demonstranten die Telefonzentrale unter Kontrolle hatten, dann waren sie *im* Kanzleigebäude!

Aber da gab es doch eine direkte Telefonverbindung zu dem Büro von Bruce Laingen, dem amerikanischen Chargé d'affaires. Er war der Chef der Botschaft, denn einen amerikanischen Botschafter im eigentlichen Sinne gab es derzeit nicht; die neue iranische Regierung hatte erst vor sieben Monaten gegen den letzten amerikanischen Vorschlag in dieser Richtung ein Veto eingelegt. Mit zitternden Fingern wählte ich die Nummer. Große Erleichterung: Liz Montaigne, Bruce's Sekretärin, nahm ab.

»Liz«, sagte ich, »ich hab' gehört, ihr habt Besuch.«

»Du kannst dir nicht vorstellen, was hier los ist«, erwiderte sie. Ihre Stimme klang angespannt und gleichzeitig wieder erleichtert.

»Ist das Kate?« kam aus dem Hintergrund die Stimme von Ann Swift, der Stellvertretenden Leiterin der politischen Abteilung der Botschaft. Sie ging an einen Nebenapparat, und jetzt redeten sie und Liz gleichzeitig. »Kate, Bruce und Vic* sind im Außenministerium ...«

Die Leitung war tot.

Meine Gedanken überschlugen sich. Meine Füße taten es ihnen nach und trugen mich rasch die Treppe hinunter in ein Büro neben dem Hauptlesesaal der Bibliothek, das eine Telefonverbindung zur Botschaft hatte. Vielleicht waren die Eindringlinge, wer

* Victor Tomseth war der Leiter der politischen Abteilung der Amerikanischen Botschaft.

immer sie auch waren, noch nicht in die Kommunikations- und Fernmeldezentrale des Kanzleigebäudes eingedrungen. Dieser Flügel des Gebäudes, das wußte ich, konnte durch die stählerne Sicherheitstür in einen halben Bunker verwandelt werden.

Liga (die Sekretärin für kulturelle Angelegenheiten) und eine andere Kollegin, die gerade im Büro arbeiteten, sahen mit angehaltenem Atem zu, wie ich die Nummer wählte. Charles Jones, einer unserer Kommunikationsspezialisten, meldete sich.

»Hier Kate Koob im IAS. Wie geht's euch? Kann ich was für euch tun?«

»Ja«, antwortete er rasch. »Ruf das State Department* in Washington an und sag ihnen, daß zur Zeit, um 13.30 Uhr, noch alle wohlauf sind.«

»Ich weiß die Nummer nicht!« Ich versuchte, ruhig und leise zu sprechen und keine Unruhe in der Bibliothek auszulösen. Mehrere Leute saßen an den Tischen des Lesesaales und arbeiteten.

Er gab mir die Sammelnummer, und ich rief in Washington an und verlangte das Operation-Center (Einsatzzentrale). Man bat mich, einen Augenblick zu warten; man würde mich mit der Arbeitsgruppe Iran verbinden, die für die Krise gebildet worden sei. Eine ähnliche Arbeitsgruppe hatte es schon einmal, in der Anfangsphase der Revolution, gegeben, und ich hatte dort hin und wieder mitgearbeitet, als ich in Washington zur Vorbereitung auf meinen Posten in Teheran Farsi lernte. Ich wußte, wie wichtig jedes kleine Stückchen Information für die Arbeitsgruppe war.

Endlich hatte ich die Arbeitsgruppe am Apparat, und mein Gehirn ging in höchste Alarmbereitschaft. Jetzt nur keine Gefühle zeigen! Meine Kollegen in der IAS hatten zwar eine Revolution hinter sich und auch schon einmal miterlebt, wie die Botschaft angegriffen wurde, aber sie waren eben leicht erregbar. Ich mußte unbedingt die Ruhe bewahren.

Wir richteten unsere Telefonzentrale im Inventarisierungs- und Katalogisierungsraum ein, ebenfalls neben dem Lesesaal, wo es vier Telefone gab. Ein 30 Stunden langes Telefonmarathon hatte begonnen.

---

* State Department = das Außenministerium der USA.

Auf einer Leitung sprach ich mit Washington; Bill Royer, der irgendwann zu meiner großen Erleichterung wieder aufgetaucht war, sprach über eine andere mit den Männern in der Kommunikationszentrale der Botschaft. Zehn Amerikaner waren dort. Das State Department selbst konnte die Botschaft nicht mehr direkt erreichen und hielt sich daher an mich; ich gab die Fragen aus Washington an Bill weiter, dieser an die Leute in der Botschaft, und dann lief die Kette wieder zurück nach Washington.

Wir erfuhren, daß das iranische Außenministerium dazu riet, einfach abzuwarten, bis die Studenten sich wieder beruhigt hätten. Es würde den Ayatollah bitten, die Studenten zum Verlassen der Botschaft aufzufordern.

„Ich glaub', das Ganze ist ein wildgewordenes Sit-in«, sagte Jones einmal. »Es hieß, sie wollten einfach einen Sitzstreik machen, aber es hört sich so an, als ob die außer Rand und Band sind.« Die anderen Amerikaner bei ihm waren mittlerweile dabei, systematisch Geheimdokumente zu zerreißen und zu verbrennen. Selbst durch die schwere Stahltür konnte man die Sprechchöre des Pöbels draußen hören.

Unsere Telefonkette hielt nicht sehr lange. Die Studenten drohten, einige der Geiseln zu töten, wenn die Männer in dem Kommunikationsbunker sich nicht ergäben. So mußten wir schließlich Washington sagen, daß sie den Raum verlassen hatten. Jetzt war die gesamte Botschaft fest in der Hand der iranischen Studenten.

Wir hatten keine Zeit, groß zu spekulieren, was als nächstes geschehen würde. Die Arbeitsgruppe in Washington bat uns, am Apparat zu bleiben und ihr weiter Informationen zu geben, so viele wie möglich. Also stellten wir die örtlichen Radiosender ein, schafften ein Fernsehgerät in den Raum, und Eva und Liga begannen zu übersetzen und Bill und mir die Informationen weiterzugeben. Wir bekamen immer mehr Telefongespräche von allen möglichen Leuten, die sich um uns sorgten.

Ich bat die Arbeitsgruppe Iran, meiner Schwester in Washington zu sagen, daß es mir gutginge. Die Nachricht von der Botschaftsbesetzung würde ja jetzt durch Amerika gehen, und besonders meine Eltern würden sich Sorgen machen. Ganz verblüfft mußte ich hören, daß meine Schwester nicht ans Telefon ging. Dann merkte ich, daß ich Washington Mary Janes Büronummer gegeben hatte, und heute war ja Sonntag – im islamischen Iran ein normaler Arbeitstag.

Inzwischen hatten etliche unserer Angestellten in unsere notdürftige Telefonzentrale hineingeschaut – die Bibliothekarin, der Studienberater, Ziba und viele andere. Einige von ihnen hatten Freunde, die bei der Botschaft angestellt waren; einige waren sogar während der Revolution im Gefängnis gewesen, aber sie unterdrückten ihre Angst und versuchten, mit uns herauszufinden, was eigentlich los war.

Einmal sauste ich die Treppe hinauf, um in meinem Büro meine Teetasse zu holen, und stieß im Korridor fast mit Pari, der Direktorin der Fulbright Commission*, zusammen. Mit angstbleichem Gesicht sagte sie: »Und wir haben gedacht, das wäre vorbei und wir hätten die Revolution hinter uns!«

Wieder einmal hatte ich die Aufgabe, die Starke zu spielen. Ich umarmte Pari einfach und sagte: »Komm, Pari, das hier bringen wir auch hinter uns. Wir müssen einfach weitermachen.« Ich verschwendete keine Minute an Grübeleien über Dinge, die vielleicht überhaupt nie passieren würden. Ganz hinten in meinem Kopf wußte ich sehr wohl, daß man z. B. mit zwei oder drei Leuten aus der Botschaft Schauprozesse einschließlich Hinrichtung aufziehen konnte, aber ich verfolgte diesen Gedanken nicht weiter; ich hatte zu arbeiten.

Den ganzen Nachmittag saßen wir vor Radio und Fernseher, nahmen wir Anrufe entgegen. Wir konnten einfach nicht herausfinden, wer die Besetzer der Botschaft denn nun genau waren. Keine Gruppe bekannte sich zu der Besetzung, und alle tappten wir im dunkeln. Einige unserer IAS-Kollegen hatten sich sogar unter die wachsende, Sprechchöre brüllende Menge vor der Botschaft gemischt, um vor Ort etwas herauszufinden, aber auch sie konnten nichts Genaues sagen – außer, daß die Besetzer typisch iranisch aussahen: Männer in westlicher Kleidung und

---

* Den Fulbright-Kommissionen obliegt die Durchführung eines 1946 von dem amerikanischen Senator Fulbright vorgeschlagenen akademischen Austauschprogramms (sog. Fulbright-Stipendien für Studenten und Professoren) zwischen den USA und anderen Ländern.

Frauen im traditionellen Tschador*; sie kamen offenbar aus verschiedenen Gegenden Teherans und auch aus anderen iranischen Städten.

Die Gerüchteküche kochte. Der Sohn des Ayatollah sollte hinter den Besetzern stehen. Dann hieß es, dreißig Busse voll Studenten seien von der heiligen Stadt Ghom herbeigeschafft worden, um die Aktion zu leiten.

Wir versuchten immer wieder, telefonisch zur Botschaft durchzudringen. Ich rief die Botschafterresidenz an. »Kann ich den Koch sprechen, wegen der Party morgen abend?« fragte ich schnell auf englisch.

»Tut mir leid, der kann nicht ans Telefon.«

Noch ein Versuch, diesmal auf die direkte Art. »Ich möchte mit einem der Amerikaner sprechen, damit wir wissen, daß ihnen nichts passiert ist.«

»Tut mir leid, *Hahnum,*** das geht nicht. Aber es geht ihnen gut. Sie unterhalten sich, lesen und rauchen. Wir haben nichts Böses mit ihnen vor.«

Einer meiner Kollegen versuchte es rasch noch einmal. »Hier Freundeskreis Texas–Iran. Könnten wir mit einem der Amerikaner sprechen?« Keine Antwort.

Der nächste Versuch: »Ich bin ein Korrespondent für Voice of America.*** Könnten Sie uns etwas über Ihre Gruppe sagen? Könnten wir einen der Amerikaner sprechen?«

»Wir sind Studenten, die den Weg des Imam**** gehen«, kam es aus dem Hörer; »nein, mit den Amerikanern sprechen können Sie leider nicht.«

*Gott, hilf uns,* ging es durch meinen Kopf – das erste von vielen Stoßgebeten. Meine Gedanken rasten. Es war so viel zu tun. Und die Telefone – ob die jemals aufhören würden zu klingeln?

Ich massierte einen Augenblick meine linke Schulter, die von

---

* Bis auf die Knöchel reichender Schleier bzw. Umhang; ein Zeichen für Keuschheit.

** Höfliche iranische Anrede; etwa »meine Dame«.

*** »Stimme Amerikas«, ein Radiosender.

**** Respektvoller Titel für geistliche Würdenträger; anderer Ausdruck für »Ayatollah«.

der ständigen steifen Haltung beim Telefonieren schon einen anständigen Krampf bekommen hatte. Eva saß mit ihrem Stenoblock auf dem Fußboden vor dem Fernseher und machte abwechselnd mit Liga Notizen. Die beiden jungen Frauen waren mit vollem Einsatz dabei, so viel Information für Washington aufzuschnappen wie möglich.

Zu der hektischen Arbeit kamen die Gedanken und Ängste, die jeder von uns so hatte. Das iranische Radio begrüßte die Besetzung der Botschaft als einen großen Schritt nach vorne für die Revolution. Viele meiner Kollegen hatten schon jahrelang für Amerikaner gearbeitet, und ihre Gesichter wurden mehr und mehr von Sorge und Angst durchfurcht.

Plötzlich, gegen 17 Uhr, erschien ein höchst willkommenes Gesicht in unserer Mitte. Es spiegelte wilde Entschlossenheit wider. Mehran, die Sekretärin von John Graves, war freigelassen worden. John, Botschaftsberater für öffentliche Angelegenheiten und Direktor der USICA* im Iran, war Bill Royers und mein Chef; auch Barry Rosen, der Presseattaché, arbeitete für ihn. Wir vier waren zusammen die einzigen USICA-Angestellten im Iran und verstanden uns bestens.

Und hier war also Mehran. Wir platzten vor Wissensdurst. Was? Wer? Wie? Wann? Wie war sie freigekommen?

Sie war wütend über den Mob in der Botschaft und hatte Angst um John Graves und Barry Rosen. Mit zornsprühenden Augen erzählte sie, wie die Studenten derartig schnell über die Mauern und durch die Tore gekommen waren, daß man nur noch hilflos hatte dabeistehen und zuschauen können. Ganze Schwärme waren in die Gebäude eingedrungen, hatten die Amerikaner gefesselt und alle Angestellten an sicheren Orten zusammengetrieben. Die Leute von der USICA hatten sie in die Wirtschaftsbibliothek** gebracht.

Mehran war zusammen mit anderen Angestellten verhört und dann schließlich am Nachmittag freigelassen worden. Aber ob-

---

* United States International Communication Agency (= Internationale Kommunikationsagentur der USA).

** Eine Bibliothek aus Büchern und Zeitschriften über Handel und Wirtschaft.

wohl sie sie persönlich gesehen hatte, konnte auch sie uns nicht sagen, wer diese »Studenten« denn nun genau waren. Nun, sie ging daran, uns bei unserer Arbeit zu helfen, und wir gaben ihre Informationen an Washington weiter.

Nach und nach schwand alle Hoffnung auf eine frühe Beilegung der Krise. Um 19.30 Uhr wurde im Fernsehen verkündet, daß die »Expertenversammlung«, die zur Abfassung der Verfassung der neuen Republik zusammengetreten war, die Studenten als »Helden der Revolution« gepriesen hatte. Das verhieß nichts Gutes, und die Hunderte von Solidaritätstelegrammen für die Studenten, die angeblich nach Teheran strömten – einige wurden im Rundfunk verlesen – klangen nicht besser.

Vergeblich warteten wir auf mäßigende Worte. Keine Stimme, die die Aktionen der Studenten verurteilte oder auch nur zu Zurückhaltung riet. Immer wieder nur Triumph und begeisterte Rhetorik.

Hin und wieder gab ein Telefonanruf etwas Auftrieb. Mehrere Amerikaner, die zur Botschaft gehörten, waren nicht gefangengenommen worden. Lee Schatz, unser Landwirtschaftsattaché, war zur Zeit des Sturms nicht auf dem Botschaftsgelände gewesen und hatte Zuflucht in der schwedischen Botschaft gefunden. Von dort aus konnte er sehen, was in der Gegend der Parkplätze und Fahrbereitschaft vor sich ging, und wir gaben seine detaillierten Berichte an Washington weiter. Auf diese Weise hatten wir die Ankunft der Revolutionsgarden mitbekommen, einer Gruppe meist selbsternannter junger iranischer Kämpfer, die im Laufe der Revolution immer mehr in den Vordergrund getreten war. Sie trugen fast immer graugrüne Arbeitsanzüge und Kampfstiefel und waren gewöhnlich bewaffnet. Jetzt hatten sie sich an den Toren des Botschaftsgeländes aufgestellt und überwachten die wachsende Menge draußen.

Wir hatten auch mit Lillian Johnson sprechen können, einer Sekretärin, die eine Zeitstelle an der Botschaft gehabt hatte. Sie hatte für den Sicherheitsdienst in der Verwaltung gearbeitet und war an diesem Morgen zum Flughafen gefahren, um die Frühmaschine zurück nach Frankfurt zu bekommen, wo ihre eigentliche Arbeitsstelle war. Aber man hatte sie am Flughafen abgewiesen, weil ihr Visum »nicht korrekt« sei. Jetzt suchte sie in ihrer

Verzweiflung Zuflucht in einem unter amerikanischer Regierung stehenden Mietshaus hinter dem Botschaftsgelände.

Neue Nachrichten: Fünf weitere Amerikaner waren entkommen. Kathy und Joe Stafford, Cora und Mark Lijek sowie Bob Anders, die alle im Konsulat arbeiteten, waren zu Beginn des Sturms einfach aus dem Gebäude auf die Straße gegangen und hielten sich jetzt in einer ihrer Wohnungen versteckt. Im Laufe des Spätnachmittags und frühen Abends konnten wir mehrfach kurz mit ihnen sprechen.

Wir schlossen die Bibliothek der IAS zur gewohnten Zeit, um 18 Uhr, und die Englischstunden im Cultural Center endeten genau pünktlich. Liga hatte Brot und Käse in ihrem Büro und machte uns daraus sowie aus einer frischen Kanne Tee ein mageres Abendessen. Meine Kollegen verließen mich an diesem Abend nur ungern, aber ich wollte nicht, daß sie blieben und dadurch womöglich die Leute neugierig machten. Ich bat jedoch eine Sekretärin, die Telefonistin und einen unserer Fahrer, zusammen mit der Nachtbelegschaft dazubleiben.

Um Mitternacht kamen die Lijeks und Staffords, um uns an den Telefonen abzulösen. Nach einem kurzen »Guten Abend« gaben Bill und ich den Vieren die nötigen Anweisungen, und dann versuchten wir, ein wenig zu schlafen. Ich nahm meine Brille ab und legte mich auf eine Couch in der Bibliothek. Wenn ich jetzt in meinem neuen, schönen Haus sein könnte, in meinem weichen Bett! Wenn ich in die Badewanne steigen könnte! Was mochte Sam, mein Koch, wohl zum Abendessen gerichtet haben? Obwohl ich ihn ja angerufen und gesagt hatte, daß ich heute abend wohl nicht nach Hause kommen würde. Ich seufzte einmal tief, und mit einem letzten kurzen Gebet rollte ich mich auf die Seite und versuchte zu schlafen.

# 2. Kapitel

USA an Studenten:
Liefern Schah nicht aus
*(Des Moines Register,
9. November 1979)*

## 5. November 1979

An Tiefschlaf war auf der Bibliothekscouch nicht zu denken, und nur zu bald war es 5.30 Uhr morgens – Zeit, wieder an die Arbeit zu gehen.

Auch das, was unsere improvisierte Nachtschicht mir zu berichten hatte, war nicht gerade ermutigend. Es gab nichts wesentlich Neues. Nicht eine einzige mäßigende Stimme. Es war, als sei die ganze Nation verrückt geworden, fast wie damals, als der Schah das Land verließ.

Als die Lijeks und Staffords um 6 Uhr gingen, wußten sie immer noch nicht, wo sie einen sicheren Unterschlupf finden würden. Ich wollte die Arbeit der IAS möglichst so weiterführen, als ob nichts geschehen sei, und daher fand ich es nicht ratsam, daß die vier in unserem Gebäude blieben. Als meine Kollegen – sie hatten alle mein Vertrauen – mich besorgt wegen dieser »Gäste« fragten, erklärte ich ihnen, daß sie tagsüber nicht hierbleiben, wahrscheinlich aber am Abend wiederkommen würden, um uns mit dem Telefonieren zu helfen.

Den Morgen verbrachten Bill und ich damit, am Telefon zu bleiben und Washington mit Zusammenfassungen der iranischen Nachrichten zu versorgen. Manchmal kam lange nichts Neues, aber Washington fand, daß wir trotzdem unbedingt am Apparat bleiben müßten. Es gab zwar auch andere Telefonkontakte zwischen Washington und Teheran, aber die Verbindung zu Lee Schatz in der schwedischen Botschaft und zum iranischen Außenministerium, wo Bruce, Vic und der Sicherheitsoffizier Mike Howland nach wie vor mit dem Außenminister Ibrahim Yazdi zu verhandeln versuchten, war wacklig.

Gegen 10 Uhr hatten wir einmal den Eindruck, die Leitung sei unterbrochen worden. Meine Kollegen wollten, daß ich auflegte, aber ich fand, daß wir es so lange wie möglich versuchen müßten. Und bald war die Störung auch wieder fort.

Im Laufe des Morgens rief ich auch meinen Koch Sam an sowie Neet, die Haushälterin von John Graves. Sam und Neet waren beide aus Thailand, und ich kannte sie beide gut, da Neet mir beim Umzug in mein Haus geholfen hatte. Ich sagte Sam, er solle das Mittagessen in die IAS bringen, und bat Neet, mir Kleider zum Wechseln und eine Zahnbürste zu bringen; mein grünes Wollkleid war von dem Schlafen ganz zerknautscht. Neet und Sam kamen und brachten genügend Essen für alle. Sie sahen besorgt aus. Ich drückte Neet und versicherte ihr, daß es mir gutginge.

Bill und ich verschlangen hastig unser Essen und führten gleichzeitig unsere Telefongespräche weiter. Die von Neet mitgebrachten Kleider anzuziehen, dazu kam ich in der Hektik des Tages nicht.

Ich ging daran, zusammen mit meinen leitenden Kollegen Vorkehrungen für eine mögliche Besetzung des Cultural Center zu treffen. Es war groß und wohlbekannt, und ich war sicher, daß bei einzelnen der dort Beschäftigten die Treue zur Revolution größer war als die Treue zur IAS. Der Islam war voll an die Macht gekommen, und es hatte im Kollegium hier und da eine gewisse Unruhe gegeben. So unauffällig wie möglich ließ ich einige Papiere über unseren Status als iranische Organisation zusammenpacken; sie sollten in die Wohnung eines Vorstandsmitglieds gebracht werden. Ich dachte auch an die Brücken in meinem Büro – sie lagen noch zur Ansicht da und waren noch nicht bezahlt – und bat Ziba, die den Händler kannte, sie zurückgeben zu lassen.

Etwa um 13.30 Uhr, als Bill und ich gerade wieder mit Washington sprachen, stürzte ein Angestellter in den Raum. »Sie sind hier!« zischte er. Das konnte nur eines heißen: Die »Studenten« waren da – und zwar ohne den Lärm einer großen Demonstration, der uns – so hatte ich gehofft – Zeit gegeben hätte, uns aus dem Staub zu machen.

Wir verließen sofort die Telefone und gingen durch die Hintertür des Raumes, einen kurzen Korridor entlang und dann durch eine Ausgangstür zum Parkplatz. Mehran und Liga, die Sekretärinnen vom Dienst, folgten uns in kurzem Abstand. Rennen konnten wir nicht, weil das nur verdächtig ausgesehen hätte. Wir erreichten Mehrans Auto, und sie fuhr vom Parkplatz auf die belebte Straße vor der IAS.

Wir hatten am Vormittag Dr. Nun, den Direktor des deutschen Goethe-Insituts, gefragt, ob wir, wenn nötig, bei ihm unterkommen könnten. Er hatte sofort zugesagt, wir hatten Washington informiert, und Washington hatte sich mit Bonn entsprechend abgesprochen. Wir brauchten jetzt bloß um die Ecke und drei Blöcke weiter zu fahren, und schon waren wir da. Wie völlig anders war die Atmosphäre doch hier! Die freundlichen Gesichter von Dr. Nun und seinem Stellvertreter, Herrn Gussman, vertrieben meine Spannung sofort. Man brachte uns Tee, und wir konnten etwas ausruhen.

Eine Stunde verging. Ich erzählte Bill, daß man sein Haus als Versteck für ihn, mich, Bruce und Vic vorgeschlagen hatte. Wir hatten gehört, daß das iranische Außenministerium nicht mehr für die Sicherheit von Bruce und Vic garantieren könne. Sie in einer anderen Botschaft unterzubringen, schien gefährlich, drohten doch die Studenten damit, jeden anzugreifen, der den Vereinigten Staaten helfen würde. Wir riefen Bruce und Vic im Außenministerium an und berichteten, was geschehen war. Während wir noch sprachen, kamen Dr. Nun und Herr Gussman herein und erzählten uns, daß sie einen Erkundungsgang zur IAS gemacht hätten; die Studenten seien wieder fort.

Wir beschlossen, zurückzugehen und die Verbindung mit Washington wiederherzustellen. Die Moral unserer Kollegen war etwas gestiegen; sie waren wieder einmal sicher durch eine Konfrontation gekommen. Ich dankte ihnen für ihre Hilfe, und wir gingen alle wieder an die Arbeit und versicherten Washington, daß wieder alles in Ordnung sei.

Kurz nach 16 Uhr verließ Bill uns, um nach Hause zu gehen und dort womöglich Bruce, Vic und Mike aufzunehmen. Kaum war er gegangen, rief mich unsere Telefonzentrale an: »Miss Koob, eine der Damen aus der Botschaft ist hier.«

Es war Lillian Johnson. Sie hatte eine schreckliche Nacht hinter sich, allein versteckt in einer Wohnung etwa einen Häuserblock hinter dem Botschaftsgelände. Das Toben des Mobs hatte die ganze Nacht nicht aufgehört, und sie hatte etwas wie Schüsse gehört. Sicher, es konnte auch Türenknallen oder ein fehlerhafter

Auspuff gewesen sein, aber sie war jedenfalls ganz starr vor Angst gewesen.

Ich sprach noch ein paar Minuten mit ihr, dann ging sie an das Telefon, das Bill benutzt hatte, und begann, der Arbeitsgruppe Iran im State Department ihre Geschichte zu erzählen.

Da klingelte wieder ein Telefon – dazu hastige Schritte vor der Tür der Bibliothek. »Sie sind wieder da!« sagte der Anrufer.

Lillian und ich ließen die Hörer fallen und gingen rasch zur Hintertür. Zu spät! Unten, am Fuß der Treppe, waren Studenten postiert, die ruhig, aber entschlossen die Ausgänge bewachten. Wir drehten um.*

Ein älterer Angestellter sah uns und sagte: »Kommen Sie!« Leise führte er uns die Hintertreppe hinunter, ins Untergeschoß zu einem Lagerraum in der Garage. Aber die eine Tür dort war blockiert, und in der Garage waren wieder Studenten. Also zurück und zur Keller-Damentoilette. Sie hatte ein Fenster, aber es lag zu hoch und war zu klein. Wir saßen fest.

»Verhalt dich ruhig; vielleicht denken sie, daß wir doch weg sind«, sagte ich Lillian. Umsonst. Sie trommelten gegen die Tür. Wir wagten kaum zu atmen. Sie gingen fort. Wir holten Luft. »Bleib noch hier«, sagte ich.

Sie kamen zurück. Wieder Klopfen. »Wir wissen, daß Sie hier drin sind!« riefen sie.

Ich betätigte die Wasserspülung, um meine Stimme zu übertönen, und wies Lillian an zu bleiben. Dann ging ich hinaus und wurde prompt von einem männlichen Studenten die Treppe hinauf zur Bibliothek gebracht.

Dort, im Lesesaal, stand ich fünf oder sechs Männern in Jeans und Hemden oder Arbeitsanzügen gegenüber. *Warum müssen die bloß immer wie die Landstreicher herumlaufen,* dachte ich. Ich manövrierte mich hinter die Ausleihtheke.

Es waren Leute im Lesesaal, und die Studenten wollten offenbar nicht mehr Unruhe verursachen als nötig. Sie sprachen in dem

---

* Ab hier gab es keinen ständigen Telefonkontakt zwischen Washington und dem Iran mehr. Jedoch konnten Bruce Laingen und Vic Tomseth vom iranischen Außenministerium aus, wo sie festgehalten wurden, oft das State Department anrufen.

gedämpften, beherrschten Ton, wie er im Iran bei Auseinandersetzungen ein Zeichen einer guten Kinderstube ist. *Ich muß Zeit gewinnen,* dachte ich. *Bill braucht Zeit, um sich in Sicherheit zu bringen. Bloß nicht die Fassung verlieren jetzt!*

Wie konnte ich bloß die IAS schützen? Vielleicht ließ sich mit Reden etwas erreichen. Ich fragte, ob ich meine Handtasche, die ich in der Hand hatte, mitnehmen könne.

»Nehmen Sie, was Sie wollen«, antworteten sie.

Also bat ich auch um meinen Umhang und sogar um die Kosmetiktasche, die Neet mir gebracht hatte. Ich bekam alles. Da ein neuer Schlag: Sie hatten Lillian gefunden. Sie brachten sie in den Lesesaal, und ich sagte den Studenten, daß sie nicht in der IAS arbeite. Sie versprachen, sie freizulassen. Ich gab ihr eine Rattantasche mit Aufzeichnungen über die letzten Tage und persönlichen Briefen. Ich habe die Tasche nie wiedergesehen.

Ich merkte, daß sie uns jetzt bald fortbringen wollten, und versuchte es mit einer mutigeren Taktik. »Warum soll ich denn mit Ihnen gehen?« fragte ich. »Wie soll ich wissen, ob Sie überhaupt zu der Gruppe in der Botschaft gehören?«

»Ich zeig Ihnen meinen Studentenausweis«, sagte einer von ihnen und zog eine Plastikkarte aus seiner Hosentasche.

»Das sagt mir gar nichts«, entgegnete ich, »da kann ja jeder kommen und einen Ausweis vorzeigen.« Sie versicherten mir, ich könne ja einen unserer iranischen Angestellten mit in die Botschaft nehmen.

Ich hatte mich immer näher zum Telefon hingeschoben, und jetzt begann es zu läuten. Ob ich die Sache noch länger hinauszögern konnte? Ich legte meine offene Handtasche auf einen neben mir stehenden Stuhl und begann, der Bibliothekarin Anweisungen zu geben, wie sie die Bibliothek zu schließen habe. Ich wußte, daß sie diese Anweisungen nicht brauchte, aber so gewann ich wieder ein wenig Zeit. Hoffentlich war Bill inzwischen schon weit genug.

Unsere Empfangssekretärin kam herein und sagte: »Miss Koob, ein Anruf für Sie.«

Man ließ mich ans Telefon. Es war Vic, der nach wie vor im Außenministerium war. »Kate, ich hab' gehört, ihr habt Schwierigkeiten«, sagte er.

»Ja, sie sind hier. Aber ich glaub', Bill hat's geschafft«, flüsterte ich. »Soll ich mit den Studenten mitgehen? Meine Kollegen würden mir ja wohl helfen, aber ich weiß nicht, was dann mit der IAS passiert.«

»Ich glaub', du gehst wohl besser mit«, sagte er. Seine Stimme klang schmerzlich und besorgt.

Zögernd legte ich auf. Bruce und Vic waren schon gefangen, und jetzt war ich an der Reihe. Wer sollte jetzt bloß Radio und Fernsehen abhören und Washington auf dem laufenden halten?

Die Studenten wurden ungeduldig. Viel länger würde ich sie nicht mehr hinhalten können. Während ich noch mit Vic sprach, blickte ich in meine offene Handtasche. Da waren die Schlüssel zu meinem Bürosafe. Mittlerweile standen mein Fahrer, Herr Behboudi, und ein anderer Angestellter, Haykaz, dicht neben mir; schließlich war ich die Direktorin – und dazu eine unverheiratete Frau.

Ich ließ meinen Umhang »zufällig« gegen die Tasche streifen und richtig, sie fiel zu Boden und die Schlüssel flogen heraus. Haykaz war augenblicklich auf den Knien und half mir, die Tasche wieder zu packen. Ich schob ihm die Safeschlüssel zu. Er schloß seine Hand um sie, und wir standen auf.

Aber einer der Studenten sagte: »Der hat die Schlüssel genommen!« Ich griff schnell wieder in meine Tasche und zog meine Wohnungsschlüssel heraus. Haykaz zeigte seine Schlüssel für das IAS-Gebäude. Ich sagte: »Nein, wir haben jeder unsere eigenen Schlüssel, hier sind sie doch!« Ich weiß nicht, ob sie uns glaubten, aber sie unternahmen weiter nichts.

Schließlich war ich am Ende mit meiner Aufschubtaktik. Jetzt mußte Bill eigentlich auch bald in Sicherheit sein. Ich nahm meinen Umhang, meine Kosmetiktasche und meine Handtasche. Herr Behboudi trat noch einen Schritt näher und sagte: »Einer von uns darf mitkommen, hat es geheißen. Ich gehe mit.«

Ich lächelte ihm müde mein Dankeschön zu und war einen Augenblick lang froh, daß er ein so großer, stattlicher Mann war.

Auf den Gesichtern der Kollegen, die mittlerweile alle dichtgedrängt bei der Bibliothekstür standen, war Verzweiflung zu lesen. Sie wußten nur zu gut, daß ihre Zukunft und die der IAS auf dem Spiel stand. »Macht weiter«, sagte ich ruhig. »Ich hoffe, diese Sache hier wird bald vorüber sein.«

Mit erhobenem Kopf ging ich hinter den Studenten aus der Bibliothek und durch das große Foyer. Es ging an der Telefonzentrale und der Anmeldung vorbei; rechts die Treppe zu meinem Büro, links die großen Scheibenfenster und ein paar Statuen, die uns ein bekannter iranischer Künstler als Dauerleihgabe gegeben hatte. Auf der Wand in der Mitte das Poster mit der einsamen roten Rose, das seit dem Tod von Taleghani, einem der verehrten heiligen Männer der islamischen Revolution, dort hing. Wieder einmal wünschte ich, diese Stimme der Mäßigung wäre nicht so plötzlich verstummt. Er war kein Freund der Amerikaner gewesen, aber auch kein fanatischer Antiamerikaner. Er war vorsichtig und weise gewesen.

Sie führten mich nach draußen, die Eingangsstufen hinab zu dem wartenden Auto. Herr Behboudi war dicht hinter mir. Eine kleine, stumme Menschenmenge hatte sich angesammelt, so wie das in Teheran üblich ist, wenn etwas Ungewöhnliches passiert.

Man öffnete die hintere Tür des kleinen orangefarbenen Autos. Ich sah Leute darin und fragte mich einen Augenblick, ob noch Platz für Herrn Behboudi wäre. Dann sah ich genauer hin, und verschluckte mich fast. Da saßen ja Helen – und Bill Royer. »Wie . . .?« begann ich, als ich neben Bill kroch.

»Als wir zur Garage runtergegangen sind, um wegzufahren«, antwortete Bill. »Sie haben dort auf uns gewartet.«

Eine Sekunde die empörte Stimme von Herrn Behboudi: »Halt, ich will doch . . .«, dann knallte die Tür zu, der Wagen ruckte an, und wir fuhren in Richtung Botschaft los – in den Händen der Studenten, die den Weg des Imam gingen.

# 3. Kapitel

Iraner: Gebt uns den Schah!
*(Des Moines Register,*
*16. November 1979)*

## November – die ersten Tage

Der Wagen keuchte und ruckte und kurvte durch die Straßen Teherans, die wie üblich hoffnungslos verstopft waren. Die Gedanken gingen durch meinen Kopf. Waren im Auto hinter uns auch Studenten? Ich konnte es nicht sehen. Fliehen? Wenn ich »Feuer!« brüllte und die Tür aufriß, würde Bill das kapieren und mitrennen? Aber wohin –? Ich sah auf Helens Stöckelabsätze – sie war wie immer sehr modisch gekleidet – und gab die Sache auf. Hier im Auto waren wir wahrscheinlich auch sicherer als auf der Straße, wo vielleicht die Leute über uns herfallen würden.

Die beiden Studenten auf den Vordersitzen unterhielten sich leise. Ich versuchte zu hören, was sie sagten, und merkte, daß sie auf arabisch redeten. Sie wußten also, daß wir Farsi verstanden. Ich war noch ganz benommen – nicht so sehr aus Angst, sondern aus lauter Frustration darüber, daß ich mich hatte fangen lassen und daß jetzt Bruce und Vic vollends in der Patsche saßen.

Aber vielleicht konnte ich doch noch etwas tun. »Helen«, sagte ich leise, »wenn du zurückkommst, such dir die Nummer und sag, was passiert ist.« Würde sie begreifen, daß ich das State Department in Washington meinte?

Sie begriff. Und dann hörte ich, wie sie zwischen zusammengebissenen Zähnen sagte: »Wenn ich den kriege . . .« Sie saß in der Ecke, ihre schwarzen Augen weit vor Haß.

»Wen?« fragte ich. »Hat uns einer verraten?«

Sie nickte und schwieg.

Ich fühlte mich plötzlich furchtbar erschöpft. »Tut mir leid, Bill«, murmelte ich, »ich dachte, du hättest es geschafft.«

Er drückte mich brüderlich. »Nein«, sagte er enttäuscht, »sie haben uns abgepaßt.« Helen war Bill über den Weg gelaufen, als er das Cultural Center verließ, und hatte ihm gesagt, daß die

Studenten kamen. Ich schätzte, daß man Helen zum sicheren Geleit mitgenommen hatte und sie bald wieder freilassen würde.

Der Wagen bremste und fuhr dann mit einem Ruck weiter. Wir fuhren rasch um eine Ecke. Jetzt konnten wir aus der Ferne den Mob schreien hören. Ich merkte sofort, daß dies etwas anderes war als das Triumphgeschrei siegreicher Revolutionäre oder die Parolen einer normalen Demonstration. Dies war die Stimme des Hasses, das Gebrüll der Wut. Die Menge schrie wie ein Mann: *»Marg bar Car-tare! Marg bar Car-tare! Marg bar Car-tare! Marg bar Ahm-ri-ka! Marg bar Ahm-ri-ka!«* Tötet Carter, tötet Amerika. Man konnte den Haß förmlich fühlen; es lief mir kalt den Rücken hinunter.

Wir fuhren langsam weiter. Bald waren wir von der brüllenden Menge umgeben. Wenn sie sich nur nicht auf das Auto stürzen würden! Die Revolutionsgarden hielten die Leute zurück, aber sie lehnten sich weit über die Absperrseile, so nah an das Auto wie es ging, die Gesichter haßverzerrt, die Fäuste hoch erhoben. Und immer wieder: *»Marg bar Car-tare! Marg bar Ahm-rik-ka!«*

Wir erreichten endlich das Tor bei der Fahrbereitschaft. Der Sprechchor wechselte in die englische Sprache: »Down with Carter!« (Nieder mit Carter!) Eine junge Frau in Jeans, Kittel und Kopftuch öffnete die Autotür und bedeutete uns, die Köpfe zum Schutz vor der Menge zu senken. Wir duckten uns und rannten zwischen den Revolutionsgarden hindurch die zehn Schritte in das Botschaftsgelände. Man brachte uns schnell zu einer Art Wiese hinter der Kanzlei, wo wir uns setzen mußten.

Es war noch hell, und obwohl es den ganzen Tag immer wieder einmal genieselt hatte, war der Boden trocken und staubig. Die Atmosphäre hier war fast friedlich, bis auf das unablässige Brüllen des Mobs, das von der Straße hierher drang. Überall auf dem Grundstück liefen junge Iraner hin und her, scheinbar ohne jede Führung oder Ordnung. Gewehre hatte ich bis jetzt noch keine gesehen. Ich fragte mich, wo wohl die anderen Gefangenen waren und ob wir sie sehen würden.

Die »Schwester«, wie wir sie nennen sollten, setzte sich schweigend zu uns. Helen fragte mich, ob sie mir meine Sachen tragen könne; ich hatte immer noch meine Handtasche, mein Cape und die weiße Plastiktasche mit meinen Toilettensachen.

»Danke«, sagte ich, »aber ich trag sie wohl besser selbst; wir werden ja wohl nicht zusammenbleiben.«

Wie ich erwartet hatte, kam auch bald ein Trupp »Brüder«, wie sie sich nannten, und führte uns in eines der kleineren Häuser auf dem Gelände. Als wir eintraten, sah ich aus dem Augenwinkel kurz, wie einige der männlichen Botschaftsangehörigen in stoischem Schweigen im Wohnzimmer saßen. Uns brachte man sofort in den Schlafbereich. Helen kam in ein Schlafzimmer, Bill und ich in ein anderes. Dann führte man Bill zur Leibesvisitation hinaus.

Eine der »Schwestern« kam, um mich zu durchsuchen, aber sie war so verlegen, daß sie kaum wagte, mich anzufassen. Sie war viel kleiner als ich und sah sehr jung aus, mit einem runden, ziemlich bleichen Gesicht. Ihr hellblaues Kopftuch war ganz über ihr Haar gezogen, und sie trug Jeans und eine Art graukarierten Kittel, der ihren Körper vorschriftsmäßig locker umfloß. Ihre Leibesvisitation war mehr als oberflächlich. Sie muß dann wohl ihren »Vorgesetzten« erzählt haben, wie sie sie durchgeführt hatte, denn sie kam sehr bald zurück, um – noch verlegener – mich noch einmal zu durchsuchen. Diesmal war sie gründlicher; ich mußte mein Kleid ausziehen, und zum Schluß tastete sie meine Kopfhaut ab. Es war offensichtlich, daß ihr das Ganze sehr neu und peinlich war. Ich zog mich wieder an, und da brachten auch schon mehrere »Brüder« Bill zurück.

»Don't esspeak, don't esspeak« (Nikt espreken, nikt espreken), ermahnten sie uns, gerade so, als ob wir Schulkinder wären, und dann forderten sie uns auf, unsere Wertsachen herauszugeben.

Bill, der schon wütend genug war, wurde ziemlich laut, und ein kleiner Wortwechsel entbrannte. Es war fast wie eine Szene aus einer amerikanischen Universität in den 60er Jahren: Eine Gruppe Studenten, noch halbe Kinder, macht einen Aufstand und probiert ihre Macht aus.

Mir kam eine Regel in den Sinn, die ich in einem Kurs über den Umgang mit Terroristen gelernt hatte: »Niemanden provozieren.« Ich bat die Brüder auf Farsi, mit Bill reden zu dürfen, und er beruhigte sich schließlich und gab ihnen seine Uhr. Sie steckten sie in eine Plastiktasche, auf die sie »Royer« schrieben.

Dann verlangten sie meine Ringe. »Einer unserer Experten wird sie untersuchen«, sagte der Bruder, der sie in Empfang nahm, mit einem triumphierenden Lächeln.

»Wozu?« fragte ich. Der »Experte« begann, an den Fassungen der Steine zu drehen und zu zerren. *Gibt nicht viel Lösegeld her,* dachte ich. Dann merkte ich, daß er nach »Geheimwaffen« suchte, wie man sie in James-Bond-Filmen findet – ein Minisender z. B., oder vielleicht eine kleine Laserkanone? Ich mußte aufpassen, daß ich nicht laut losprustete. Schließlich gab man mir meine Ringe zurück, und die Brüder gingen hinaus.

Draußen war die Sonne untergegangen. Wie lange waren wir schon hier? Nur eine Stunde? Bill und ich waren beide erschöpft, da wir in den letzten Tagen wenig geschlafen hatten, und so legten wir uns auf die Betten, um etwas auszuruhen. Dies war ohnehin das einzige, was wir im Augenblick tun konnten, denn ein Student war bei uns geblieben, damit wir auch ja »nikt espreken« konnten.

Das Ausruhen gelang uns nur recht schlecht. Es war ein ständiges Kommen und Gehen in unserem Zimmer und in dem kurzen Korridor. Die Studenten waren ganz aufgeregt von ihrem neuen Besetzerspiel und wären zweifellos geplatzt, wenn sie ihre Gefangenen nicht kurz inspiziert hätten.

Jetzt kam ein Student mit einem Essenstablett, und ich bekam zum ersten Mal richtig Angst. Was, wenn irgendwelche Drogen in das Essen gemischt waren? Was hatten die vor? Ich wollte doch um jeden Preis alle fünf Sinne beisammen haben, für den Fall, daß ich – ja, was würde ich schon tun können? Auf jeden Fall, zum ersten Mal in meinem Leben hatte ich keinen rechten Appetit. Besonders verführerisch sah das Abendessen ohnehin nicht aus: eine halb festgewordene Pampe aus unverdünnter Hühnersuppe aus der Dose.

Plötzlich weinte Helen im Nebenzimmer laut auf. Bill brüllte unseren Wächter an: »Was macht ihr da? Laßt sie in Ruhe! Ihr habt doch gesagt, daß sie nur zum freien Geleit mitkommt und daß ihr nichts passiert! Ihr Rüpel, ihr!« Bill war krebsrot vor Zorn, ich sagte ungefähr das gleiche auf Farsi.

»Das geht euch nichts an. Sie hat offensichtlich gelogen«, kam die Antwort.

Helen weinte und schluchzte weiter: »Ihr kriegt's mit meinem Vater zu tun!«* Ihre Stimme wurde lauter, hysterisch. Mehrere andere Studenten kamen in den Korridor und forderten Ruhe, aber wir ließen uns nicht einschüchtern. Bill protestierte so lautstark, daß ich Angst bekam, sie würden über ihn herfallen, aber wir gaben keine Ruhe. Unser Protest muß wohl eine gewisse Wirkung gehabt haben, denn wir konnten schließlich hören, wie sie Helen, die immer noch schluchzte, wegführten. Wir konnten nur hoffen, daß sie sie freiließen.

Es wurde still in dem kleinen Haus, und trotz unserer Sorgen um Helen und der lästigen Gegenwart des Wächters schliefen wir bald ein. Die Fenster waren mit Decken verhangen, und das Zimmer war dunkel.

Plötzlich schreckte mich eine männliche Stimme auf: »Hahnum, das ist verboten.«

Ich sah den Mann schlaftrunken an. Es war ein Bruder namens Hamid. »Was ist verboten?«

»Daß Sie Ihrem Partner Zeichen mit Ihren Augen geben.«

Mir dämmerte vage, was er meinte. »Wie bitte? Was haben Sie gesagt?«

»Ihre Augen. Sie dürfen Ihrem Partner keine Zeichen mit Ihren Augen geben«, sagte Hamid bestimmt. »Das ist dumm und gefährlich.«

»Ich habe fest geschlafen«, sagte ich ebenso nachdrücklich. »Ich habe niemandem Zeichen gegeben.«

Meine Augen müssen wohl während des Alptraumes, den ich gehabt hatte, hin- und hergerollt sein. Nun, Bill mußte den Rest der Nacht auf dem Fußboden verbringen, damit er meine »Zeichen« nicht sehen konnte.

Am nächsten Morgen gab es Brot und Käse zum Frühstück, und dann kamen zwei Brüder und holten mich ab. Keine Zeit, Bill noch etwas zu sagen. Ich nahm meine Siebensachen und ging hinter den Brüdern her, die paar Schritte durch den Korridor in

---

* Als unverheiratete Frau stand sie nach islamischer Sitte fest unter dem Schutz ihres Vaters.

das Zimmer, wo sie Helen festgehalten hatten. Ich sah hinein: keine Spur von einem Kampf oder Ähnlichem. Ich hoffte, daß Helen einfach ihre Tränen als weibliche Waffen benutzt hatte, um sich besser zu schützen.*

Das Haus war so klein, daß man von der Mitte des Korridors aus fast an alle Zimmertüren reichen konnte. Als man mich in mein neues Zimmer führte, gab die offene Tür gegenüber kurz einen Blick in das Wohnzimmer frei. Meine amerikanischen Kollegen saßen immer noch im Kreis, bewacht von einem Studenten. Ich durfte nicht anhalten oder »guten Morgen« sagen, aber es war doch ein gewisser Trost zu wissen, daß ich auf der einen Seite Bill als Nachbarn hatte und auf der anderen diese Kollegen. (Es sollte jetzt mehrere Tage dauern, bevor ich wieder Landsleute sehen oder sprechen konnte.)

Mein neues Zimmer war recht klein. Gegenüber der Tür war ein mit einer Decke verhangenes Fenster, links ein Frisiertisch mit einem Spiegel, rechts ein bis auf die Sprungfedermatratzen nacktes Bett. Unter dem Fenster ein Schreibtisch mit zwei Klappstühlen, daneben eine Kommode. Wenig Raum zum Umhergehen: vielleicht fünf oder sechs Schritte. Unter der Decke vor dem Fenster sahen hellblaue bedruckte Vorhänge hervor, aber man befahl mir sofort in sehr strengem Ton, sie nicht zu öffnen und nicht aus dem Fenster zu sehen.

Ich setzte mich auf das Bett und wartete der Dinge, die da kommen würden. Draußen vor den Toren die Sprechchöre des Mobs. Dann hörte ich, wie jemand einen Einkaufswagen zum Botschaftsladen schob. Das Quietschen war unverwechselbar. Ich sah schnell zur Tür. Sie war geschlossen. Ich hastete zum Fenster und lugte hinaus: Aha, einer unserer Köche. Er sah gerade so aus, als mache er seinen normalen Routineeinkauf.

Ich machte es mir so bequem wie es ging und lauschte auf die Geräusche des Hauses. Kollegen wurden verhört, und hier und da erhaschte ich einen Blick auf einen meiner Angestellten bei der

* Nach meiner Freilassung habe ich erfahren, daß man Helen zwar mehrmals gründlich verhörte, ihr aber weiter nichts zuleide tat und sie dann wieder gehen ließ.

IAS, wie er durch den Korridor zu einem Zimmer geführt wurde, um vernommen zu werden.

Der Tag verging ohne besondere Vorkommnisse. Das furchterregende Geschrei der Menschenmenge auf den Straßen wollte nicht aufhören. Schließlich zeigte mir der hohe, dünne Gebetsruf von den Moscheen, daß der Tag zu Ende ging. *Jetzt sollte ich meine Abendandacht halten,* dachte ich. Es dauerte noch einige Zeit, bis ich – voll von Fragen und Ängsten – endlich einschlief.

Ich hatte eigentlich keinen rechten Appetit, als das Frühstück kam, aber ich zwang mich, etwas zu essen. Im weiteren Verlauf des Tages kamen – was mich nicht besonders überraschte – drei mit Gummiknüppeln der US-Marinesoldaten bewaffnete Brüder in mein Zimmer. Sie trugen Jeans oder Arbeitsanzüge, einer einen roten Pullover und ließen ihre Gummiknüppel hin- und herbaumeln und auf ihren Handflächen spielen, um ihre Autorität zu unterstreichen. Einer von ihnen, der ganz gut Englisch konnte, begann mich auszufragen. Sie schienen besonders darauf aus zu sein, zu hören, in welcher beruflichen Beziehung ich zu unserem Chargé d'affaires Bruce Laingen stand und welche Aufgabe ich im Iran hatte. Ich beantwortete diese Fragen so vollständig und geduldig wie ich konnte, denn meine Arbeit war ohnehin keine Geheimniskrämerei. Ich sagte den Studenten, daß es über meine Arbeit zur Genüge Aufzeichnungen in der IAS gebe und sie die Akten jederzeit einsehen könnten.

Ich entdeckte bald, daß das Verhör auch geradezu lustige Seiten hatte. Mehr als einmal unterbrach einer der Brüder, der sich einbildete, die Lage zu überblicken, aufgeregt den Fragenden, und dann mußte dieser ihn geduldig aufklären und sagen: »Nein, sie hat doch deutlich gesagt...« Sie waren so überzeugt davon, daß ich eine Spionin sei, daß sie hinter jeder kleinen Einzelheit eine Affäre von James-Bond-Format vermuteten. *Das sind doch Kinder,* mußte ich denken, *das sind kleine Jungen, die sich für unheimlich wichtig halten.*

Im Verlauf des Tages wurde ich immer wieder einmal ein Stück verhört. »Sagen Sie uns alles, was Sie in den dreißig Stunden am Telefon mit Washington gesprochen haben.« –

»Wie hoch war Ihr Gehalt?« – »Welche Posten haben Sie alles gehabt, seit Sie anfingen, für die amerikanische Regierung zu arbeiten?«

Bei dieser letzten Frage ging ich artig die ganze Liste durch, von meiner IAS-Stelle in Teheran rückwärts, mit den jeweiligen Daten. Mein Verhörer sah mich streng an. »Da schwindeln Sie bestimmt. Das kam ja viel zu schnell!«

»Nein, das ist die Wahrheit«, entgegnete ich ruhig. »Sie brauchen sich nur die Personalakte in meinem Büro anzusehen. Gerade erst vor zwei Wochen habe ich für Washington die gleiche Liste zusammenstellen müssen, und daher habe ich die ganzen Orte und Daten augenblicklich so gut im Kopf.«

Es schien ihnen überhaupt oft nicht recht in den Kopf zu wollen, daß ich die Wahrheit sagte. Auch als ich ihnen sagte, wieviel ich verdiente, wollten sie mir das nicht glauben. Es schien, daß sie absolut keine Ahnung hatten, welche Funktionen wir hatten oder wieviel Geld wir verdienten. Sie gingen sichtlich davon aus, daß wir sie anlügen würden, und als wir statt dessen die Wahrheit sagten, verstanden sie die Welt nicht mehr.

Einmal kamen sie in mein Zimmer zurück und sagten: »Jetzt schreiben Sie alles auf, was Sie am Telefon mit Washington gesprochen haben, und lügen Sie nicht, das ist zwecklos, wir haben Filme und Tonbänder von allem.«

»Wenn das so ist, dann brauch ich es ja nicht aufzuschreiben.«

Sie blieben stur. »Wir müssen Ihren Bericht haben, und lassen Sie ja nichts aus.« Es war klar, daß das Ganze nur ein plumper Trick war. Sie wußten eben *nicht*, was ich mit Washington telefoniert hatte und wollten es auf diese Weise herausfinden.

Ich wünschte mir fast, daß ich Soldat wäre, dann hätte ich nur meinen Namen, Rang und Nummer anzugeben brauchen. Leider gibt es für den diplomatischen Dienst keine entsprechende Regel. Ich wußte, daß es für mich wichtig war, so vollständig wie möglich die Wahrheit zu sagen; denn wenn ich einmal anfing zu lügen, würde ich darin auch konsequent sein müssen, aber die Gefahr wäre groß, daß ich nach einiger Zeit nicht mehr wüßte, was ich denn nun gelogen hatte. Meine größte Angst war, daß sie mich über Dinge ausfragen würden, von denen ich keine Ahnung hatte. Sie schienen nicht zu wissen, wie wenig ich über Botschaftsangelegenheiten informiert war.

Nach dem Mittagessen, gegen 14 Uhr, wurde es endlich ruhiger im Haus. Wahrscheinlich aßen jetzt die Studenten zu Mittag. Aber die Sprechchöre draußen gingen weiter, und die Spannung in mir wuchs ins Unerträgliche. Ich versuchte, den Lärm des Mobs in einem Science-fiction-Buch, das man mir gegeben hatte, zu vergessen. Nach und nach wurde ich ruhiger, und schließlich legte ich mich auf das Bett, das Gesicht gegen die Wand, mit meinem Umhang als Decke.

Meine Großmutter hatte mir vor vielen Jahren diesen Umhang gemacht. Wie dankbar war ich jetzt für ihn. Er war warm und behaglich, erinnerte mich an zu Hause. Ich sank in einen ruhigen, erfrischenden Schlaf.

Ich wurde wach, als ich spürte, daß jemand auf dem Bett saß. Einen Augenblick dachte ich, ich sei zu Hause bei meinen Schwestern; wenn sie mich nicht abrupt wecken wollten, setzten sie sich auch immer zuerst eine Zeitlang neben mich aufs Bett.

Aber dann kam es mir wieder: Ich war ja im Iran. Ach, dann war das ja eine von *diesen* »Schwestern«. Was wollten die denn jetzt schon wieder? Widerwillig schlug ich die Augen auf und drehte mich um.

Ich konnte niemanden sehen.

Aber das Bett hatte sich doch bewegt, das wußte ich genau. Und jetzt gingen mit jener Blitzesschnelle, wie sie nur unsere Gedanken kennen, zwei Dinge durch meinen Kopf. Sie kamen mir überhaupt nicht sensationell oder beunruhigend vor. Ich war in Not, und diese Gedanken sprachen genau diese Not an.

Kaum daß ich gesehen hatte, daß ich allein war, wußte ich, daß ich es doch nicht war. Ich wußte: Ich hatte einen Schutzengel, der über mir wachte, und in diesem Augenblick war er auch ein Bote von Gott, der mich an die Realität und Gegenwart des von Gott versprochenen Trösters, des Heiligen Geistes, erinnerte.

Ich mußte lächeln. Eigentlich war es doch gar nicht nötig, daß Gott mich so an diese Dinge erinnerte. Ich kannte sie doch schon seit langem. Ein Stück eines halbvergessenen Bibelverses kam mir in den Sinn: »Aber der Tröster, der Heilige Geist, den ich senden werde...«* Aber andererseits, wenn ich mir die letzten 48 Stunden so ansah – besonders mit Gott gerechnet hatte ich da noch nicht. Ich war so mit meiner eigenen Arbeit beschäftigt gewesen, daß ich Gott bis auf ein paar Stoßgebete ziemlich vergessen hatte.

Der Tag meiner Konfirmation kam mir in den Sinn – der Augenblick, als der Pastor mir die Hand auf den Kopf legte, Gott bat, mich in der Gnade und im Glauben wachsen zu lassen, und dann diese Worte aus dem Matthäus-Evangelium sprach, die mich seither um die halbe Welt begleitet hatten: »Siehe, ich bin bei euch alle Tage bis an der Welt Ende« (Matthäus 28,20).

Schon oft hatte ich in stillen Stunden an diese Verheißung zurückdenken müssen, und jetzt war sie wieder da – und nicht nur diese Worte, sondern auch die ganze konkrete Gegenwart des Trösters.

Es dauerte Minuten, bis ich mich wieder bewegte. Ich saß einfach da, sah und hörte nichts und vergegenwärtigte mir die Kostbarkeit dieses Augenblicks. Diese Gewißheit von Gottes Gegenwart war in einem Bruchteil einer Sekunde gekommen. Die Zeit schien stillzustehen. Gott war da und erinnerte mich daran, daß ich sein war, daß mir im Grunde nichts geschehen konnte. Es war kein Gedankengang, kein menschliches, logisches Analysieren – einfach eine Gewißheit, eine tiefe, innere Gewißheit. Der Tröster: einer, der all meine Ängste stillen konnte, der nur darauf wartete, daß ich ihn um seine Hilfe bat.

Ich weiß nicht, wie lange ich so dasaß. Schließlich bewegte ich mich wieder. Ich wußte, daß mein Tagesablauf sich jetzt ändern müßte. Ein kurzes Abendgebet, wie ich es gestern gehalten hatte, würde nicht mehr genügen. Gott hatte mir doch gezeigt, daß er allezeit bei mir war, daß ich auf ihn bauen konnte.

Die Geräusche des Hauses kamen zurück. Die Haustür schlug zu; die Studenten waren wieder da. Die Stille meiner Begegnung mit Gott war vorüber, aber ich würde sie nicht vergessen.

---

* Später ging mir auf, daß diese Worte aus Johannes 14,26 kommen. Der ganze Vers lautet: »Aber der Tröster, der Heilige Geist, welchen mein Vater senden wird in meinem Namen, der wird euch alles lehren und euch erinnern alles des, was ich euch gesagt habe.«

Ich nahm das Science-fiction-Buch wieder vor und las weiter, aber ich konnte mich nicht mehr recht darauf konzentrieren. Der Nachmittag rann dahin. Das Tageslicht, das an den Rändern der Vorhänge in den Raum sickerte, wurde tiefgolden und verschwand dann völlig. Jetzt kam der Singsang des Muezzin, der die gläubigen Moslems zum Abendgebet rief, aus den Lautsprechern der Moscheen.

Zeit auch für meine Abendandacht. Ich dachte an die Amerikaner im Nachbarzimmer. Ich konnte durch die Wand gedämpft ihre Stimmen hören. Ob sie auch mich hören konnten? Vielleicht würde die Melodie eines Kirchenliedes ihnen helfen. Ich hatte auch einmal ganz kurz Lillian gesehen; sie war am anderen Ende des Korridors. Ich war sicher, daß sie mich nicht hören konnte, aber trotzdem!

Ich sang die Lieder, die ich auswendig wußte, eines nach dem anderen. Eine halbe Stunde lang sang ich leise. Ich begann mit einem meiner Lieblingslieder:

Oh Saviour, precious Saviour,
Whom yet unseen we love,
Oh name of might and favor,
All other names above,

We worship Thee, we bless Thee,
To Thee alone we sing;
We praise Thee and confess Thee,
Our Holy Lord and King.

(O Heiland, lieber Heiland,
Nicht sichtbar, doch so nah,
O Name über alles,
Voll Macht und teurer Gnad:

Wir loben und anbeten,
Wir singen dir zu Ehr',
Wir rühmen deine Taten,
Du unser Gott und Herr.)

Und ich betete für meine Kollegen, für die Studenten, für unsere Familien, für alle, die in diese Affäre verwickelt waren. »Lieber Gott, hilf uns.« Ein kurzes Gebet, aber ernst gemeint. Hier lag meine Kraft.

# 4. Kapitel

Iran läßt 13 Geiseln frei
*(Des Moines Register, 20. November 1979)*

## Thanksgiving* 1979

Der nächste Tag verging und der nächste und wieder der nächste. Neue Verhöre, neue Besuche. Im Hintergrund die unablässigen Sprechchöre auf der Straße. Ich wußte, daß auf dem Botschaftsgelände Schußwaffen sein mußten – dann und wann zerriß das Knallen einer M-16 die Luft –, aber im Haus waren nie Waffen zu sehen.

Einmal wurde ich offen bedroht. Ein paar Tage nachdem ich den Bericht über mein Telefonmarathon mit Washington geschrieben hatte, brachten einige Brüder ihn zurück in mein Zimmer und fragten: »Haben Sie das geschrieben?«

»Ja.«

»Dann müssen Sie es auch unterschreiben.«

*Also, das ist ja lächerlich*, dachte ich. »Wieso? Das ist doch meine Handschrift. Warum soll ich da jetzt auch noch unterschreiben?«

»Sie müssen unterschreiben, sonst ...«, sagte einer von ihnen, schob mir das Papier zu und ging mit seinem Finger demonstrativ über seine Kehle – die internationale Zeichensprache für »sonst schneiden wir dir die Kehle durch«.

Nun ja, eine Heldin bin ich nicht; ich unterschrieb.

Nach diesem Vorfall überraschte es mich schon nicht mehr, als am Abend einer der Brüder kam und sagte: »Für heute nacht müssen wir Sie fesseln.«

»Warum? Wo komme ich denn hin?«

»Wir müssen Sie fesseln«, wiederholte er bestimmt, und da er

---

* Thanksgiving = das amerikanische Erntedankfest. Es wird jeweils am 4. Donnerstag im November begangen.

ebenso kräftig wie nervös aussah, verzichtete ich auf weitere Diskussionen. Ich hatte ihn erst ein- oder zweimal gesehen, aber ich wußte, daß er recht streitlustig war und sehr aggressiv werden konnte. Er riß einen Streifen vom Bettuch ab, und ich hielt ihm geduldig meine Hände hin.

Am nächsten Morgen kam ein anderer Student und band mich wieder los. Er ließ den Streifen auf dem Bett liegen, und da ich nichts anderes zu tun hatte, glättete ich ihn sorgfältig, rollte ihn wie ein Stück Verbandsmaterial zusammen und band ein Stück ausgefransten Faden darum. Wenn ich schon gefesselt wurde, dann wenigstens mit etwas, das schön glatt und nicht zu einem Seil verdreht war...

Am Abend kam wieder der kräftige Bursche und verlangte das Stück Bettuch, um mich wieder zu fesseln. Ich reichte ihm stumm die »Verbandsrolle« hin. Er sah auf die kleine, fein säuberliche, weiche Rolle in seiner riesigen, fleischigen Hand und fing lauthals an zu lachen. Immer noch brüllend vor Lachen, lief er aus dem Zimmer, um seinen Fund den anderen zu zeigen. Er kam nie wieder.

Das Gegenstück zu diesem Bruder – und überhaupt zu den meisten anderen, die ich gesehen hatte – war ein großer, sehr schlanker, geradezu vornehm aussehender Mann. Er trug einen eleganten hellblauen Anzug und sprach hervorragend Englisch. »Sind Sie vom Außenministerium?« fragte ich hoffnungsvoll, als er mein Zimmer betrat.

Er warf einen Seitenblick auf den Bruder, der ihn begleitete, gerade als ob er ihn um Erlaubnis fragen wollte, und antwortete dann: »Tut mir leid, das kann ich nicht sagen.« Wir sprachen ein paar Sätze miteinander, und dann sagte er etwas, das mich aufhorchen ließ: »Ich verstehe gar nicht, daß die Amerikaner so lange dazu brauchen, uns den Schah auszuliefern. Die ganze Sache könnte doch schon längst erledigt sein.«

Ich sah ihn aufmerksam an. *Na,* dachte ich, *ihr seid aber ganz schön naiv, wenn ihr meint, daß die Regierung der USA sich von euch erpressen läßt.* Laut zu sagen, traute ich mich dies nicht, denn ich wollte die diversen Brüder nicht unnötig provozieren. Sie schliefen zu wenig und waren entsprechend reizbar.

Es ist von jeher ein Prinzip der USA gewesen, sich nicht von

Terroristen erpressen zu lassen, und ich wußte, daß meine Freilassung nicht das Ergebnis einer Kapitulation meines Landes vor diesen Studenten sein würde. Nein, wenn hier einer nachgeben mußte, dann gefälligst die Studenten. Und überhaupt hatte doch die iranische Regierung die Pflicht und Schuldigkeit, dafür zu sorgen, daß die internationalen Spielregeln und Abkommen für das Verhalten gegenüber Diplomaten eingehalten wurden.

Als wir fünf oder sechs Tage in unserem Gefängnis gewesen waren, wußte ich, daß an ein rasches Ende der Affäre nicht zu denken war. Wenn das iranische Außenministerium nach einer Woche immer noch keine Lösung gefunden hatte, mußten wir uns wohl seelisch auf einen »Aufenthalt« von einem Jahr vorbereiten. Eine schlimme Aussicht, aber wenn die Studenten ausgerechnet die Auslieferung des Schahs verlangten, mußte man wohl mit einer so langen Zeit rechnen. Ich betete, daß Gott eingreifen, daß er uns beschützen und bewahren und daß er den Unterhändlern helfen möge, den Konflikt zu lösen.

Die Gefangenschaft hatte nicht nur politische Seiten. Schon bald lernte ich die drei oder vier jungen Frauen näher kennen, die mich in dem kleinen Haus abwechselnd bewachten. Es gab eine ganze Reihe Mädchen, die bei der Besetzung mitmachten und auf diese Weise ihren Beitrag zur Revolution leisten wollten, und so konnte man ohne Schwierigkeiten den weiblichen Geiseln weibliche Bewacher zuteilen. Die Mädchen waren mit Eifer bei der Sache, aber sie redeten auch gerne mit uns über die Revolution, ihre Ausbildung, ihre Familie und ihre Ziele im Leben.

Ich hörte dann immer sehr aufmerksam zu, denn ich hoffte, so das eine oder andere über die Entwicklung der Affäre aufschnappen zu können. Aber sie durften sichtlich zwar zu den Geiseln sprechen, aber nicht über die Geiselaffäre. Wenn ich z. B. fragte, wieviel Leute denn draußen vor den Toren der Botschaft seien oder ob ein Unterhändler aus den Vereinigten Staaten erwartet würde, antworteten sie vorschriftsmäßig und mit entschuldigender Miene: »Tut mir leid, darüber kann ich nicht sprechen.« Ich merkte bald, daß ich mit offenen Fragen nichts erreichen konnte, und verlegte mich darauf, die Mädchen einfach soviel wie möglich reden zu lassen – in der Hoffnung, daß sie sich doch einmal verplappern würden.

Eine von ihnen, die etwa 18 Jahre alt, klein und ganz begeistert von der Besetzung war, kam immer wieder zu mir, um ihr Englisch zu üben. Sie sprach über alles mögliche; Hauptsache, es war auf englisch. Eines Abends, etwa am dritten oder vierten Tag unserer Gefangenschaft, kam sie mit schlaflos-roten Augen und stockheiser vom Parolenbrüllen herein. Ihr Kleid war verfleckt und zerrissen, und die Hände standen vor Schmutz. Aber sie redete unablässig und konnte keine Minute stillsitzen; mal saß sie mit bis zum Kinn angezogenen Knien auf dem Fußboden, dann kniete sie sich aufgeregt hin, um mit wild fuchtelnden Händen ihren Worten noch mehr Ausdruck zu verleihen. Sie war absolut überdreht und heruntergekommen. Meine von zu Hause gewohnte Rolle der großen Schwester meldete sich, und ich schlug ihr vor, sich doch einmal auszuruhen und zu baden.

Ich werde nie vergessen, wie begeistert und fanatisch ihre Antwort kam: »Wir bleiben hier eine Woche oder zwei Monate oder drei oder egal wie lange, bis wir den Schah haben, und so lang wasch ich mich nicht, es gibt ja soviel zu tun!« Und schon war sie wieder mit ihrem wehenden, schmutzigen braunen Rock durch die Tür verschwunden.

Zumindest äußerlich gab das junge, saubere Fräulein, das am nächsten Morgen in seinem langen schwarzen Schleier ins Zimmer trat, ein ganz anderes Bild ab. Ihr Fanatismus war freilich derselbe. Mit ruhiger, aber harter Stimme sagte sie mir, daß sie wohl auf dem Botschaftsgelände sterben würde. Ich fragte sie arglos, warum.

»Na, die Vereinigten Staaten werden doch ihre Soldaten hierherschicken, und wir werden alle sterben. Und dann werde ich eine Märtyrerin sein.« Ihr Gesicht leuchtete förmlich.

»Aber nicht doch! Daß einer von uns stirbt oder einer von euch, das ist doch das letzte, was die Vereinigten Staaten wollen«, entgegnete ich. Ich mußte dabei an den Mob denken, der vor den Toren nach wie vor hysterisch brüllte. Würde auch nur einem der Studenten ein Haar gekrümmt werden – dieser Mob wäre zu allem fähig.

Diese »Studenten« waren ganz deutlich die Helden der Revolution, die Halbgötter und »Elite« einer Nation, die einen Sinn für Märtyrertum hat. »Lieber Herr«, betete ich, »bitte, laß keinen von ihnen sterben!«

Die Mädchen kamen und gingen. Wollte ich vielleicht Süßigkeiten? Oder Tee? Eines von ihnen bot mir scheu eine Cola an. Wenn ich zum Frühstück nicht viel aß, bekamen sie richtig Angst, und ich mußte ihnen mütterlich versichern, daß ich genug gegessen hatte. Die Schwestern selbst verschlangen gewaltige Mengen an Brot, Reis und Süßigkeiten, und ich wurde mir schon früh darüber klar, daß ich nicht alles, was sie mir brachten, verzehren konnte, zumal ich keinen körperlichen Ausgleich hatte. Schließlich wollte ich ja keine Fettsucht bekommen!

Die Mädchen fragten mich reichlich darüber aus, warum ich hier war, wie ich den Iran mochte, was ich schon alles gesehen und wo ich gewesen war. Sie konnten absolut nicht begreifen, daß ich nicht verheiratet war. Immer wieder fragten sie mich ungläubig: »Ja, warum denn nicht?« Ich gab verschiedene Antworten, je nachdem, in welcher Stimmung ich war und mit wem ich sprach. Ich wußte die in Amerika übliche Diskretion in persönlichen Angelegenheiten immer mehr zu schätzen!

Dabei waren diese Fragen nach iranischem Empfinden gar nicht einmal so unhöflich. Schon von meinen Farsi-Lehrern hatte ich gehört, daß man im Iran in privaten Dingen halt neugieriger ist als im Westen. Andererseits wollten diese »Kaffeeklatschstunden« gar nicht recht zu den wiederholten Besuchen der »Brüder« passen, die jeden Abend neue Fragen und Drohungen hatten.

Die eigentliche Bedrohung kam freilich nicht von irgendwelchen Leuten, die mich in meinem Zimmer besuchten, sondern von dem gesteuerten Haß der Menge draußen. Die Studenten versicherten mir zwar, daß die Schüsse, die man manchmal hörte, unserem Schutz dienten und daß die Menge nicht auf das Gelände könne, aber ich hatte da meine Bedenken. Jedenfalls war es ausgesprochen entnervend, immer wieder das gleiche Gebrüll, die gleichen Parolen hören zu müssen.

Ein paar Tage später, etwa um 22.30 Uhr abends, kamen mehrere Brüder und Schwestern, verbanden mir die Augen und führten mich, unter fleißigem Gebrauch der Wörter »Nikt espreken«, aus meinem Zimmer. Ich mußte mein Cape umlegen und wurde nach draußen zu einem Lieferwagen gebracht. Ich stieg ein. Lillian Johnsons Stimme; sie konnte sich wohl denken, daß ich es war, und sagte: »Hallo, Kate.«

»Hallo, wie geht's?« erwiderte ich.

»Nikt espreken«, kam es von vorne. Wir gehorchten.

Der Wagen fuhr an, und ich vergegenwärtigte mir im Kopf unsere Route; schließlich kannte ich die Botschaft gut. Plötzlich hielten wir an, und man brachte uns beide in ein Gebäude.

Eine Schwester führte mich in eine Ecke eines Raumes, warf mir eine Decke auf den Boden und befahl mir, mich schlafen zu legen und dabei die Augen zugebunden zu lassen.

»Ich kann's versuchen«, sagte ich, »aber ich kann nicht garantieren, daß die Binde in der Nacht nicht doch abgeht.« Es scheint, daß die Studenten bald auch einsahen, wie verrückt die Idee mit der Augenbinde beim Schlafen war, denn sie nahmen sie uns ab – nicht ohne uns mit vielen Worten zu ermahnen, uns ja nicht im Raum umzusehen.

Der Raum war hell erleuchtet, und bevor ich die Decke über meinen Kopf zog, um zu schlafen, wagte ich einen kurzen Blick und sah, daß wir im Wohnzimmer der Residenz des Botschafters waren. Überall auf dem Fußboden amerikanische und iranische Frauen, wie in einer überfüllten Jugendherberge. Als ich die Augen schloß, fiel mir noch ein, daß ich in der Eile meine Zahnbürste und meinen Kamm – das einzige, was man mir von meiner Toilettentasche gelassen hatte – vergessen hatte.

Wir wurden gegen 6.30 Uhr geweckt. Erst jetzt kam mir die Situation der übrigen Geiseln so recht zum Bewußtsein. Als wir von der IAS aus die Botschaftsbesetzung mitverfolgt hatten, hatten wir den Eindruck bekommen, daß die Geiseln miteinander sprechen und sich frei in den Räumen bewegen konnten; so hatten es uns die Studenten jedenfalls gesagt. Jetzt sah ich, daß das überhaupt nicht stimmte – nicht nur bei mir, sondern bei allen.

Die anderen amerikanischen Frauen und ich wurden mit aus Bettüchern gerissenen Streifen auf Eßzimmerstühlen mit geraden Rücken- und Seitenlehnen festgebunden. Neben jeder von uns saß eine mit Adleraugen ausgerüstete Schwester, die strikt darauf achtete, daß jede geradeaus und nicht zu ihrer Nachbarin hinsah. Wir durften auch nicht miteinander sprechen, und herausfinden, wer wo saß, konnte man nur, wenn man die Ohren spitzte, wenn eine der Gefangenen mit einer Schwester sprach. Ich merkte sofort, daß Ann Swift links neben mir saß, aber die Schwestern bekamen bald den Verdacht, daß Ann und ich miteinander in Kontakt zu kommen versuchten, und verlegten mich an eine andere Stelle des Zimmers, wo ich der Wand rechts vom Kamin gegenübersaß. Kathy Gross war links vom Kamin, und Liz Montaigne saß, wie ich nach einiger Zeit feststellte, rechts von mir beim Flügel.

Ich war jetzt mit den Amerikanerinnen zusammen, die zur Zeit des Sturms auf die Botschaft auf dem Botschaftsgelände gewesen waren. Insgesamt waren wir sieben, und ich war sehr froh, daß wir uns jetzt alle im gleichen Zimmer befanden. Auch wenn wir nicht miteinander sprechen durften – irgendwie gab es doch Auftrieb zu wissen, daß wir alle lebendig und alle zusammen waren. Wie lange waren die anderen wohl schon hier in diesem Zimmer gewesen? Wie lange würde es jetzt noch dauern? Nun, der Tag ging ruhig seinen Gang – Brot und Käse zum Frühstück, ein amerikanisches Mittagessen –, und bald wurde es klar, daß wir noch einige Zeit hier zubringen würden. Es war sehr frustrierend, so nah beieinander zu sein und doch nicht reden zu dürfen. Es war klar, daß jede von uns ihr Päckchen an Sorgen und Ängsten zu tragen hatte, und aus dem Klang der Stimmen konnte man deutlich heraushören, daß jede wieder anders auf den Schock der Besetzung reagierte.

Als ich zur Toilette gebracht wurde, konnte ich mich endlich einen Augenblick genauer in dem Zimmer umsehen. All die schönen Möbel und Lampen hatte man achtlos in eine Ecke geschoben und dort gestapelt, und die Teppiche lagen zusammengerollt irgendwo an der Wand. Die Schwestern traten beim Laufen auf alles, was ihnen zufällig im Weg lag. Ein Teil der Möbel war beschädigt, und an die Wände waren die bekannten Parolen der iranischen Revolution geschmiert. Ich war schokkiert. Sinn für Ordnung und Schönheit schien nicht zu den Idealen dieser Revolutionshelden zu gehören.

Nur drei Tage vor der Besetzung war ich genau in diesem Raum zu einer Halloween-Party* gewesen, und von den Wänden grinsten noch Kürbislaternen und Pappbilder und Spukschlösser auf uns herab, gerade so, als wollten sie uns mit der Erinnerung an die schöne Party ärgern. Und jetzt saßen wir hier in einem stummen Kreis, an diese harten Stühle gefesselt und den nackten Fußboden unter den Füßen.

Im weiteren Verlauf des Tages brachten uns unsere Wachen Bücher und lockerten unsere Handfesseln so weit, daß wir die Seiten umblättern konnten. Für mich war Lesen eine große Hilfe, mein inneres Gleichgewicht zu wahren. Aber wie war es mit Joan? Oder mit Terry? Was, wenn sie keine Leseratten waren?

Die ganze Atmosphäre war überhaupt geradezu unwirklich. Anfangs konnte ich Stunden damit zubringen, einfach auf die Geräusche der Revolution draußen vor der Botschaft zu hören, auf die pausenlosen Sprechchöre. Bald merkte ich auch, daß die Studenten sich einen Sport daraus machten, in unserer Hörweite solche Ausdrücke wie »Hinrichtung« oder »Prozeß« fallenzulassen. »Hinrichtung« – das reichte, um uns an den gefürchtetsten Namen im Iran zu erinnern: den Henker Halkhali. Der bloße Gedanke, daß er vielleicht in der Nähe der Botschaft sein könnte, ließ es mir heiß und kalt den Rücken hinunterlaufen. Der Mann war ohne jede Gnade.

Unsere Bewacher hatten auch eine Schwäche für ein gewisses geheimnisvolles, vielsagendes Lächeln und Grinsen. Aus den einfachsten Dingen machten sie feierliche Staatsaktionen. Die Atmosphäre konnte ihnen gar nicht spannungsgeladen genug sein.

Der Tag ging dahin. Man zog die Vorhänge zu. Wie lange hatte ich jetzt wohl hier gesessen. Zwei Stunden? Vier? Ich dachte an meine Eltern. Sie wohnten allein auf ihrem kleinen Alterssitz auf unserem Hof in Iowa. Sie hatten beide einen Schlaganfall hinter sich. Was ging jetzt wohl in ihnen vor? Wieviel wußten sie

---

* Halloween = der Tag vor Allerheiligen (31. 10.), der im vorchristlichen England der letzte Tag des Jahres war. Besonders in den USA heute noch ein Volksbrauch; zu einem zünftigen Halloween-Abend gehören u. a. »Geisterlaternen«, die aus einem ausgehöhlten Kürbis o. ä. hergestellt werden.

überhaupt? Und dann meine Schwestern – Micki, Vivian, Anabeth, Mary Jane, Emi –, die mit ihren Männern und Kindern über die ganzen Vereinigten Staaten verstreut waren; Mary Jane in Washington. Ich wußte, daß sie alles tun würden, was sie konnten; wie gut, daß ich so viele Geschwister hatte.

Aber, ja, wie ging es ihnen denn jetzt – besonders meinen Eltern? Sie hingen doch so sehr an mir. Würden sie diese Geiselaffäre verkraften können? Irgendwie konnte ich den Gedanken nicht loswerden, daß sie wegen mir jetzt noch kränker würden.

Als ich immer müder und nervöser wurde, fing ich schließlich an, für jeden meiner Mitgefangenen, den ich mit Namen kannte, zu beten. Es ging ihnen ja bestimmt nicht besser als mir. Ich rutschte auf dem Stuhl hin und her und bildete mir ein, daß es doch irgendwo auch eine weiche Stelle geben müsse.

Endlich (es schien eine Ewigkeit gedauert zu haben) gab man uns Decken, und eine der Schwestern stand auf und verkündete: »Es ist jetzt 22.30 Uhr; Sie können schlafen.« Man band uns sorgsam und feierlich los, und wir mußten uns auf unseren Decken auf den Boden setzen. Mein Nacken und Rücken schmerzten, und in meinen Beinen hatte ich schon längst jedes Gefühl verloren. Mein grünes Wollkleid fühlte sich klamm an. Wann hatte ich eigentlich zum letzten Mal gebadet? In den ersten Tagen, in dem kleinen Haus, hatte ich einmal duschen dürfen, aber ich war zu müde, um nachzuzählen, wie lange das jetzt her war.

Eine Schwester kam und band mir die Handgelenke wieder lose zusammen, dann bedeckte sie mich mit einer zweiten Decke. Der Schlaf wollte lange nicht kommen, aber wenigstens konnte ich mir die Decke über den Kopf ziehen und brauchte nicht mehr den eklig-triumphierenden Gesichtsausdruck der Schwestern zu sehen. Sie waren so kindlich aufgeregt und fest überzeugt, daß sie hier etwas ganz Tolles zuwege gebracht hatten; und wir waren doch einfache Diplomaten, die nach bestem Wissen und Gewissen versuchten, eine gesunde Beziehung zwischen der neuen islamischen Republik Iran und den Vereinigten Staaten herzustellen.

Der nächste Tag kam und ging – und der übernächste. Bücher, Stille, das Rauschen von Chadors hinter mir. Vor mir die Wand. Draußen die Sprechchöre.

Einer der Sprechchöre klang – jedenfalls für mich – wie ein Aufruf an Halkhali, doch endlich zu kommen und die Sache in die Hand zu nehmen. Der Alpdruck wurde immer schwerer.

Am fünften Abend, den ich in der Botschaftsresidenz war, wusch ich meine Unterwäsche und Strümpfe und zog sie feucht wieder an. Sie trockneten überraschend schnell auf der Haut. Aber ich machte den Fehler, ein- oder zweimal zu niesen, und als ich am Morgen aufwachte, lag ich unter vier oder fünf Decken begraben. Die Schwestern hatten Angst, daß ich mich erkältet hatte. *Die größte Gefahr hier ist wohl Tod durch Ersticken*, dachte ich.

Nach dem üblichen Brot-und-Käse-Frühstück verband mir »meine« Schwester die Augen und brachte mich ins Badezimmer, damit ich mich duschen und mir die Haare waschen konnte – ein wahrer Luxus! Wenn nur der Dreck in Bad und Toilette nicht gewesen wäre. Es waren ohnehin viel zuviel Leute im Gebäude, und dazu kamen noch die merkwürdigen hygienischen Sitten der Iraner. Eine der Sitten, die ich nie verstanden habe, ist, daß man benutztes Toilettenpapier einfach auf die Erde wirft (und dann nach Monaten in einen Behälter), damit »die Toilette nicht verstopft«. Dazu war die Reinlichkeit unserer Wächterinnen noch einmal eine Güteklasse für sich. Offenbar stellten sie sich nicht selten auf die Toilette, ließen die ganze Bescherung fröhlich heruntersausen und überließen das Reinemachen dem nächsten Kunden (der dann wahrscheinlich ein Amerikaner war).

Auf dem Rückweg von der Toilette kam ich nah genug an Liz Montaigne vorbei, um ihr kurz die Schulter zu drücken. Auch von den anderen Frauen konnte ich, wenn sie zurück von Bad oder Toilette kamen, hier und da einen Blick erhaschen.

Ihre Stimmen hören konnte ich nur, wenn eine von ihnen zu einer der Wächterinnen sprach – und wir sollten dabei natürlich auch noch möglichst leise reden. Lillian muß wohl eine Erkältung oder jedenfalls einen wehen Hals gehabt haben, denn sie bat immer wieder um Wasser. Ich merkte, daß einige von uns recht verkrampft waren. Ihre Stimmen klangen steif oder gepreßt, oder es lag auch einfach eine gewisse Spannung im Zimmer. Einmal weinte Kathy; warum, habe ich nie erfahren.

Meinen Kamm und meine Zahnbürste habe ich zurückbekommen, und jetzt, wo ich mein Bad gehabt hatte, bat ich eine der Schwestern, doch zur IAS zu gehen und mir meinen Trainingsanzug und ein T-Shirt zu bringen, die dort immer in meinem Büro für Tennispartien am Spätnachmittag bereitlagen. Für dieses ständige Sitzen würden sie bequemer sein als mein grünes Kleid. Die Schwester sagte mit ausdrucksloser Miene: »Ich werde fragen, ob das erlaubt ist.« Natürlich habe ich meinen Trainingsanzug nie gesehen.

Schließlich bat ich, mir doch wenigstens Nadel und Faden zu geben. Meine Strumpfhose hatte recht große Laufmaschen bekommen. Diesmal waren die Schwestern zuvorkommender, nur konnte ich bei der Farbe des Fadens nicht wählerisch sein.

Langsam entwickelten wir eine »Wir-lassen-uns-nicht-unterkriegen«-Haltung. Wir gewöhnten uns langsam an die Anspielungen auf Prozesse und Hinrichtungen, und jeder Tag gab uns ein wenig mehr Widerstandskraft. Ich merkte, daß es darauf ankam, sicher durch den jeweiligen Tag zu kommen und sich nicht um das zu sorgen, was eine Woche später geschehen könnte. *Heute ist heute,* sagte ich mir beim Aufstehen, *und Morgen geht mich noch nichts an.* Aber ich verbrachte trotzdem manche Stunde damit, an meine Familie und Freunde zu denken und mir immer wieder die dramatischen Stunden in der IAS zu vergegenwärtigen. Was hatte ich falsch gemacht? Wie hätte ich es besser machen können? Warum hatte ich es nicht verhindern können, daß Bill und Lillian gefangen wurden und Vic und Bruce jetzt in der Patsche saßen? *Hör auf, das bringt doch nichts . . .* Aber dann wieder: Gab es nicht noch einen anderen Ausgang aus der IAS? Hatte ich nicht vielleicht etwas übersehen?

Richtig abschütteln konnte ich diese Schuldgefühle eigentlich nur, wenn wir Gymnastik machen durften. Offenbar war den Studenten daran gelegen, daß wir gesund blieben, und so durfte jede von uns in der Mitte des Raumes zehn Minuten Gymnastik machen – allein natürlich, während der Rest von uns stumm auf den Stühlen saß und las oder Tagträumen nachhing oder einfach die Wand anstarrte.

Kleine Erfolge gaben mir Auftrieb. Beherrscht bleiben, nicht die Kontrolle über sich verlieren war die Devise. Das Mittagessen war gut und bestand oft aus typisch amerikanischen Gerichten wie

Hot dogs mit Kartoffelsalat, Spaghetti mit Fleischbällchen oder Hamburgern mit Pommes frites. Das Ganze kam aus dem Co-op-Laden auf dem Botschaftsgelände und wurde von dem pakistanischen Koch, der auf seinem Posten geblieben war, zubereitet. Aber die Abendmahlzeiten kamen immer noch von den Studenten – lauwarme bis kalte, so gut wie geschmacklose Breie aus Ravioli aus der Dose oder irgendeiner unidentifizierbaren Schnellsuppe. Mehr als einmal bot ich mich als Köchin an, und jedesmal lehnte man mit einem bestimmten »Nein, Hahnum, Sie sind unser Gast« ab. Nun, ich mußte ja nicht alles essen, was sie mir brachten, und so führte ich meine ungewöhnliche Schlankheitskur fort. Mein Ziel war, mindestens fünf Pfund abzunehmen, gleichzeitig aber bei Kräften zu bleiben.

Ein anderes Problem war das Schlafen. Ich merkte bald, daß man mit gefesselten Händen einfach nicht bequem schlafen kann. Ich entdeckte aber auch, daß die Knoten nicht sehr fest waren, und so schlief ich bald relativ frei, die Arme sorgfältig unter der Decke. Meine erste Amtshandlung am Morgen war dann, die Knoten wieder festzumachen.

Ein neues Problem für mich kam in der Person eines stämmigen und sehr hochnäsigen Mädels, das sichtlich zu befehlen gewohnt war und dem ich den Spitznamen »Queenie« (»Königinchen«) gab. Queenie kam nach ungefähr zehn Tagen und brachte mir frische Kleidung: eine blaue Polyesterhose, ein rotes Strickhemd und einen hellbraunen Pullover. Aber wo war die Unterwäsche? Sie zuckte feindselig die Achseln und antwortete: *»Miad«* (»Ist unterwegs«).

Nach zwei unterwäschelosen Tagen versuchte ich es wieder: »Wo sind meine Kleider? Ich hätte gerne meine Unterwäsche.«

»Die wird gewaschen.«

»Gibt es denn keine im Botschaftsladen?«

*»Miad.«*

»Das haben Sie vor zwei Tagen auch schon gesagt.« In meiner Verzweiflung versuchte ich es mit einer anderen Taktik. »In meiner Heimat laufen nur Huren ohne Unterwäsche rum! Ich brauche ein paar Schlüpfer und einen Büstenhalter. Wenn ich keine Unterwäsche anhabe, ist mir genauso zumute wie Ihnen, wenn Sie ohne Ihren Tschador auf die Straße gehen!«

Das wirkte. Ich bekam tatsächlich Schlüpfer und – wer hätte das gedacht? – meinen eigenen Büstenhalter. Ich bedankte mich und fühlte mich bald wieder menschlicher.

Bald nahmen die Dinge eine neue Entwicklung. Die anderen amerikanischen Frauen in meinem Zimmer wurden eine nach der anderen fortgebracht und kamen erst nach einer ganzen Weile wieder zurück. Eine Schwester kam herein und sagte »Kommen Sie!«, und dann wurden die Betreffenden mit verbundenen Augen abgeführt. Wohin es ging und wie lange sie wegblieben, wußte man nie. Wenn sie endlich wieder zurückkamen, sahen sie oft recht erschöpft aus, oder man hörte einen leisen Seufzer der Verzweiflung. Nach ein paar Tagen jedoch wurde wieder eine der Frauen fortgebracht und kam nicht wieder. Und in der folgenden Nacht, als wir schon schlafen gegangen waren, hörte ich plötzlich Geräusche im Zimmer, die darauf schließen ließen, daß alle meine verbliebenen Leidensgefährtinnen eine nach der anderen fortgebracht wurden. Was bedeutete das nur?

*Sicher gehen die nach Hause*, dachte ich und freute mich. Die anderen Frauen, außer Ann, waren ja alle nur Sekretärinnen. Ich hoffte sehr, daß man alle einfachen Angestellten freilassen würde. Ich dachte an die jungen Marinesoldaten, die Botschaftswachen, die noch unter dreißig waren. Und dann dachte ich wieder an Bill Royer; wo war er jetzt wohl?

Gegen Mitternacht kam ich an die Reihe. Man weckte mich mit großem Zeremoniell und fleißigem »Pst! Pst!«, band mir mit meinem Halstuch die Augen zu und führte mich über den Flur; meine Hände waren noch zusammengebunden. Ich hatte gerade noch Zeit, meine Zahnbürste und meinen Kamm einzustecken. Als man mir das Tuch wieder von den Augen nahm, fand ich mich in der Bibliothek der Botschafterresidenz wieder, einem kleinen eleganten Zimmer mit gelblichen Wänden und blaßblauen Gardinen. Aber wie sah es hier jetzt aus! Die Bücherregale waren fast leer, und das schöne kalligraphische Bild über dem Kamin war fort. Überhaupt waren alle Bilder weg. Ein schöner, verzierter Sekretär stand jetzt vor dem Kamin, und den Rest der Möbel hatte man an die Wände geschoben. Die Stühle hatten nicht mehr die passenden Kissen. Der Klavierhocker war hier, obwohl doch das

Klavier im anderen Zimmer war. Kurz: Die Studenten hatten sich nach Kräften bemüht, jede Spur von Kultur und Atmosphäre zu zerstören. *Warum machen die das bloß?* dachte ich.

Die Bibliothek hatte drei Verandatüren – eine mit Bücherregalen auf beiden Seiten, am anderen Ende des Raumes, und zwei an der Wand zum Garten. Fluchtmöglichkeiten? Nein, vor den Türen hörte man die Schritte des auf- und abgehenden Wachpostens. Man gab mir meine Decke und befahl mir, mich an dem einen Ende des Zimmers hinzulegen.

Dann, fast wie auf ein Kommando, füllte sich das Zimmer mit »Schwestern«. Bald lagen sie Seite an Seite und schliefen, schwätzten, beteten, lasen, kämmten sich und taten die 1001 Dinge, die junge Mädchen eben tun. Eine hatte ihre Handschuhe gewaschen und breitete sie zum Trocknen aus. Es kamen immer noch mehr; sie schnappten sich Decken oder Kissen von den Couchen oder krochen auf eine Couch ohne Kissen. Es wurden wohl 20 bis 30 Mädchen, und bald gab es buchstäblich keinen freien Fleck mehr in dem Raum.

Endlich beruhigten sie sich, oder vielleicht schlief ich auch so ein. Aber nur zu bald hörte ich, wie sie einander weckten, um nur ja ihr Morgengebet nicht zu versäumen. Einer der Brüder klopfte an die Tür, und kreischend wie eine Gänseschar sprangen die Mädchen auf, um in ihre Tschadore zu schlüpfen. Nach ein paar Minuten öffnete einer der Brüder die Tür, um etwas zu fragen, und ein Mädchen, das in Jeans und Hemd und Kopftuch dastand, aber eben ohne den dreimalkeuschen Tschador, quietschte grinsend auf.

Ende des Morgengebets. Noch genügend Zeit für etwas Schlaf. Aber jetzt mußte ein Mädchen nach dem anderen geweckt werden, um an seinen Tagesposten zu gehen – Tordienst, Wachdienst, Telefondienst usw. Das Wecken geschah immer pünktlich und unter großem Gekicher. Ich lag da mit dem Gesicht zur Wand und, versteht sich, ohne Kissen oder Couch und mußte diese Geräuschkulisse über mich ergehen lassen. Endlich schlief ich doch wieder ein, während ich leise vor mich hin sang:

Have thine own way, Lord,
Have thine own way.

Thou art the Potter.
I am the clay.

(Mach's wie du willst, Herr,
Wie dir's genehm.
Du bist der Töpfer,
Ich bin der Lehm.)

Als ich wieder wach wurde, war es still. »Danke, Herr, daß du mich bewahrt hast«, betete ich, »und hilf mir, durch diesen Tag zu kommen.«

Ich merkte, daß meine Hände nicht mehr gefesselt waren, aber erst einmal horchte ich sorgfältig. Es klang, als ob das Zimmer praktisch leer sei. Vorsichtig öffnete ich die Augen und lugte unter der Decke hervor. Die meisten Schwestern waren fort, aber am anderen Ende des Raumes war jemand. War das Ann? Ich bewegte mich etwas stärker.

»Guten Morgen, Hahnum Koob«, sagte die Schwester.

»Guten Morgen. Kann ich ins Bad?« fragte ich. Die Schwester nickte, ich nahm meine Zahnbürste, und sie führte mich. Bevor sie mir die Augen verband, sah ich mich noch kurz um. Ann war in der Tat da. Von den anderen Amerikanerinnen keine Spur.

Als ich wieder in die Bibliothek kam, mußte ich mich in einen großen, schwarzen Lehnstuhl vor der Wand setzen. Das war endlich einmal etwas Weicheres als die Eßzimmerstühle. Ann saß in einem ähnlichen Sessel und durfte sich die gegenüberliegende Wand ansehen. Wir waren nicht mehr gefesselt – noch eine Erleichterung! –, und durch die Radios der Schwestern wußten wir immer, wie spät es ungefähr war. Miteinander sprechen durften wir nach wie vor nicht.

Queenie bekleidete so viele Posten wie sie irgend konnte, und ohne Zweifel war sie entsetzlich enttäuscht, als man sie *nicht* in den »Großen Rat« der Studenten wählte. Aber sie hörte nicht auf, den Leuten zu zeigen, für wie wichtig sie sich hielt, und dazu gehörte auch, daß sie mich fleißig verhörte.

Ein paar Tage, nachdem wir in die Bibliothek verlegt worden waren, wurde Ann zur Dusche geführt, und ich blieb allein mit Queenie im Zimmer.

»Was für Berichte geben Sie eigentlich an Miss Swift?« fragte sie mich.

»Ich gebe keine Berichte an Miss Swift. Mein Vorgesetzter ist Mr. Graves«, antwortete ich.

»Miss Swift hat aber gesagt, daß Sie ihr Berichte geben. Also, worüber berichten Sie ihr?«

»Aber ich gebe doch keine Berichte an sie«, wiederholte ich.

»Sie sagt das aber doch. Oder wollen Sie etwa behaupten, daß sie lügt?«

Dilemma. Ich war mir sicher, daß Ann nichts dergleichen gesagt hatte, aber beweisen konnte ich das natürlich nicht. Es war offensichtlich, daß Queenie versuchte, uns gegeneinander auszuspielen.

»Ich weiß wirklich nicht, was sie da gemeint haben kann«, sagte ich vorsichtig, »es sei denn, daß ich vielleicht dann und wann ein paar Informationen an sie gebe, wie z. B. wann die Semester an der Universität anfangen und aufhören. Aber der einzige in der Botschaft, der von mir Berichte entgegennimmt, ist Mr. Graves.«

Ann kam zurück, und unser Gespräch war beendet, jedenfalls für diesmal.

Am Morgen des 22. November, des Thanksgiving-Festes, wachten Ann und ich gleichzeitig auf. Ich mußte denken: *Jetzt müßte ich ja eigentlich auf dieser Fulbright-Konferenz in Indien sein. Und was würde Ann wohl jetzt machen, wenn wir nicht hier wären?* Wir warfen einander einen stummen Trostesblick zu, ein Lächeln, das soviel sagte wie: »Laß dich nicht unterkriegen!«

Es kam rechtzeitig, dieses Lächeln. Am Abend dieses Tages brachte man Ann fort – so plötzlich und eilig, wie das bei solchen »Umzügen« üblich war. Ohne auch nur Gelegenheit gehabt zu haben, ihr »auf Wiedersehen« zu sagen, war ich wieder allein.

# 5. Kapitel

Schah in Panama / Iraner drohen mit Spionageprozessen
*(Des Moines Register, 16. Dezember 1979)*

## Dezember 1979

Was war mit Ann geschehen? Würde sie zurückkommen? Bevor ich einschlief, hatte ich sie noch ganz kurz gesehen, wie sie in ihrem Sessel saß und mit verbundenen Augen wartete. Schrecklich. Der nächste Tag kam mir furchtbar lang vor. Und der nächste, und der übernächste. Ann kam nicht zurück.

Ich nahm zunächst an, daß man uns aus ganz bestimmten Gründen immer wieder verlegte. Anfangs hatte man alle Frauen im gleichen Raum untergebracht, um sich Arbeit zu sparen. Jetzt wurden wir wahrscheinlich getrennt, damit niemand in der Außenwelt genau wußte, wer wo war. Vielleicht würde man uns in ein paar Tagen in die Kanzlei bringen, in irgendeinen Raum, wo wir dann unseren Kommentar zu irgendwelchen Briefen oder »Spionage«-Gegenständen oder was auch immer geben sollten.

Aber bald wurde mir klar, daß hinter den Verlegungen kein rationales Motiv steckte, sondern einfach die Lust und Laune dieser Kinder, von denen viele jung genug waren, um meine Töchter zu sein. Sie hatten mir übrigens versichert, daß ich nicht geschlagen oder mißhandelt werden würde, und mit jedem Tag hatte ich den Eindruck, daß es uns ein klein wenig besser ginge.

Vor den Brüdern hatte ich ohnehin keine besondere Angst; ich wußte um die Achtung, die man im Islam unverheirateten Frauen entgegenbringt. Die Brüder wagten es buchstäblich nicht, mich anzufassen, wenn sie mich von einem Zimmer ins andere führten. Sie riefen immer eine Schwester oder nahmen mich mit einem Taschentuch ins Schlepptau. Meine große Angst war die Ungewißheit: Was lag noch vor mir? Was passierte mit meinen Kollegen? Und dann natürlich immer das Munkeln von Prozessen und Exekutionen. Der Streß war schon gewaltig.

Es war ein großes Kommen und Gehen, während ich dort in der

Residenzbibliothek saß und die Wand anstarrte. Viel wirkliche Information konnte ich allerdings nicht heraushören. Ich hörte, wie die Mädchen mit raschelnden Gewändern zu den Sitzungen des Studentenrats gingen, der die Spielregeln für das Leben auf dem Botschaftsgelände festlegte. Ich hörte, wie sie wiederkamen und sich über diese Sitzungen sowie über ihre Arabischstunden unterhielten. Eines Abends hörte ich die magischen Buchstaben CBS, NBC und ABC – die Abkürzungen der großen amerikanischen Fernseh- und Rundfunkgesellschaften. Die Schwestern weigerten sich, mir zu sagen, was bei diesen Sendungen geschah, aber eine sagte mit hintergründigem Lächeln: »Sie sind alle da . . . alle. Und wir erzählen ihnen unsere Version.« Ich war froh zu wissen, daß unsere Korrespondenten am Ort waren; das hieß ja, daß die Menschen in der Heimat, einschließlich meiner Angehörigen, doch etwas davon erfuhren, wie es uns ging.

Eines Tages, kurz nach Anns Weggang, hörte ich eine neue Art Geräusch. Ich konnte mir erst gar keinen Reim darauf machen, aber dann dämmerte es mir. Jemand kroch in den riesigen Röhren der Klimaanlage herum und suchte nach »Geheimgeräten«. Es klang gerade so, als ob er die ganze Anlage auseinandernehmen wollte. Als sie auf die Luftklappen klopften, mußte ich mich schwer zusammennehmen, um nicht wütend zurückzuklopfen. Mit geballten Fäusten saß ich da. Auf dem Weg zur und von der Toilette hatte ich öfter einmal unter meiner Augenbinde hervorblinzeln können und ein wenig vom Zustand der anderen Räume des Hauses gesehen. Diese Kinder – ja, es waren fast noch Kinder! – schienen geradezu von Zerstörungswut besessen zu sein. Sie hatten die schöne Einrichtung der Residenz total demoliert. Sie hatten Möbel beschädigt oder auseinandergenommen oder draußen im Regen stehen lassen. Bilder waren verschwunden, Kissen lagen achtlos auf dem Boden verstreut und wurden von schweren Stiefeln zerstampft. Kaum eine Wand, die nicht beschmiert war. Es war schlimmer als in einer unbewachten U-Bahn-Station oder einer besonders »linken« Universität.

Es gab jedoch hier und da auch Lustiges. Eine Schwester hatte sich eine Schranktür in der Bibliothek vorgenommen und quer über die beiden Flügel mit kräftiger schwarzer Farbe »Down with the Carter« (»Nieder mit das Carter«; die Englischkenntnisse der

Kinder waren nicht perfekt) geschrieben. Ein paar Tage später nahm ein anderes Mädchen, das sichtlich etwas schlechte Augen hatte, ein schönes buntes Khomeini-Bild und klebte es auf besagte Tür. Das Ergebnis: »Down with« plus das Bild des großen Idols. Dieser Anblick gab mir lange Zeit etwas zum (heimlichen) Lachen.

Mittlerweile ging der Herbst in den Winter über, und die Schwestern waren sehr um meine Gesundheit besorgt; hatte ich es auch warm genug? Sie schoben meinen Stuhl an das andere Ende des Raumes und stellten einen elektrischen Heizofen auf, den sie prompt auch zum Kleidertrocknen benutzten.

Ich saß jetzt näher an den Fenstern, was jedoch angesichts der schweren zugezogenen Vorhänge für die Beleuchtung wenig ausmachte; die Lampen brannten ohnehin Tag und Nacht. Aber dadurch, daß ich beobachtete, wann die Mädchen kamen und gingen, wie sich der kleine Lichtstreifen auf dem Fußboden unter den Vorhängen bewegte und wann der abendliche Gebetsruf des Muezzin kam, konnte ich den Ablauf der Tage in etwa mitverfolgen.

Wieder ein paar Tage später übergaben die Brüder den Schwestern den großen Empfangssaal der Residenz zum neuen Domizil. Mit viel Aufregung und Gekicher zogen sie aus der Bibliothek aus und nahmen sämtliche Möbel, die sie gebrauchen konnten, mit. Nur mein Sessel in der einen Ecke und ein Stuhl mit gerader Rückenlehne in der Mitte des Raumes für meine Bewachung blieben. Ich fühlte mich zunächst einsam, aber bald genoß ich die größere Ruhe.

Ich konnte wieder mehr zu mir selbst kommen und merkte, daß ich meine Zeit sinnvoller ausnutzen mußte. Zehn Minuten pro Tag durfte ich aufstehen und Gymnastik machen; aber was sind zehn Minuten? Ich bin zwar nie eine große Sportlerin gewesen (meine Lieblingsdisziplin ist, Buchseiten umzublättern), aber mir war klar, daß ich gerade jetzt etwas für meinen Körper tun mußte. Also holte ich die Gymnastikkenntnisse meiner Schulzeit aus der Mottenkiste; außerdem versuchte ich, mich an alles zu erinnern, was ich über Isometrie (Muskeltraining ohne eigentliche Bewegungen) gelesen hatte. Auf meinem Stuhl übte ich mich im systematischen Spannen und Entspannen meiner Muskeln. Ich machte z. B. meinen Körper schlaff und drückte dann mit meinen Füßen fest gegen den Fußboden.

Queenie kam wieder an die Reihe, mich zu bewachen, begleitet von ihrer Busenfreundin »Princess« (Prinzessin), wie ich sie taufte. Sie machten sich über einen Stapel Briefe her, und ich merkte bald, daß sie englische Briefe zu übersetzen versuchten. Bei den Buchstaben *l-a* bissen sie sich fest. Was war das nur für ein Wort? Vielleicht »law« (Gesetz, Recht)? Schließlich gewann die Lehrerin in mir die Oberhand, und ich fragte die beiden einfach.

»Na, das ist l-a,« antworteten sie argwöhnisch.

»Was ist denn das nächste Wort?«

»S-a-l-l-e.«

Aha, sie waren auf einen Brief des Lasalle-Geschäftskorrespondenz-Instituts gestoßen. Ich erklärte ihnen, daß »la« ein Teil des Namens *»La Salle«* war.

Dies war nur eine kleine Abwechslung in meinem Alltag, aber sie bewies mir wenigstens, daß ich geistig noch auf der Höhe war. Je länger ich in diesem Sessel vor der Wand saß, um so mehr fragte ich mich, was wohl als nächstes kommen würde. Wie lange würde ich noch etwas zu Lesen bekommen? Irgendwann würden den Studenten die Bücher ausgehen; schon jetzt hatten sie Schwierigkeiten, neue aufzutreiben. Ich hatte mittlerweile schon über zwei Dutzend geschafft, meist Romane, und dabei versuchte ich schon, betont langsam zu lesen (jedenfalls für meine Begriffe).

Immer wieder mußte ich an die anderen Geiseln denken. Jeden Tag betete ich für sie. Wie viele waren wir eigentlich? Wer gehörte alles dazu? Wie ging es ihnen? Wie wurden sie verhört?

Wäre es nicht besser für sie, wenn ich flüchten könnte? Da waren doch diese hohen Bäume bei der Mauer. Wenn man da hinaufklettern konnte, und dann über die Mauer... Ich kannte auch eine iranische Familie, die in der Nähe der Botschaft wohnte. Wenn ich erst einmal dort war, würden sie mir vielleicht einen Tschador leihen und mich in eine Taxe setzen... Sicher, es wäre ein großes Risiko für sie, jemandem wie mir zu helfen, aber vielleicht...

Besonders stark wurde die Versuchung nachts zu fliehen wenn alles ruhig schien und die Schwester, die mich bewachte, offensichtlich einschlief. Aber irgendwie bewegte sie sich dann doch immer, oder es kam auch in dem Augenblick, wo ich all meinen Mut zusammennehmen wollte, eine andere Schwester herein, um sie zu besuchen.

Aber mußte es denn ein Fluchtversuch sein? Konnte ich nicht auch so etwas Nützliches tun? *Ja sicher*, sagte eine Stimme in mir, *du kannst doch beten. Du kannst für sehr vieles beten.*

Seit längerer Zeit hatte ich mich gefragt, wie es wohl war, wenn man ein Leben des Gebets und der inneren Einkehr führte. Ich bin keine Katholikin, aber irgendwie faszinierte mich das: innere Einkehr, Meditation, Klosterleben. Nun, jetzt, hier in der besetzten Botschaft, hatte ich die Gelegenheit meines Lebens, einen solchen Lebensstil auszuprobieren.

Ich nahm mir vor, jeden Morgen längere Zeit zu beten, und zwar an jedem Wochentag für eine andere Sache. Montags betete ich für die Kirchen und ihre Institutionen; dienstags für die verschiedenen Krisen und Nöte in der Welt (für den Welthunger, die Unterdrückten, die Kranken, für alle möglichen sozialen Probleme); mittwochs für meine Verwandten und Freunde – quer durch die Vereinigten Staaten.

Ich merkte bald, daß Beten viel schwerer ist, als ich mir das vorgestellt hatte. Das Hauptproblem für mich war, daß ich immer so schnell fertig war. Gott bitten, die Eltern zu segnen, bei den Freunden zu sein und dieser und jener Not in der Welt abzuhelfen – schön, aber was dann?

Nachdem ich mich mehrere Tage so abgemüht hatte, fing ich an, mich mehr auf Gott selbst zu konzentrieren; ich machte mir eine Art Andachtsplan, so etwas wie eine Liturgie. Mit schmerzlichem Erstaunen merkte ich dabei, wieviel Disziplin und Anstrengung es kostete, sich Gott zu vergegenwärtigen, sich in ihn zu versenken, in seiner Nähe zu sein. Ich konnte kaum kriechen, und wäre doch so gerne gelaufen.

Aber ich lernte; ich war in Gottes Gebetsschule eingetreten. Ich baute auf den Dingen auf, die ich kannte – auf Liedern und Bibelversen, die ich als Kind auswendig gelernt hatte. Und zu meiner eigenen Überraschung kam ich nach einer gewissen Zeit dahin, daß ich ganz von selbst nicht mehr nur Bittgebete sprach, sondern auch dankbar war.

Bald merkte ich auch, daß Beten ein hervorragendes Mittel gegen meine Sorgen um meine Eltern war. Ich hatte immer noch nichts von ihnen gehört, aber das lag wahrscheinlich daran, daß die Studenten jeden Kontakt zwischen uns und der Außenwelt unterbanden. Als ich damals von der IAS aus die Botschaft anrief, hatten sie sich ja auch geweigert, mich mit meinen Landsleuten zu verbinden. Ich hatte große Sorgen um meine Verwandten, aber ich wußte auch, daß sie für mich beteten und daß sie annahmen, daß ich für sie betete. Wir hatten zu Hause immer füreinander gebetet.

Etwa an meinem dritten Tag in der Bibliothek entdeckte ich auf einem Schrankregal ein Gesangbuch der amerikanischen Streitkräfte. Ich bat die Schwester, es mir zu geben. Sie antwortete überrascht: »Das ist kein Buch zum Lesen.«

»Bitte geben Sie es mir«, sagte ich, »ich zeige Ihnen, was es ist.« Und ich erklärte ihr den Aufbau des Buches: Liturgie, Bibelabschnitte, Lieder. Als ich fertig war, gab sie mir das Buch und ging weg.

Welch ein Schatz war dieses Buch für meine Andachten! Anfangs benutzte ich es bewußt wenig, weil ich Angst hatte, man würde es mir wieder wegnehmen. Es enthielt viele Psalmen und andere Bibelpassagen und war voll von den Liedern, die ich als Kind gelernt hatte und von denen ich doch oft nur ein paar Zeilen auswendig konnte. Ich bewachte dieses Buch wie meinen Augapfel.

Ungefähr um diese Zeit erregte eine Schwester meine Aufmerksamkeit, die während ihres Wachdienstes bei mir oft den anderen Mädchen die Haare schnitt. Sie hieß Seroor, war Mathematiklehrerin in einer Mädchenschule im Süden der Stadt und studierte abends. Mit ihren 24 Jahren war sie sichtlich eine der Führerinnen der Mädchen in der Botschaft.

Seroor war sehr ruhig und sichtlich darauf aus, ihren Mitmenschen zu helfen. Eines Tages kam sie in einer hübschen neuen Bluse und mit Kopftuch zu ihrem Wachdienst; am nächsten Tag hatte sie wieder ihre alte Kleidung an. Ich sagte etwas über ihr neues Kopftuch von gestern, und sie antwortete lächelnd: »Jemand anders hat es gebraucht.«

Seroor war es auch, die mir eines Tages ein klein wenig Ausgang verschaffte. Für ein paar Augenblicke durfte ich draußen auf der Vortreppe der Residenz stehen und mich etwas umsehen – das erste Mal in meiner Gefangenschaft, daß man mir solch einen »Luxus« gönnte.

Es hatte in der Nacht geregnet, so daß alles feucht war. Nach dem langen, trockenen, heißen Sommer war der Regen zweifellos sehr willkommen gewesen. Jetzt schien die Sonne wieder hell, der Himmel war blau, die Luft klar und frisch – kühl, aber nicht zu kalt. Draußen sein – diese regenfrische Luft riechen – dieses Grün sehen! Ein unbeschreibliches Gefühl.

Als ich über den grünen, noch regenglitzernden Rasen blickte, merkte ich plötzlich, daß die hohen Bäume, auf die ich so große Hoffnungen gesetzt hatte, viel weiter von der Mauer entfernt standen, als ich gedacht hatte. Und an den Ecken der Gebäude standen Brüder mit Gewehren. Es war also nichts mit meinem Fluchtplan. Nun ja, auf die Bäume steigen wäre wohl sowieso nicht gegangen: die untersten Äste waren viel zu hoch für mich.

Ein leichter Wind trieb ein paar Blätter über die Terrasse, und ich hob ein goldbraunes Blatt auf und nahm es mit hinein in mein Gefängnis. Dieses winzige Stück Außenwelt sollte für das nächste Jahr ein fester Teil meines Alltags werden; ich benutzte es als Lesezeichen für mein Gesangbuch.

Die Tage krochen dahin. Jetzt war der 6. Dezember, der Geburtstag meiner Mutter. Seroor hatte gerade Wachdienst, und so fragte ich sie: »Kann ich ein Blatt Papier und einen Bleistift haben? Ich möchte gern meiner Mutter schreiben.«

»Ich weiß nicht«, sagte Seroor, »da muß ich erst mal fragen.«

»Sie hat heute Geburtstag«, fuhr ich fort, »sie wird 69. Sie macht sich große Sorgen um mich.«

Ich wußte, daß meine männlichen Kollegen Briefe schrieben, denn als ich in dem kleinen Haus gewesen war, hatte ich gehört, wie einer von ihnen sagte: »Und diesen Brief schickt ihr bitte nach Deutschland. Meine Frau ist in Deutschland. Ich will, daß sie weiß, daß es mir soweit gutgeht.« Der Student hatte ihm auch versprochen, den Brief abzuschicken.

»Ich werde fragen, ob das möglich ist«, sagte Seroor wieder.

Es war möglich. Sie kam mit einem Bleistift und einem Blatt Papier zurück.

Bis jetzt hatte ich während meiner Gefangenschaft noch nie geweint. Als Kind hatte ich gelernt, daß man mit Tränen keine Probleme lösen könne, und vor diesen Revolutionsmädchen hier wollte ich mir sowieso keine Blöße geben. Aber als ich jetzt an meine Eltern schrieb, fingen die Tränen leise an, mir über die Wangen zu rollen.

Seroor sah mich an. »Warum weinen Sie?«

»Das täten Sie vielleicht auch, wenn Sie in meiner Lage wären. Ich habe meine Verwandten doch gern, und es muß schrecklich für sie sein, diese Ungewißheit. Alles, was sie wissen, ist, daß ich gekidnappt worden bin und als Geisel hier sitze.«

Sie fuhr fort, mich ruhig anzusehen. »Aber Sie *leben* doch! In Teheran gibt es haufenweise Mütter, deren Söhne und Töchter vom Schah getötet worden sind.«

Ich wandte mich ungehalten wieder meinem Brief zu und überlegte, wie es jetzt wohl zu Hause war. Mutter und Vater waren wahrscheinlich jetzt in Washington bei meiner Schwester Mary Jane oder vielleicht sogar in Florida bei meiner Schwester Anabeth und den ihren. Einige meiner anderen Schwestern waren wahrscheinlich auch da, und die anderen würden Mutter anrufen. Ich hätte sie normalerweise jetzt wohl auch angerufen. Wir waren eine liebevolle Familie, und je weiter wir uns in die vier Winde zerstreut hatten, um so enger waren unsere Bande geworden. Und jetzt überhaupt kein Kontakt – das war sehr, sehr hart.

Ich beschloß den Brief mit Geburtstagsgrüßen an meine Mutter und Anweisungen, welche Weihnachtsgeschenke meine diversen Nichten und Neffen bekommen sollten, und gab ihn Seroor. Später versicherte Miryam, ein anderes Mädchen, mir, daß sie ihn zur Post gebracht habe.

Wachablösung. Nächste Wachablösung. Die Mädchen warfen ihr Strickzeug, ihre Bücher, ihre Pullover achtlos auf die leeren Bücherregale bei meinem Sessel. Plötzlich sah ich aus all dem Durcheinander etwas hervorleuchten – ein kleines, silbriges Taschenmesser! Ich nahm an, daß wir bald wieder gefesselt werden würden und wagte mein Glück. Ich wartete ein paar Minuten; dann stand ich auf, um mich etwas zu räkeln, und manövrierte dabei das Buch, das ich gerade las, auf das Messer. Guckte die Wache gerade? Ein Griff, und ich hatte das Buch heftig wieder aufgenommen, so daß das Messer zu Boden fiel. Noch einmal fünf Minuten, und ich hatte das Messer mit meinem Zeh unter den Teppich geschoben.

Einige Zeit später kam das Mädchen, dem das Messer gehörte, zurück, um es zu suchen. Ich kam mir einerseits ein wenig häßlich vor, aber andererseits konnten Situationen kommen, wo ich das Messer gebrauchen konnte.

Nun, es liegt wohl immer noch dort unter dem Teppich des Botschafters, denn noch am gleichen Abend kamen drei Schwestern und befahlen mir, meine Sachen zu packen. Ich hatte eine Zahnbürste, etwas Zahnpaste, einen Kamm, das Gesangbuch und die Hose und den Pullover aus dem Botschafts-Co-op-Laden. Ich legte meinen Umhang und die Augenbinde um und wurde in ein Auto gebracht. Der Wagen fuhr ein paar hundert Meter und hielt dann an. Ich stieg aus. Einen Augenblick die klare, frische Abendluft, dann gleich wieder in ein Haus, ein paar Stufen hinunter, dann etwas wie einen sehr langen Korridor entlang, eine Treppe hoch, noch eine. Aha: Ich war im 1. Obergeschoß der Botschaftskanzlei.

Wir bogen um eine Ecke und gingen und gingen. Nach 42 Schritten ging es durch eine Tür; ich hörte, wie sie hinter mir geschlossen wurde. Man führte mich quer durch den Raum, setzte mich auf einen Stuhl und nahm mir die Binde ab.

Ich war in einem Zimmer, das ich noch nie vorher gesehen hatte: sehr klein, vielleicht drei mal vier Meter groß; an zwei Wänden Bücherregale. Es war die politische Bibliothek der Botschaft, und sie sah sehr interessant aus. Rasch glitt ich mit meinen Augen an den Buchrücken entlang. Da waren alte Bücher, Bücher über den Iran, einige sehr praktische Bände wie z. B. der *Who's who* (Wer ist wer), auch eine Sammlung von Büchern über persische Kunst. Die Bücher behandelten die verschiedensten Themen, aber immer ging es um das alte Persien, den modernen Iran und den Nahen Osten im allgemeinen. Na, dieser

Raum sah ja vielversprechend aus. *Mensch, hier kann ich ja richtig lesen*, dachte ich.

In einer Ecke standen ein Schreibtisch, ein Schreibmaschinentisch und ein Bürostuhl für die Schwester. Ein elektrisches Heizgerät ohne Stecker war auch da, und ich sah mit gemischten Gefühlen zu, wie die Schwestern die nackten Drähte in die Steckdose steckten. Vor Elektrizität hatte ich Respekt, und die Aussicht, womöglich wegen einer durchgebrannten Sicherung im Dunkeln sitzen zu müssen, konnte mich auch nicht reizen.

Zum ersten Mal seit meinem Auszug aus jenem kleinen Haus brachte mir ein Bruder eine Matratze. Jetzt hatte ich also eine Decke, ein Kissen und eine Matratze – fast mehr Komfort als je zuvor.

Der Vormittag brachte weitere Entdeckungen, gute und schlechte. Eine schlechte war, daß mein neues Zimmer direkt bei dem Kommunikationsbunker lag. Zack, ging die schwere Eisentür auf; rumms, ging sie wieder zu – Tag und Nacht. Eine kleine Tortur mehr.

Gut dagegen, daß mein Zimmer direkt gegenüber der Toilette lag, die auch von den anderen amerikanischen Geiseln benutzt wurde. Diese amerikanischen Stimmen zu hören, war eine wahre Wohltat. Landsleute waren in der Nähe – Menschen, die wie ich weiterkämpften, die sich nicht unterkriegen lassen wollten. Aber wie frustrierend auch wiederum, daß ich keinen Kontakt zu ihnen haben konnte.

Diese Stimmen meiner Landsleute bedeuteten mir jedesmal eine Zuflucht vor dem Feind draußen. Die Fenster der politischen Bibliothek – in einem war noch ein Einschußloch von der Besetzung im Februar – lagen zwar zu hoch, als daß ich außer ein paar Baumwipfeln und einem Stückchen blauem Himmel etwas hätte sehen können; aber hören konnte ich den Mob draußen besser als zuvor. Das Gebrüll war nervenzerreißend und setzte wieder die alten Ängste in mir frei: die Angst, jemand könnte kommen und mich zu einem Verhör oder Prozeß abholen; die Angst, die Studenten könnten über mich herfallen; vor allem aber die Angst, dieser Mob draußen könnte außer Kontrolle geraten und wie eine Flutwelle über die Mauern kommen.

Ich wußte, wie es vor der Botschaft ausgesehen hatte, als lange

Schlangen von Iranern buchstäblich Tag und Nacht nach Ausreisegenehmigungen, Visa und anderen Papieren angestanden hatten. Zweifellos glichen auch jetzt die Straßen draußen einem halben Zigeunerlager. Die Menge brüllte ihre antiamerikanischen Parolen und hörte den Predigten der Studenten und der allgegenwärtigen Mullahs* zu. Aus drei oder vier Lautsprechern kamen Nachrichten auf Farsi – zu verzerrt im Klang, als daß ich sie hätte verstehen können –, Wiederholungen der Forderungen der Studenten, Revolutionsmusik und die neuesten politischen Reden und Tiraden. Und durch all dieses Getöse noch – oder täuschte ich mich da? – die Rufe von Straßenhändlern. Es war ein Aufruhr wie bei einem entgleisten Fußballspiel – und ich war der Fußball.

An einem Morgen war es besonders schlimm. Wie Nadelstiche gingen die Parolen durch mein Gehirn; die Lautsprecher brüllten pausenlos denselben antiamerikanischen Protestsong, wohl aus der Vietnam-Zeit. *Das halt ich nicht mehr aus*, dachte ich, *ich kann nicht mehr.* Ich betete: »Lieber Herr, ich kann das nicht mehr aushalten. Bitte hilf mir. Gib mir etwas von dem Frieden, der höher ist als alle Vernunft.«

Mein Kopf wollte mir schier zerspringen. Aber ich biß die Zähne zusammen und begann, durch meine Gebetsliste für den Morgen zu gehen. Und nach einer kleinen Weile merkte ich, wie zwar der Lärm draußen auch nicht um ein Dezibel weniger geworden war, aber in mir war Frieden. Wieder ein Geschenk Gottes.

Die heiseren Sprechchöre (vor allem Männerstimmen) begannen mit großer Regelmäßigkeit gegen 6 Uhr morgens und hielten dann bis 2 Uhr nachts an. Am schlimmsten war es freitags, wenn die Leute zur Andacht kamen. Ich konnte mir lebhaft vorstellen, wie ihre Gesichter aussahen – absolut haßverzerrt. Wie lange würde das noch gehen? Ich wußte, daß der Schah ein todkranker Mann war; würde man uns auch noch festhalten, wenn er gestorben war? Immer wieder betete ich: »Lieber Gott, *bitte* hilf, daß das hier ein Ende nimmt.«

Ich beschloß, einen zweiten Brief an meine Eltern zu schreiben.

---

* Mullah = mohammedanischer Geistlicher und Gelehrter.

Ob der erste sie überhaupt erreicht hatte, wußte ich nicht; eine Antwort hatte ich jedenfalls noch nicht erhalten. Nun, ich schrieb meinen Brief und wandte mich wieder meiner Lektüre zu – nicht den Büchern der politischen Bibliothek, wohlgemerkt, die als »Spionagebücher« alle auf dem Index standen.

Queenie versuchte wieder, mich zu verhören. Als sie wieder einmal Wachdienst hatte und an dem Schreibmaschinentisch Briefe übersetzte, fing sie eine »Plauderei« über meine Arbeit an. Wir unterhielten uns jetzt auf Farsi; auf diese Weise wollte ich sprachlich das Beste aus meiner Lage machen. Queenie fragte mich, was ich alles so machte, und ich erzählte bereitwillig über meine Arbeit im amerikanischen Kulturzentrum in Sambia und wie wir versuchten, das Cultural Center in Teheran umzuorganisieren.

Bald kam Queenie auch auf die Presse zu sprechen. »Was für Beziehungen haben Sie zu ihr?« fragte sie. Gleichzeitig begann sie, sich hinter ihrem Briefstapel »heimlich« Aufzeichnungen zu machen. Nanu, was sollte denn das?

»Hahnum«, sagte ich, immer noch auf Farsi, »mit den Reportern meinen Sie doch sicher iranische Reporter, die zu mir kamen, um etwas über Amerika zu erfahren?«

»Nein, ich meinte ausländische Reporter, die mit Ihnen über den Iran sprachen und über das, was dort vor sich geht«, antwortete sie mit triumphierendem Lächeln.

»Oh, entschuldigen Sie, Schwester. Da habe ich Sie mißverstanden. Zu ausländischen Reportern habe ich keine großen Kontakte gehabt, und darüber, was im Iran vor sich geht, hätte ich sowieso nicht mit ihnen gesprochen – höchstens vielleicht über den Lebensstil, die Preise oder was die IAS so tut.«

»Ach so ...«

So raffiniert Queenie gern sein wollte, so naiv war sie in ihrer Einschätzung meiner Arbeit. Ich bin heute noch davon überzeugt, daß sie meine mangelhaften Farsikenntnisse ausnutzen wollte, um irgendwelche Sensationen über meine Rolle in der Botschaft ans Licht zu bringen. Queenie, die Meisterdetektivin ... Ich war kuriert und beantwortete fortan keine »beruflichen« Fragen mehr auf Farsi.

In einem ihrer freundlicheren Augenblicke bat sie mich, ihr

beim Übersetzen der Briefe zu helfen. Sie hatte manchmal Schwierigkeiten, die Handschrift zu lesen.

»Miss Koob, was ist c-l-o-v-e?« buchstabierte sie. Ich sagte, daß »clove« eine Art Gewürz sei.* Sie fragte mich, ob es nicht noch eine andere Bedeutung gäbe; Gewürz ergäbe keinen Sinn.

»Könnte es vielleicht d-o-v-e sein?« buchstabierte ich. »›Dove‹ ist eine Art Vogel.«**

»Ja, das kommt hin. Wie haben Sie denn gewußt, daß es dieses Wort ist?«

Ich lächelte. »Zu Hause in Iowa war ich eine Zeitlang Lehrerin, und da mußte ich oft unleserliche Handschriften lesen.«

Solche Augenblicke waren fast angenehm. Es machte mir Spaß zu raten, welches Wort jeweils wirklich gemeint war, und manchmal konnte ich die Rückseite des Blattes, das die Studenten gerade bearbeiteten, lesen. In einem Brief stand: »Als Du Diplomat wurdest, waren wir alle so stolz, und jetzt ...«

Offensichtlich war das ein Brief an einen meiner Kollegen, obwohl Queenie mir versicherte, daß die Briefe alle an die Studenten gerichtet seien. Viele waren das auch. Bei einigen Briefen mußte ich Queenie bei der Übersetzung so vieler Wörter helfen, daß ich mir ein grobes Bild vom Inhalt machen konnte. Ich konnte bald nicht mehr zählen, wie oft Wörter wie »Rache« oder »Vergeltung« vorkamen; brachte man sie mit anderen Wörtern, die ich hörte, zusammen, dann konnte es sich bei den betreffenden Briefen eigentlich nur um Appelle an die Studenten, uns freizulassen, handeln. Ich sah auch, wie die Mädchen zahlreiche Telegramme übersetzten, manche von ihnen mit langen Unterschriftenlisten.

Ein Tag schien wie der andere – verrückt, verzerrt, verschwommen. Hin und wieder der beruhigende Klang einer amerikanischen Stimme auf dem Flur. Aber immer der Lärm von der Straße, und was die Schwestern als nächstes sagen würden, wußte ich nie im voraus. Ich ergänzte meine Gebets- und Meditationszeiten und meine Lektüre durch stärkere körperliche Übungen – z. B. auf der

---

* Deutsch: Gewürznelke.

** Deutsch: Taube.

Stelle laufen – und fragte mich, wann endlich die Zuschauer nach Hause gehen und das Spiel vorbei sein würde. An besonders harten Tagen lief ich hundert Schritte extra auf der Stelle. Ich war jetzt wirklich lange genug im Stadion gewesen!

# 6. Kapitel

Christlicher Glaube gibt Geisel aus Iowa Kraft, sagen ihre Angehörigen *(Des Moines Register, 30. Dezember 1979)*

## Weihnachten 1979

Weihnachten kam immer näher. Wir waren jetzt seit über einem Monat gefangen. Ich betete, daß wir, wenn möglich, noch vor Weihnachten freikommen würden, aber ich hatte keine großen Hoffnungen. Es würde auch nicht das erste Mal sein, daß ich Weihnachten nicht zu Hause bei meinen Lieben verbrachte; der Grund dafür allerdings – der war wirklich etwas Neues.

Offenbar wußten die Schwestern, daß Weihnachten uns sehr wichtig war. Sie begannen, über das letzte Jahr zu sprechen und wie dort die Christen im Iran die Revolution dadurch unterstützt hatten, daß sie auf Weihnachtsbäume, große Festessen und Geschenke verzichteten; sie hatten Weihnachten als rein religiöses Fest begangen.

Meine Ohren waren in diesen Tagen doppelt und dreifach gespitzt. Ob ich es nicht doch einmal hören würde – die Melodie eines Weihnachtsliedes? Schließlich gab es doch auch Christen in der neuen iranischen Republik. Aber ich hörte nichts als die Haßparolen des Mobs, die Tiraden der islamischen Revolution. Hier und da konnte man durch das Getöse der Lautsprecher hindurch ein paar Takte Musik ausmachen, einmal sogar eine einsame Geigenmelodie; aber das waren winzige Tropfen auf dem Steinofen der Sprechchöre, die unablässig den Tod für Carter und Amerika forderten.

Stundenlang grübelte ich darüber, wie ich das machen sollte – mich auf das Kommen des Friedefürsten vorbereiten, wo ich doch von so viel Haß umgeben, ja selbst ein Gegenstand des Hasses war. Das, was ich über Vergebung und Liebe in Christus gelernt hatte, und die Gewalt und die Haßparolen, die mich umgaben, wollten absolut nicht zueinander passen.

Ich betete weiter. Ich bat Gott jeden Tag, mir Geduld, Glauben und Kraft zu geben, und ich bat um Frieden, Liebe und Verständnis. Abends war mein Kissen oft naß, wenn ich an meine Lieben denken mußte – meine Schwestern mit ihren Familien und meine Eltern. Ich wußte, daß dieses Weihnachtsfest auch für sie ganz anders sein würde, aber ich war andererseits auch zuversichtlich, daß ihr Vertrauen auf Gottes Liebe und Macht groß war. Nein, zu einer Trauerfeier würden sie diese Festtage nicht werden lassen, auch wenn ich hier gefangensaß.

In meinen Tagträumen stellte ich mir gerne vor, wie es wäre, wenn ich gerade noch rechtzeitig freikäme und in die Vereinigten Staaten fliegen, noch rasch Geschenke einkaufen und dann zum Rest der Familie bei meiner Schwester Anabeth fliegen könnte. Ich wußte genau, was ich jedem einzelnen schenken würde, wenn ...

Ich schrieb einen weiteren Brief nach Hause und erwähnte darin, daß meine Freunde sicher ganz enttäuscht wären, wenn ich ihnen jetzt schon das zweite Jahr hintereinander keine Weihnachtskarte schickte. Im letzten Jahr war ich im August aus Sambia zurückgekehrt, aber meine Gepäckkisten waren erst im Dezember angekommen, und vor lauter Auspacken war ich einfach nicht mehr dazu gekommen, meine Weihnachtspost zu schreiben. Und dieses Jahr würde es also erst recht nichts damit werden. Aber ich konnte etwas anderes für meine Freunde tun: Ich betete für jeden einzelnen und bat Gott, ihn jetzt ganz besonders zu segnen.

In diesen Tagen und Wochen begann ich zu begreifen, was Freude ist. Ich konnte Gott nicht bitten, meiner Familie die üblichen »fröhlichen Weihnachten« zu schenken, aber ich konnte ihn bitten (und tat das auch), sie mit dem stillen Frieden und der Liebe zu füllen, die im ersten Kommen unseres Heilandes verkörpert sind. Ich lernte allmählich – obwohl mir das damals noch nicht zu Bewußtsein kam –, zwischen »Freude« und bloßer »Fröhlichkeit« zu unterscheiden. Wirkliche Freude, so lernte ich nach und nach, scheint mitten durch Schmerz und Leid hindurch. Was für ein großartiges Geschenk!

Wieder und wieder vergewisserte ich mich, wie lange es noch bis Weihnachten war und konnte von daher dann auch bestimmen, wie die Adventssonntage lagen. Jetzt konnte ich mein Gesangbuch bei dem Abschnitt »Advent« öffnen; eigentliche Weihnachtslieder wollte ich erst ab zwei Wochen vor Weihnachten benutzen. Da ich keine Bibel hatte, versuchte ich, mir die Prophezeiungen über das Kommen des Sohnes Gottes aus dem Gedächtnis zu vergegenwärtigen. Was ihren allgemeinen Inhalt betraf, war das auch nicht schwer, aber der genaue Wortlaut wollte oft nicht recht kommen. Ich konnte Teile der Verheißung Gottes an Adam und Eva hersagen – der Verheißung, daß die Frau einen Sohn gebären würde, der den Teufel besiegen würde. Ich hatte Teile von Jesaja im Kopf: »... und sein Name soll heißen: Wunder-Rat, Gott-Held, Ewig-Vater, Friede-Fürst«, und von Micha: »... und du, Bethlehem Ephrata, die du klein bist unter den Städten in Juda, aus dir soll mir kommen, der in Israel Herr sei ...« Aber ganz auswendig wußte ich die Verse eben nicht.

Bald war es endgültig klar, daß aus meinen Träumen vom Weihnachtsfest zu Hause nichts würde. Ich gab sie notgedrungen auf und faßte endgültig die Realität ins Auge: Jetzt würde ich herausfinden, ob Weihnachten für mich wirklich das war, was ich immer behauptet hatte: die Feier der Geburt des Heilands.

Noch 14 Tage bis Weihnachten. Ich saß mit meiner Decke in dem großen Sessel in »meiner« Ecke der Bibliothek und begann, die lieben alten Weihnachtslieder zu summen oder leise vor mich hin zu singen. Dabei entdeckte ich oft, wie die altbekannten Worte neue Kraft und Bedeutung bekamen. Zum Beispiel die dritte Strophe des Liedes »It Came Upon a Midnight Clear« (»In einer klaren Sternennacht«):

And you, beneath life's crushing load,
Whose forms are bending low,
Who toil along the climbing way
With painful steps and slow:
Look now, for glad and golden hours
Come swiftly on the wing;
Oh, rest beside the weary road
And hear the angels sing!

(Und ihr, die unter schwerer Last
Gebückt geht euren Weg,

Die mit viel Schmerz und ohne Rast
Euch müht auf steilem Steg:
Seht auf, denn frohe Kunde naht
Von Freude, Licht und Fried';
Ruht aus auf eurem schweren Pfad
Und hört der Engel Lied!)

Heiligabend kam. Wie üblich saß ich in meinem Sessel in der politischen Bibliothek. Mit dem Gesangbuch der amerikanischen Streitkräfte an meiner Seite und den Bruchstücken der Verheißungen aus Jesaja, Micha und dem 1. Buch Mose in meinem Kopf hielt ich meine tägliche Andacht.

Ein Mädchen nach dem anderen kam, um mit mir zu plaudern. Sie wußten sehr wohl, daß heute ein besonderer Tag war. Ich fragte gleich am Morgen, ob wir Amerikaner wohl einen Pastor und einen Weihnachtsgottesdienst haben könnten. (Für »Pastor« benutzte ich das Farsi-Wort für »Priester«, da ich kein anderes Wort kannte.) Ich erzählte den Mädchen, wie wichtig der Weihnachtsgottesdienst für mich war und wie ich Weihnachten immer eisern zur Kirche ging.

Die Mädchen waren sehr wißbegierig: Was war für die Amerikaner so besonders an Weihnachten? Gab es dann besonderes Essen? Warum ging man zur Kirche? Was tat man zu Hause? Wie war das mit Weihnachtsbäumen und Geschenken? Kam die Familie zusammen?

Ich erzählte, wie Weihnachten zu Hause gewesen war, in meiner Kindheit auf dem Bauernhof in Iowa. Ich war das älteste von sechs Mädchen. Ja, wir hatten immer einen Weihnachtsbaum. Ich beschrieb, wie Papa die Kerzen an ihn steckte und dann jeder seinen Lieblingsschmuck dazuhing; wir bewahrten den Christbaumschmuck immer auf, und er war sozusagen ein Teil unserer Familiengeschichte.

Als ich so erzählte, sah ich uns alle – meine Schwestern und mich – wieder als Kinder vor meinem geistigen Auge. Ich war der Bücherwurm der Familie. Die nach mir älteste, Micki, war die Künstlerin. Vivian war gerne draußen und fuhr den Traktor und half Vater auf dem Hof. Anabeth war die »Vernünftige«, wie meine Eltern das zum Verdruß von uns anderen nannten. Was sie zu besorgen hatte – ob nun die Kühe in den Stall zu bringen oder die Hühner zu füttern waren –, das tat sie pünktlich und unaufgefordert. Mary Jane war die Stille im Lande; sie konnte stundenlang allein umhergehen, nachdenken, lesen, singen und sprechen. Und Emi schließlich, unser »Baby«, war keck und munter und bei all ihren Freunden äußerst beliebt. Aber so verschieden wir waren – Großmutters Lebkuchen, die zu Beginn der Adventszeit gebakken wurden, und all die anderen Weihnachtsplätzchen und -süßigkeiten liebten wir alle.

Ich versuchte, den Sinn der Adventszeit zu erklären, und verglich sie mit der Vorbereitungszeit während des islamischen Ramadan; diese Parallele war etwas schief, aber die Mädchen verstanden jedenfalls, daß es um ein Kommen und ein Sich-Vorbereiten ging. Ich erwähnte auch, daß in den Adventsgottesdiensten besondere Bibelabschnitte über das Kommen Jesu Christi gelesen wurden, und beschrieb die Adventskränze, die wir zu Hause immer machten. Mir kam so recht zu Bewußtsein, was für ein Kontrast das diesjährige Weihnachtsfest war: allein in einem bewachten Zimmer, ohne Briefe, ohne (außer im Gebet) Kontakt zur Familie.

Es war offensichtlich, daß die Schwestern mich nur so nach Information löcherten – und das nicht nur aus bloßer Neugierde, wie mir am Nachmittag klar wurde. Gegen 17.30 Uhr öffnete sich die Tür, und eine männliche Hand hielt einen Zweig von einem künstlichen Christbaum ins Zimmer. Jemand im Flur fragte: »Will sie einen Baum?«

»O ja, gerne«, meldete ich mich.

Also bekam ich den Zweig. Er sah aus wie einer der unteren Zweige eines größeren künstlichen Baumes, aber man konnte ihn mit etwas Phantasie auch aufrecht stellen. Ich inspizierte das Zimmer und fand den Fuß einer kleinen Fahnenstange; damit hatte ich auch einen Christbaumständer.

Jetzt ging es ans Schmücken. Was man mir als Christbaumbehang brachte, war mir denn doch zu bunt, aber auf dem Schreibtisch lagen einige rosafarbene Laufzettel. Ich riß sie in Streifen und fertigte mit Hilfe von Klebestreifen eine kleine rosa Kette an, die ich unten an meinen »Baum« hängte. Es gab auch weißes und braunes Papier, und nach ein paar Versuchen gelang es mir, daraus »Schneeflocken« zu machen – so, wie wir früher die Fenster in der Schule verziert hatten.

Die Schwester vom Dienst sah mir interessiert zu. Als sie die Schneeflocken sah, war sie nicht mehr zu bremsen. Ich mußte ihr zeigen, wie man das Papier faltete, und sie bastelte eifrig mit. Dann brachte ich etwas fertig, das wie ein kleines Kreuz aussah; ich steckte es an die Spitze des Baumes.

Ich sah mein Werk an und mußte denken: *Also, zu einem anständigen Weihnachtsbaum gehört auch eine Krippe.* Wie hatten wir das früher noch gemacht in der American Lutheran Church?* Ich nahm neues Papier zur Hand und begann wieder zu falten; bald hatte ich eine leidliche Nachbildung von Maria und Joseph, und mit ein wenig mehr Erfindungsgeist und Geduld bekam ich eine Krippe mit einem winzigen Papierbündel als Christuskind drinnen fertig. Endlich, nach etwas mehr Planung und Mühe, stand sogar ein großer Engel hinter Maria und Joseph, die Flügel beschützend über sie gebreitet, wie sie da knieten und in die kleine Krippe blickten. Meine Weihnachtskrippe war fertig.

Jetzt kam auch die übliche Wachablösung. Die neue Schwester wollte natürlich wissen, was diese Figuren bedeuteten, und ich erklärte es geduldig. »Mein« Joseph setzte gleich eine eingehende Diskussion in Gang, denn daß er Marias Ehemann, wenn auch nicht der eigentliche Vater Christi war, das war den Studenten nicht geläufig. Im Islam kennt man zwar Maria bzw. Marjam, aber nach der Darstellung im Koran hat sie nie einen Mann gehabt, sondern nur einen alten Beschützer – wahrscheinlich Zacharias, den Vater Johannes des Täufers. Ich sagte schließlich: »Nun, das mag im Koran so stehen, aber in der Bibel gibt es eben Joseph, und er ist sehr wichtig.«

Unter dem Weihnachtsschmuck, den die Studenten mir nach und nach durch die Tür reichten, war auch ein Rauschgoldstern. Da ich für die Baumspitze schon mein kleines Kreuz hatte, hing ich den Stern an einen der unteren Zweige, direkt über die Krippe – jetzt hatte ich auch den Stern von Bethlehem.

---

* Amerikanisch-Lutherische Kirche, eine der protestantischen Denominationen in den USA.

Ein wenig später kam wieder eine Hand durch die Tür, und jemand sagte: »Hätte sie gern eine Bibel?«

Und ob! Bevor die Schwester den Mund aufgemacht hatte, hatte ich schon laut geantwortet: »Ja, ja, sehr gern!« Eine King-James-Bibel* kam ins Zimmer. Ich inspizierte sie sorgfältig, um herauszufinden, wem sie wohl gehörte, konnte aber nichts finden. Aber was machte das schon! Ich hatte die Heilige Schrift! Diese Bibel sollte mir in den vielen Monaten, die noch vor mir lagen, ein treuer Begleiter werden.

Etwas später, gegen 22 Uhr, kamen einige der Brüder mit einer Schachtel Weihnachtskarten. »Sie können zwei schreiben«, sagte einer von ihnen. Ich wählte eine Karte für meine Angehörigen und eine für meinen lieben Freund Milton in Sambia. Das war ein Fest! Hoffentlich würden die Karten auch ankommen. (Daß dies die erste Post von mir war, die meine Familie überhaupt erreichen würde, wußte ich damals noch nicht.)

Die Brüder fragten mich auch, ob ich sonst noch etwas bräuchte. Offensichtlich hatte der Ayatollah für diesen Abend Großzügigkeit angeordnet.

»Ja«, sagte ich, »ich hätte gerne ein Bettuch, ein Paar Strümpfe und meine Gesichtscreme.« Sie kamen sehr bald mit einem Bettuch und etwas Creme wieder, aber Strumpfhosen in meiner Größe waren wohl beim besten Willen nicht aufzutreiben.

An diesem Heiligen Abend schrieb ich an meine Lieben: »Fast jedes Jahr in meinem Leben habe ich ein Buch zu Weihnachten bekommen, und diesmal war es nicht anders. Aber diesmal habe ich das Buch der Bücher bekommen: die Bibel.« Ich war ganz überwältigt von diesem Geschenk. Ich saß lange da und hielt einfach die Bibel in der Hand.

Als ich meine beiden Weihnachtskarten fertig hatte, wollte meine Wächterin – die dritte an diesem Abend – wissen, was ich

---

* Alte englische Bibelübersetzung, die aus dem Jahre 1611 datiert und im Auftrag des damaligen englischen Königs James I. als Revision einer früheren Übersetzung entstand. Sie entspricht etwa einer bis auf die Rechtschreibung unrevidierten Luther-Übersetzung und gilt unter sprachlich sehr konservativen englischen und amerikanischen Christen heute noch als »die« Bibelübersetzung.

geschrieben hatte. Ich übersetzte es kurz, und als sie ging, nahm sie die Karten mit – begleitet von meinem heimlichen Stoßgebet, daß sie auch ankommen möchten.

Die Kunde von meinem Weihnachtsschmuck muß sich rasch verbreitet haben, denn an diesem Abend kamen mehr Mädchen als sonst üblich, um meine Wache zu besuchen. Sie waren voll von neuen Fragen über Weihnachten. »Vermissen Sie nicht Ihre Familie? Wären Sie normalerweise jetzt mit ihr zusammen? Was würden Sie jetzt essen? Was würden Sie jetzt tun?«

So gab ich weiter Auskunft. »Zu Hause in Iowa würden wir zeitig zu Abend essen. Dann würden wir zur Kirche gehen, und die Kinder aus der Sonntagsschule würden uns durch Lieder und Bibelverse und Gedichte die Geschichte von der Geburt des Jesuskindes erzählen.«

Ich hatte mich oft genug in meinem Leben gefragt, wie Weihnachten wohl ohne Rauschgold, ohne Kuchen und Süßigkeiten, ohne Großeinsatz in der Küche, ohne Geschenke und Weihnachtspapier wäre. Wie so viele Menschen, behauptete ich ja, daß Weihnachten das Fest der Geburt Jesu Christi sei und daß ich all diese Äußerlichkeiten eigentlich nicht bräuchte. Jetzt war der Test da.

Ich lauschte angespannt nach draußen. Der übliche Lärm. Aber dann – es war 23 Uhr – waren das nicht die Weihnachtsglocken der Kirche, die schräg gegenüber der Einfahrt zur Botschaftsresidenz lag?

Ich ging daran, meinen eigenen Gottesdienst zu halten. Zuerst ein Weihnachtslied: »O komm, o komm, Immanuel.« Dann die Verheißungen aus 1. Mose 3 und Micha. Das Lied »O Bethlehem, du kleine Stadt«. Und wo in Jesaja waren die Verse mit den Worten »Wunder-Rat, Gott-Held, Ewig-Vater, Friede-Fürst«? Ich suchte in meiner Bibel. Da war es: Jesaja 9,5: »Denn es ist uns ein Kind geboren . . .«

In Hektik, Lärm und Aufruhr hinein wurde Christus geboren; und mitten in all diesem Lärm und Aufruhr hier in Teheran konnte ich seine Geburt feiern. Was für ein plastisches Beispiel dafür, daß er in die Welt kam, um Frieden zu bringen. Ich mußte daran denken, wie Gott mir Frieden gegeben hatte, als ich ihn brauchte, und wie Christus gekommen war, als wir alle ihn brauchten. Die

Szene vor dem Palast des Pontius Pilatus kam vor mein inneres Auge. Ich konnte sie mir jetzt viel besser vorstellen – diese tobende Menge, die brüllte: »Kreuzige ihn! Kreuzige ihn!« Sie hatte so viel gemeinsam mit dem Mob hier draußen, der jeden Tag sein *»Marg bar Car-tare, marg bar Ahm-ri-ka«* schrie. Durch Weihnachten hindurch konnte ich Karfreitag sehen. Als Christus in seiner Liebe an Weihnachten zu uns kam, sah er schon das Kreuz vor sich und bejahte es willig.

Ich las die Geschichte von der Ankündigung der Geburt Jesu im Matthäus-Evangelium und wandte mich dann der Weihnachtsgeschichte in Lukas 2 zu. Ich sang weitere Weihnachtslieder, als letztes »Stille Nacht«.

Meine Bewacherin beobachtete mich. Sie wollte wissen, was es mit diesen Liedern auf sich hatte. »Was sind das für Zeichen in dem Buch? Können Sie sie lesen? Was steht in den Liedern?« Ich erklärte es, so gut ich konnte.

Heiligabend in Teheran. Ja, es ging. Ich konnte einsam an der Krippe Christi niederknien und Weihnachten feiern. Und die Botschaft, daß Christus zu uns Menschen gekommen war, war der einzige Grund für mein Feiern. Ich war voller Angst über meine Lage, voll Sehnen nach meinen Angehörigen, aber ich wußte mich geborgen in der Liebe des himmlischen Vaters.

Ich machte mich zum Schlafen fertig. Wieder Wachablösung; Queenie kam – mit einem Teller mit Plätzchen, Nüssen, Karamelbonbons und einer Apfelsine. Ich aß ein Plätzchen und legte den Rest beiseite. »Warum essen Sie nicht alle?« fragte sie.

»Ich will mir ein paar für morgen aufheben.«

»Sind sie nicht so wie zu Hause?« fragte sie herablassend.

»Doch. Aber wir essen sie nicht alle an Heiligabend auf«, entgegnete ich, »wir heben immer welche für später auf. Wenn ich jetzt sofort alles essen würde, würde mir ja schlecht. Hier, nehmen Sie doch auch.«

»Nein, das ist für Sie«, sagte sie, immer noch herablassend.

»Weihnachtsgeschenke taugen eigentlich nur dann etwas, wenn man sie mit jemandem teilen kann. Bitte, nehmen Sie doch!« Ich hielt ihr wieder den Teller hin.

Sie sah mich erstaunt an, wählte sorgfältig das kleinste Stück, sagte: »Dankeschön« und aß.

Ich kuschelte mich bis über die Ohren unter meine Decke, ließ aber ein Guckloch offen, damit ich noch ein wenig »meine« Krippe und den Stern sehen konnte. Ich bat Gott, meiner Familie ein gesegnetes Weihnachtsfest zu schenken.

Kaum, daß ich eingeschlafen war, rüttelte jemand sanft an meiner Schulter. Es war Seroor. »Hahnum Koob, ziehen Sie sich an; Sie werden erwartet. Ein Priester ist da.«

Ganz durcheinander stolperte ich aus meinem Notbett und zog mein Kleid und meinen Umhang an. Seroor band mir sanft die Augen zu und führte mich aus der Kanzlei und über den Hof. Ich war immer noch ganz benommen und fast gelähmt vor Aufregung. Plötzlich war meine Augenbinde weg, und ich ging in einen Raum.

Wir waren in der Wirtschaftsbibliothek, gerade eine Ecke weiter hinter den USICA-Räumen. Mit einem Blick sah ich, daß die Wände über und über mit Parolen, Khomeini-Bildern und fürchterlichen Kriegsbildern bedeckt waren; dreißig oder vierzig Studenten, größtenteils Männer, standen zusammengedrängt in den Ecken des Raumes und starrten mich an. Das Licht war unangenehm hell. »Die wollen wohl, daß ich ihre Wandschmierereien lese«, murmelte ich, »nichts da, ich konzentrier' mich auf Jesus.«

Dann sah ich den großen Christbaum, den mit Weihnachtsplätzchen gedeckten Tisch und Ann Swift. Zwei weißgekleidete Pastoren waren auch da und eine Kerze und ein Kelch – *Abendmahl*! Was für ein Geschenk. Ich umarmte Ann und fragte, wie es ihr ginge, und sie erklärte den Priestern, daß wir uns seit über einem Monat nicht mehr gesehen hatten.

Der eine Priester schüttelte uns die Hand und sagte: »Ich bin Bischof Gumbleton aus Detroit. Wir haben gerade mit einigen der Männer die Messe gefeiert und würden jetzt gerne mit Ihnen einen Gottesdienst halten. Es wird keine vollständige Messe sein, aber ein Gottesdienst. Würden Sie gern das Abendmahl haben?«

»Ja, wenn das geht.«

»Selbstverständlich«, sagte er freundlich.

Auch Ann wollte das Abendmahl. Der Gottesdienst begann, und wir konnten dabei auch etwas laut beten. Ich wußte gar nicht, was ich dabei sagen sollte; ich betete schließlich für unsere

Verwandten, daß sie sich doch nicht so viele Sorgen um uns machten und daß sie erfuhren, daß es uns soweit gutging, und ich betete, daß dieser Konflikt gelöst werden möchte. Später sagte mir Ann, es sei ein ganz wunderbares Gebet gewesen; ich kann mich an kein Wort mehr erinnern.

Ich war wie im Schock. Mein ganzer Körper zitterte so heftig, daß ich meine ganze Kraft aufbringen mußte, um ihn etwas unter Kontrolle zu halten. Dieses Zusammensein mit Ann und Vater Gumbleton war zu kostbar; ich durfte nicht zusammenbrechen! Ich ballte meine Hände fest zusammen, bis die Fingernägel tief ins Fleisch schnitten, und zwang meine Knie, ruhig zu sein. Vater Gumbleton sollte den Leuten zu Hause sagen können, daß es mir gutging. Die Fernsehkameras, die die Studenten so sorgfältig aufgebaut hatten, bemerkte ich nicht.

Nach dem Gottesdienst bekamen wir Getränke, Obst und Plätzchen von dem Tisch, der mit roten Tüchern und Coca-Cola-Flaschen bunt geschmückt war. Jetzt wurde uns der zweite Pastor vorgestellt: ein Kardinal aus Algerien. Er sprach kein Englisch, aber Ann und ich verstanden Französisch, und so fragte er uns, wie viele Katholiken es in Teheran gäbe. Ich erwiderte in gebrochenem Französisch, daß ich das nicht wüßte, da ich lutherisch sei; Ann sagte, daß sie zur Episkopalkirche gehörte. Das fand der Kardinal sehr lustig, aber sein Handschlag und seine Umarmung wurden dadurch nicht weniger herzlich. Schließlich waren wir ja alle Christen und in einer schwierigen Lage.

Ich fragte, ob die Priester uns irgendwelche christliche Lektüre mitgebracht hätten, und Bischof Gumbleton gab mir darauf sein Lektionar.* Er erklärte den Studenten, daß sowohl ich als auch Ann dieses Buch benutzen dürften, und sie versprachen, dafür zu sorgen. Dann sagte man uns, daß es jetzt Zeit sei, wieder zu gehen. Um etwas mehr Zeit zu gewinnen, sagte ich: »Singen wir doch noch ein paar Lieder.« Und während man uns die Augen verband, begannen Ann und ich zu singen; Bischof Gumbleton fiel ein. Wir schafften »Joy to the World« (Freude der Welt) und

---

* Liturgisches Buch mit den Bibelabschnitten für den christlichen Gottesdienst.

»Hark, the Herald Angels Sing« (Hört der Engelboten Sang). Das letzte, was ich von Anns Stimme hörte, war »Stille Nacht«.

Seroor führte mich in mein Zimmer zurück, und ich hüllte mich wieder in meine Decken. Seroor setzte sich neben mich auf den Fußboden. Meine Selbstbeherrschung war dahin, und ich begann wieder, heftig zu zittern. Was hatte ich alles gesagt? Warum hatte ich nicht mehr gesagt? War das Ganze wirklich passiert, war das kein Traum?

Seroor muß gespürt haben, wie mir zumute war, denn sie fragte mich leise, ob mir der Gottesdienst gefallen habe. Ich sagte ja und fragte, ob uns der Priester, bevor er wieder ging, denn nicht bitte noch einmal besuchen dürfe. Seroor ging nicht auf die Frage ein. »Was wollen Sie denn *eigentlich* zu Weihnachten haben?« fragte sie statt dessen.

»Ich nehme an, daß dieser Konflikt friedlich gelöst wird und wir *alle* nach Hause können«, antwortete ich. Ich sah sie fest an. »Und was wünschen Sie sich?«

»Ich wünsche mir so viel für mein Land.« Ihre Stimme wurde noch leiser. Tränen standen in ihren Augen. »Ich wünsche mir Straßen, mehr Schulen für Mädchen, mehr Krankenhäuser.«

Es war ein Augenblick der Stille.

»Ich hoffe, daß Sie das alles bekommen«, sagte ich. Und damit war es mir ernst. Seroor war eine der Studentinnen, die ehrliche Träume hatten und hart für die Erfüllung dieser Träume arbeiteten. Ich wußte, daß ihre Schule in einer armen Gegend lag und daß sie von ihrem geringen Besitz an andere abgegeben hatte. Wenn doch ihre Träume wahr würden!

Weihnachtsmorgen. Der Gottesdienst in der Nacht war also doch kein Traum gewesen; denn da lag richtig das in Rot gebundene Lektionar von Bischof Gumbleton neben meinem Bett, da, wo ich es vor dem Einschlafen hingelegt hatte. Daneben lag die Bibel. Unter dem Baum stand die Krippe, über ihr hing der Stern.

Nach dem vorangegangenen Heiligen Abend war dieser erste Weihnachtstag in mancher Hinsicht kahl, prosaisch, ernüchternd.

Schön war, daß ich endlich einen eigenen Eßteller sowie Messer und Gabel bekam; Geschirr und Besteck waren vom ersten

Gefangenschaftstag an ein Problem gewesen. Und dann das herrliche Essen: gebratener und gefüllter Truthahn mit den »richtigen« Beilagen, darunter richtige, knackige, rohe Sellerie!* Ich mußte mich zwingen, nicht alles auf einmal hinunterzuschlingen. Aber ich beherrschte mich und aß langsam und mäßig, ließ den Geschmack der Sellerie genüßlich auf der Zunge zergehen.

Aber die Priester durften uns nicht besuchen. Einen großen Teil des Tages verbrachte ich damit, daß ich die Bibel und das Lektionar in der Hand hielt; letzteres schickte ich am Abend, wie vereinbart, zu Ann.

Als ich am Heiligabend mit Ann gesprochen hatte, hatte ich ihr auch von meiner Weihnachtskrippe erzählt. Sie hatte gesagt, daß sie keine hatte, und so ging ich jetzt daran, eine zweite Krippe zu basteln. Meine Wächterin und ihre Freundinnen wollten sofort wissen, warum ich das tat.

»Die Krippe ist für Miss Swift«, sagte ich.

»Oh, die hat aber schon eine«, sagten die Mädchen sofort.

»Gestern abend hat sie mir aber gesagt, daß sie keine hat«, entgegnete ich unbeirrt, »dann hat sie vielleicht heute morgen selbst eine gebastelt?«

»Ja, ja, hat sie.«

»Nun, seid doch so gut und gebt ihr auch noch diese hier«, bat ich.

Sie nahmen sie mit, und später erfuhr ich, daß sie sie in der Tat bekam. Aber das Lektionar ließen die Studenten nur drei Tage lang zwischen uns hin- und hergehen. Dann hieß es, Ann hätte jetzt selbst eines bekommen. Ich spürte sofort, daß das eine glatte Lüge war.

Weihnachten in einem fremden Land, Weihnachten als Geisel. Aber es *war* Weihnachten: gegenwärtige Erfüllung der Verheißungen des Alten Testaments, Geburt des Friedefürsten und eine Gelegenheit, seine Gegenwart unter uns zu feiern.

---

* Sellerie: Sellerie*stangen*, wie in England und den USA üblich.

# 7. Kapitel

Sechs US-Diplomaten aus dem Iran entkommen / In befreundeten Botschaften versteckt
*(Des Moines Register, 29. Januar 1980)*

## Januar 1980

Die Tage nach Weihnachten waren ruhig und gedrückt. Der Weihnachtsbaum stand treu in seiner Ecke. Ich hatte meine Bibel und Bischof Gumbletons Lektionar. Obwohl die Feiertage vorbei waren, hatten die Schwestern immer noch Fragen: »War die Feier gut?« – »Hat Ihnen das Essen gefallen?«

Schließlich erlaubte ich mir einmal eine Frage: »Gibt es keine Weihnachtspost? Bei der Feier habe ich Postsäcke gesehen. Ist denn keine Post für mich dabei?«

Zu meiner Überraschung kamen alsbald die Brüder mit einem großen Plastiksack, und ich durfte mir vier Karten herausholen. Eine war von meinen Lieben in Iowa! »Wenn Sie die Karten gelesen haben, geben Sie sie den Schwestern«, instruierte man mich, »sie werden sie Ihnen dann zurückgeben, wenn Sie sie noch einmal haben wollen.« Ich hielt die Karten in meiner Hand, las und las wieder, streichelte sie mit meinen Fingern. Post aus der Heimat ...

Die Tage gingen langsam dahin. Ich bekam einen kurzen Männermorgenmantel aus Wolle. Jetzt brauchte ich nicht mehr in meinen Kleidern zu schlafen, sondern konnte mich abends ausziehen und die Tageskleider bei meiner Brille und Bibel deponieren, wo ich sie immer zur Hand hatte, falls ich wieder einmal nachts umziehen mußte. Ich schlief von nun an viel besser.

Morgens schlief ich lange, bis etwa 10 Uhr – ein ausgesprochener Luxus für mich. Dann schnappte ich mir meine Zahnbürste, ging über den Flur, wusch mich und machte mich für den Tag fertig.

Am zweiten Tag mit dem Morgenrock hielt mich die Schwester an: »Nein. In dem Aufzug können Sie nicht ins Badezimmer.«

»Der Bruder hat mir das doch gegeben«, protestierte ich, »das soll ich doch anziehen! Er kann sich ja umdrehen, wenn ich aus der Tür komme.«

Sie schüttelte den Kopf. »Nein. Aber Sie haben doch diesen Umhang?«

Jetzt schüttelte ich meinen Kopf. »Den haben Sie gewaschen, und da ist er eingegangen.« Sie hatten das Wollcape von meiner Großmutter einfach in die Waschmaschine gesteckt.

Dann hatte ich eine Idee. »Wie wär's damit?« fragte ich und hüllte mich in eine Decke, die ich wie einen Sarong um mich wickelte. Jetzt waren wir beide zufrieden. Ich hatte etwas an, und das Anstandsgefühl der Schwester war besänftigt. So konnte ich mich also waschen, bevor ich meine Kleidung angezogen hatte.

Jeden Morgen verbrachte ich ein paar Minuten damit, aufzuräumen. Ich lehnte die Matratze an die Wand, faltete die Decken und das Bettuch zusammen und machte es mir in meinem Sessel bequem. Damit war alles bereit für mein Morgengebet, das mittlerweile so lautete: »Danke, Herr, daß du mich sicher durch die Nacht gebracht hast. Danke für den neuen Tag. Ich gebe ihn in deine Hände. Zeige mir, was ich heute tun soll. Amen.«

Ich fing an, sechs Kapitel aus dem Alten Testament zu lesen, etwas aus den Psalmen, zwei Kapitel aus den Evangelien und zwei aus den Briefen. Stellen, die mir etwas Besonderes zu sagen hatten, unterstrich ich mit einem Bleistiftstummel, den ich irgendwo im Polster des Sessels gefunden hatte.

Nach der Morgenandacht kamen die Gedanken an meine Freunde und Verwandten zurück: neue Freunde, alte Freunde, Freunde aus meiner Kindheit und was ich alles mit ihnen erlebt hatte. Ich dachte an die Theaterstücke, wo ich Regie geführt hatte, damals als Lehrerin in Newton in Iowa; dann die drei Sommer, die ich an der Universität Denver an meiner Magisterarbeit in Theaterwissenschaft gearbeitet hatte. All die Menschen, die mir etwas bedeutet hatten – wie ich sie vermißte! Was machten sie jetzt? Wußten sie überhaupt, wo ich war?

Ich kuschelte mich tiefer in den Sessel, und wenn ich die Augen schloß, konnte ich mich für einen Augenblick in die Tage in Sambia zurückversetzen und sah Milton wieder vor mir. Drei Jahre war ich in Sambia, meinem letzten Überseeposten vor Teheran, gewesen. Ich saß wieder an den Ufern des Luanguaflusses und beobachtete die Elefantenherden, wie sie zum Trinken kamen. An einen Morgen erinnerte ich mich ganz besonders deutlich. Ich kam früh aus meinem Zelt und sah die Parade der Elefanten. Dann kamen die Antilope, der Wasserbüffel, eine Schimpansenfamilie zum Fluß, um sich zu waschen und zu trinken. All diese Erinnerungen. All meine Freunde. *Aber was für Erinnerungen werde ich an den Iran haben?*

Als Zeitmesser dienten mir nach wie vor die Radioansagen, die ich hier und da mithörte, aber ich hatte auch gelernt, den langsamen Zug der Schatten und des Sonnenlichtes von einer Seite des Raumes zur anderen zu deuten. Wie fühlte ich mich, wenn die letzten Sonnenstrahlen dunkler wurden und endlich ganz von den Eichenregalen und den hellbeige getünchten Wänden verschwanden? Ich weiß es nicht genau, aber ich spitzte jedenfalls jedesmal die Ohren; jetzt mußte das Rauschen und Klicken kommen, wenn die Schwester die Vorhänge zuzog. Da war es. Wieder ein Tag um. Wieder ein Tag näher zum Ende der Gefangenschaft.

Ende der Gefangenschaft? Ja, mit jedem Tag, der verging, waren wir ja unserer Freiheit einen Tag näher. Aber wie lange es noch dauern würde – wer konnte das sagen?

Der 1. Januar 1980 war für mich der schlimmste Tag meiner Gefangenschaft. Warum, weiß ich bis heute nicht. Es geschah überhaupt nichts Besonderes, aber ich war so deprimiert und fertig wie an keinem anderen Tag. Ich hatte so richtig einen Moralischen.

Irgendwann am Vormittag klopfte jemand an die Tür. Die Schwester vom Wachdienst stand mit wehendem Tschador auf und öffnete. Eine andere Schwester trat ein und brachte mir einen selbstgemachten Neujahrshut und eine Karte von Ann. Das munterte mich ein wenig auf. So einen Neujahrshut zu machen, wäre mir nie in den Sinn gekommen. *Ich mag keine Silvesterpartys*, dachte ich, *aber es wäre doch so schön gewesen, mit Freunden zusammenzusein.*

Ich schaute zu, wie die Sonnenstrahlen zuerst die eine, dann die andere Seite des Zimmers wärmten. Ein Depressionstag weniger. Was würde das neue Jahr wohl bringen?

Als ich am 2. Januar aufwachte, fühlte ich mich etwas besser. Die Sonne war gerade an der 9.30-Uhr-Stelle am Bücherregal rechts, und so schloß ich die Augen noch einmal ein paar Minuten. Der Tag verging wie gewohnt. Auch der nächste.

Am Vormittag des 4. Januar bekam ich Lust, wieder zu schreiben. Ich hatte ja am Heiligabend, vor zehn Tagen, einen Brief geschrieben. Ob ich jetzt wieder einen schreiben könnte? Ich bat die Schwestern, die Brüder zu fragen. Ja, es ging. Also schrieb ich Mary Jane; ich gab ihr den Rest meines Weihnachtsberichts und bat sie, mir ein paar Strumpfhosen zu schicken. Kurz nachdem ich fertig war, kam ein Bruder mit drei Briefen herein – alle drei für mich!

Zwei waren von meiner Schwester Micki, der dritte von einer alten Kindheitsfreundin, Dorothy. Ich öffnete zuerst Dorothys Brief. Er war ein wahrer Schatz der Aufmunterung und Hilfe, voll von den besten Wünschen, Gebeten und Bibelstellen. Mit tränenverhangenen Augen raste ich durch den Brief und dann durch die Bibelstellen: Jesaja, 1. Timotheus, Römer. Mit wieviel Liebe war dieser Brief geschrieben!

Als ich anfing, Mickis Briefe zu öffnen, kam auf einmal wieder die Stimme des Bruders – ich hatte gar nicht gemerkt, daß er noch im Zimmer war –: »Wenn Sie die Briefe gelesen haben, geben Sie sie der Schwester. Sie wird sie für Sie verwahren.«

»Und wenn ich sie noch einmal lesen will?«

»Wird sie sie Ihnen geben.«

*Achtung! Nicht zu schnell lesen!* sagte ich mir. Diese kostbaren Bande zu meinen Freunden und Verwandten durfte ich nicht so leicht wieder loslassen. Ich behielt die Schwester im Auge – der Bruder war jetzt endlich weg – und legte Dorothys Brief vorsichtig auf das Sesselkissen, neben zwei Bleistifte, die ich gefunden hatte. Langsam und bedächtig öffnete ich den ersten von Mickis Briefen. Nach den Schatten an der Wand zu urteilen, war es jetzt gleich Zeit für die Wachablösung. Da konnte es vielleicht klappen ...

Der erste Brief von Micki war eine Karte zum Thanksgiving-Fest, mit kurzen Grüßen, der Zusage, daß für mich gebetet wurde, und einer sehr amüsanten Geschichte über meine Nichte Carrie und einen »Kaninchen-Eintopf«: Emis Mädchen – Suzie, Carrie und Diann – hatten offenbar ein paar Kaninchen geschenkt bekommen. Ihr Vater sagte neckisch: »Na, da können wir ja bald einen Kaninchen-Eintopf machen.« Darauf die vierjährige Carrie: »Au ja, ich weiß, wie das geht!« – »So?« sagte Emi. »Ja, du nimmst einen großen Topf Wasser und stellst ihn auf den Ofen, und dann kochst du ganz viele Möhren drin, und die geben wir den Kaninchen zu essen.«

Einen Augenblick lang war ich fort aus Teheran und im mittleren Westen der USA, in der warmen, gemütlichen Küche meiner Schwester, umgeben von diesen drei lieben kleinen Mädchen. Diesen Brief abgeben? Nichts da; marsch in den Umschlag meiner Bibel!

Im zweiten Brief von Micki hieß es, daß es meinen Eltern gutginge. Sie machten sich aber Sorgen, daß ich mich um sie sorgte. Meine Schwestern würden alles für sie tun, was sie konnten; das glaubte ich auch.

Wachablösung! Ich spitzte die Ohren. Kein Wort fiel über die Briefe. Ich behielt sie alle drei!

Nun, nach einiger Zeit bekam ich mein bißchen zensierte Post auch ohne die Anweisung, sie zurückzugeben. Ich war sehr froh darüber. Post von zu Hause war mir immer schon wichtig gewesen, und hier war sie doppelt wertvoll: eine Verbindung, wenn auch noch so klein, zu dem, was in der Welt der Freiheit vor sich ging.

Am Tag nach den Briefen von Micki und Dorothy fragten mich die Schwestern, wie lange unsere Weihnachtszeit eigentlich immer dauerte. »Bis zum 6. Januar«, klärte ich sie auf. Irgendwie war es ironisch, daß ich jetzt den Besuch der Weisen aus dem Morgenland ausgerechnet Leuten erklären mußte, die in dem Gebiet des möglichen Ursprungslandes dieser Weisen (des alten Persien) wohnten. Aber es war auch wieder eine Gelegenheit, ein Stück von meinem Glauben weiterzugeben.

Queenie hielt sich nach wie vor für ungeheuer wichtig, und sie und die anderen gingen in ihrem Fragen und Notieren ein Stückchen weiter. Eines der Mädchen fragte mich unverblümt: »Sind Sie denn schon mal richtig verhört worden?«

»Natürlich«, sagte ich, »damals im November.«

»Nein«, sagte sie, »ich meine hier, in diesem Gebäude.«

»Nein.« Ich versuchte, gelassen auszusehen, aber in meinem Kopf überschlugen sich die Ängste. Wieder ein Verhör? Warum? Wo würden sie mich hinbringen? Würden sie mich über Dinge ausfragen, über die ich nichts wußte? Und wenn ich sagte, daß ich nichts wußte, würden sie mir das glauben?

Dann kam es. Am Abend dieses Tages, um 22.30 Uhr, kam eine Schwester und sagte: »Hahnum, Sie werden umziehen. Man will Sie verhören.«

*Wo komm ich jetzt bloß hin?* fragte ich mich. Die Mädchen im Raum platzten vor Kichern und hämischen Seitenblicken. Ich versuchte, meine Angst nicht zu verraten, und packte meine Sachen zusammen in das eingelaufene Cape.

»Sollen wir den Weihnachtsbaum mitnehmen?« fragten die Mädchen.

»Nein. Heute ist der 5. Januar, und morgen wollte ich ihn sowieso abbauen.« Ich nahm die Papierschneeflocken mit, ließ aber die Kerze, den Stern und die Krippe, die sich nicht besonders gut zusammenpacken ließen, da.

Man legte mir wieder die Augenbinde um. Meinen Umhang mit meinen Sachen hatte ich in einer Hand und die Bibel mit den heimlichen Briefen in der anderen. Es ging zur Tür hinaus, zehn Schritte über den Flur und dann in einen anderen Büroraum der Botschaft.

Auch hier war ich noch nie gewesen. In einer Ecke stand ein großer Schreibtisch von der Art, wie sie im Staatsdienst gebräuchlich waren. Er war mit den Schubladen gegen die Wand gerückt, so daß man ihn nicht öffnen konnte. Dann wieder ein Schreibmaschinentisch sowie drei Bücherregale, ebenfalls mit der offenen Seite zur Wand. Man brachte meinen Sessel und das Heizgerät. Ich konnte ganz kurz die Fenster sehen, bevor eine der Schwestern die schweren Vorhänge zuzog. Wie die übrigen Fenster in der Kanzlei begannen sie in Hüfthöhe und waren sehr hoch, etwa zweieinhalb Meter, waren jedoch schon vor langer Zeit bis auf über Kopfhöhe mit sorgfältig befestigten und schön angestrichenen Metallkästen verbaut worden, die mit Sand und Kies gefüllt ein guter Schutz gegen Heckenschützen von draußen waren. In einem der Fenster fehlte eine Scheibe; man hatte sie durch Löschpapier ersetzt.

Ein Bruder ließ meine Matratze auf den Boden plumpsen, dann die Decken und das Kissen. Ich war »zu Hause«. Ich legte Zahnbürste und Kamm in die Schublade des Schreibmaschinentisches. Später inspizierte ich die verschiedenen Winkel meines Sessels: Aha, die Bleistifte waren noch da.

Was gab es sonst noch in meiner neuen Behausung? Keine Schmierereien an den Wänden; gut! Es gab eine Tür zum Nebenraum, aber sie war zu. Die Matratze konnte man tagsüber an die Bücherregale lehnen; so hätte ich mehr Platz bei meiner Gymnastik. Von dieser Seite des Gebäudes aus würde ich am Morgen, wenn die Sonne aufgegangen war, sicher die Berge sehen können. Und was am schönsten war: Hier würde ich den Lärm von der Straße viel weniger stark hören.

Ich legte mich hin und dachte darüber nach, wofür ich alles dankbar sein konnte. Während ich betete, hörte ich Geräusche aus dem Nebenzimmer. Ich lauschte. Ja, das war ja die Stimme von Mike Metrinko, einem der Männer aus der politischen Abteilung der Botschaft! Er unterhielt sich auf Farsi mit seinem Bewacher.

Wie schön diese Stimme war! Wenn doch nur meine Schwester und sein Bruder jetzt zur gleichen Zeit rausgehen würden; dann könnte ich an die Zwischentür klopfen, und er könnte sie öffnen und wir könnten einander guten Tag sagen. Oder wie wäre es, wenn unsere beiden Bewacher gleichzeitig einschliefen und ich einfach durch die Tür schlüpfen und ein Schwätzchen mit ihm halten könnte?

Es gab mir großen Auftrieb zu wissen, daß Mike mit seinem Bewacher plaudern und lachen konnte. Er sprach fließend Farsi, so daß ich von der Unterhaltung nicht sehr viel mitbekam. Aber als ich mein Bett umbaute, damit ich nicht mehr in dem Durchzug liegen mußte, der durch die zerbrochene Scheibe kam, lag schließlich mein Kopfkissen ganz nah an der Zwischentür. Jetzt konnte ich durch den unteren Türspalt das Licht aus dem Nebenzimmer sehen und auch die Unterhaltung besser verstehen.

Mike fragte, ob man wohl das Licht ausschalten könne, und bald verwandelte sich der helle Neonstreifen unter der Tür in das weiche Band von einer kleinen Schreibtischlampe.

Am nächsten Morgen fragte ich, ob man meine Deckenleuchte

nicht auch nachts ausschalten könne; bei dem Mann im Nebenzimmer ginge das doch auch. »Wir wollen mal sehen«, kam die Antwort. Und mein Antrag hatte Erfolg: Am Nachmittag kam Seroor mit einer Tischlampe. Man stöpselte sie ein, und von nun an wurde abends, wenn ich schlafen wollte, das Deckenlicht ausgeschaltet und die Tischlampe auch noch auf einer Seite mit meiner Augenbinde verhüllt; die helle Seite diente der Schwester zum Lesen. Jetzt schlief ich noch besser.

Einer der ganz großen Vorteile dieses Zimmers war der Blick auf das Elbursgebirge. Ich beobachtete, wie mit dem zunehmenden Winter der Schnee auf den Gipfeln nach unten wanderte, und war ganz ergriffen von dieser stillen Majestät. Die Berge erinnerten mich an die Psalmworte, die ich mit meinem Kirchenchor gesungen hatte: »Wer darf auf des Herrn Berg gehen, und wer darf stehen an seiner heiligen Stätte? Wer unschuldige Hände hat und reinen Herzens ist, wer nicht bedacht ist auf Lug und Trug...« (Ps 24,3–4). Hier war wieder ein Hinweis Gottes auf seine bleibende, ewige Gegenwart und Macht.

Ich konnte von hier aus auch die Antennenanlage der Botschaft sehen. Sie sah aus wie eine längliche Kugel, über der ein Kreuz stand. Das war mir ein Gleichnis, über das ich stundenlang nachsinnen konnte. Kommunikation, das Kreuz und eine verbogene Weltkugel – Symbole für den Zustand dieser Erde und Gottes Gnade.

Wo blieb das angedrohte Verhör? Nun, als ich wieder einmal bei meiner Gymnastik war, klopfte es an die Tür. Die Schwester ging hin, nickte, schloß die Tür sofort wieder und kam dann zu mir und befahl mir, mich fertig zu machen. Die Brüder kämen, um mit mir zu reden.

Ich trocknete meinen Schweiß und zog meinen Pullover über das rote Strickhemd. Dann setzte ich mich in meinen Sessel, breitete eine Decke über meine Knie und wartete. Mein Herz begann zu rasen; ich machte mich auf das Schlimmste gefaßt. Was wollten die jetzt bloß wissen? Und wenn ich es nicht wußte?

»Lieber Gott, bitte hilf mir, ruhig zu bleiben«, stammelte ich innerlich, »ich gebe mich in deine Hände.« Ähnlich hatte ich vor Weihnachten schon so oft gebetet. Ich war völlig auf Gott angewiesen; ich selbst konnte an meiner Lage absolut nichts ändern.

Zack, ging die Tür auf, und drei Brüder stolzierten herein. Sie sahen ausgesprochen schlampig aus – schmutzige Füße in Plastiklatschen, unrasierte Gesichter, ungebügelte Hosen. Eigentlich ein normaler Anblick hier, aber für mich immer wieder widerlich. *Laß dich nicht von den Äußerlichkeiten beeinflussen*, befahl ich mir im stillen.

Einer der Brüder war recht kräftig untersetzt und schielte etwas nach außen; ich taufte ihn bald »Bully Boy«. Er schien der Führer zu sein. »Sie sprechen Farsi!« tönte er auf englisch.

»Ein wenig«, antwortete ich. »In der IAS habe ich auch Farsi geübt.«

»Wir halten das Interview auf Farsi«, fuhr er fort. »Lesen und schreiben Sie auch Farsi?«

»Nein«, sagte ich. »Und Ihre Fragen auf Farsi beantworten tu' ich auch nicht. Die Schwestern haben versucht, mich mit meinem bißchen Farsi hereinzulegen. Mit meinen Farsi-Kenntnissen ist nicht viel anzufangen. Also keine Antworten auf Farsi.«

Sie ließen einen Dolmetscher holen. Er kam, und siehe da, es war der gleiche schlanke, elegante Mann, der damals in der ersten Woche Gefangenschaft zu mir gekommen war und der so hervorragend Englisch sprach. Ich hatte damals zunächst gehofft, daß er aus dem Außenministerium sei, später aber erfahren, daß er eher einer der Führer der Studenten war.

Sie brachten noch ein paar Stühle in das Zimmer, setzten sich, und die Fragen gingen los. Name, Alter, Stellung, Name des Vaters, Name der Mutter. Einer der Brüder saß am Schreibmaschinentisch und schrieb wie ein Weltmeister. Nächste Frage: »Welchen Beruf hatten Ihr Vater und Ihre Mutter?«

Ich wurde ärgerlich. »Lassen Sie doch meine Eltern hier raus! Ich beantworte hier Fragen über meine Arbeit, nicht über meine Verwandten!«

»Hahnum Koob«, sagte der Dolmetscher, »wir brauchen doch nur den Beruf Ihrer Eltern.«

»Also gut, mein Vater ist ein Bauer im Ruhestand und meine Mutter eine ehemalige Lehrerin.«

»Und was für einen Beruf hatten sie vorher?« fragte Bully Boy.

Ich muß wohl rot angelaufen sein oder so ähnlich, denn der Übersetzer sagte beschwichtigend: »Miss Koob ...«

Ich gab nach und beantwortete die absurde Frage. »Was ich Ihnen gerade gesagt habe: Vater war ein Bauer und meine Mutter eine Lehrerin.«

Bully Boy wollte noch einmal nachhaken, aber der Dolmetscher winkte ab.

Jetzt begann eine lange Kette von Fragen und Antworten über meine Ausbildung: Wartburg College in Waverly (Iowa), davor die kleine High-School in Jesup, davor die Dorfschule in Jubilee bei unserem Hof. Ich beantwortete alle Fragen absichtlich detailliert. Sie wollten »im einzelnen« wissen, was ich gelernt und studiert hatte. Gut, ich gab ihnen langatmige Berichte über den Ökologieunterricht in der 4. Klasse (Thema: Bodenerosion, Wasserqualität, Tierwelt usw., usw.) und alles mögliche andere. Dann nicht so lange und für Spezialisten zweifellos erbauliche Zusammenfassungen über meine Universitätskurse in Philosophie und Theologie.

Am Ende dieses Tages mußte ich meine offiziellen Aussagen noch auf englisch niederschreiben. Sie wurden dann in Farsi übersetzt. Ich prüfte den Farsi-Text, so gut es ging, und betete im stillen, daß, wenn es darauf ankam, jemand zur Stelle sein und das englische Original prüfen könnte.

Die Fragerei ging mehrere Tage so weiter. Dann kam meine Berufslaufbahn im diplomatischen Dienst an die Reihe. Frage: »Wo war Ihr erster Posten?«

»Elfenbeinküste. Die Hauptstadt ist Abidjan.«

»Haben Sie sich durch irgendwelche Studien darauf vorbereitet?«

»Ja, ich habe Afrikastudien betrieben und Französisch gelernt.«

»Was haben Sie da studiert?«

Ich beschrieb die Afrikastudien. Sie bestanden aus einem allgemeinen historischen Überblick über die Region sowie Lektüre über spezielle politische, soziale und ökonomische Aspekte. Ich eignete mir Kenntnisse auf soziologischem, kulturanthropologischem und kunstgeschichtlichem Gebiet an. Ich betonte, daß ich als Neuling den untersten Rang in der Botschaft dort in Abidjan bekleidete und nicht in der eigentlichen Botschaft, sondern in einem separaten Gebäude arbeitete – wie auch später hier in Teheran, bevor man mich gekidnappt und zur Botschaft geschleppt hatte. (Das Wort »gekidnappt« benutzte ich ganz absichtlich.)

Ich sprach über unsere kulturellen Aktivitäten an der Elfenbeinküste: die Bibliothek, die Filme, die Zusammenarbeit mit der Universität, das Auswahlverfahren für Fulbright-Professoren und unsere Arbeit mit Gastdozenten und -künstlern.

Dann kam die große Frage.

»Hahnum Koob«, sagte Bully Boy. »Sie haben besondere Kenntnisse auf dem Gebiet der amerikanisch-afrikanischen Außenpolitik. Schreiben Sie uns das Programm für die Elfenbeinküste auf. Wir wollen alles wissen, was dort zur Zeit läuft.«

Mir klappte der Mund auf vor Staunen, und ich fing an zu lachen. »Das ist ja unmöglich«, sagte ich, »das Programm ändert sich doch jedes Jahr, je nach den Bedürfnissen des jeweiligen Landes, und es wird von Leuten zusammengestellt, die vor Ort sind. Ich habe doch keinen Schimmer davon, was die Universität der Elfenbeinküste zur Zeit besonders braucht. Ich weiß noch nicht einmal, ob wir dort noch eine Bibliothek am amerikanischen Kulturzentrum haben. Wenn Sie die Sache wirklich interessiert, dann lassen Sie doch Ihre Botschaft in Washington den zuständigen Beamten für die Elfenbeinküste in der Pennsylvania Avenue 1750 anrufen. Oder er soll gleich hingehen; unser Büro ist für das Publikum geöffnet.«

Die Verhöre gingen noch mehrere Tage weiter. Wir endeten mit meinem Posten in Ouagadougou, der Hauptstadt von Obervolta. Hier entdeckten meine Frager, daß ich am Ende dieses Auftrags einige Zeit in Nairobi gewesen war.

»Warum haben Sie uns das nicht schon eher gesagt«, fragten sie, »was wollen Sie verbergen?«

»Nichts«, sagte ich. »Nairobi gilt als Teil des Postens in Ouagadougou. Von Teheran aus sollte ich ja auch eine Woche nach Indien gehen zur Fulbright-Kommission, und so habe ich halt in Afrika einen Monat in Nairobi ausgeholfen, als der Kulturattaché dort krank war.«

»Was haben Sie in Nairobi gemacht? *Alle Einzelheiten*«, tönte Bully Boy.

»Mit Studenten gesprochen, ein paar Bürgern aus Kenia geholfen, auf dem Austauschweg in die Vereinigten Staaten zu reisen und in der Bibliothek gearbeitet.«

»Was haben Sie mit den Studenten gesprochen?« In jedem Blick lag Mißtrauen.

»Solche Dinge wie: ›Ja, es ist kalt in Michigan. Ja, Bowling Green ist eine gute Schule. Es ist unbedingt notwendig, daß Sie, bevor Sie ausreisen, das Geld für das erste Studienjahr haben.‹ Was man in der Studienberatung so sagt.«

Endlich die letzte Frage. »Wie lange und wo haben Sie studiert, als Sie dann wieder in den USA waren? Und was?«

»Ich habe zwei Monate Französisch studiert, und dann, bevor ich nach Bukarest ging, ein halbes Jahr Rumänisch.«

Sie blickten sich an, ein befriedigtes Grinsen auf ihren Gesichtern. Sie dachten: ›Jetzt haben wir sie!‹ Ich hatte ja gerade von zweieinhalb Jahren nur acht Monate abgedeckt. Was mochte ich wohl für Umstürzlerisches verschweigen? Sie zuckten fast vor Aufregung. *Schluß damit*, dachte ich.

»Entschuldigen Sie«, sagte ich, »Sie haben mich da gerade nur über meine Ausbildung befragt. Wollen Sie vielleicht auch noch wissen, was ich sonst noch in den letzten Jahren getan habe?«

»Bitte«, kam die überraschte Antwort.

»Ich war ein ›desk officer‹ für Afrika, d. h. eine Art Verbindungsperson zwischen verschiedenen Posten in Afrika und unserem Büro in Washington.«

In dieser Antwort sah ich alle möglichen Haken und Fallen für mich, und ich erwartete, die Verhöre würden jetzt gar nicht mehr aufhören. Aber nein, meine Verhörer kamen nie wieder.

# 8. Kapitel

Geisel aus Iowa ruft
zu Hause an
*(Des Moines Register,*
*8. Februar 1980)*

## Winter 1980

Die Verhöre waren nicht das einzige, was mein inneres Gleichgewicht störte. An einem Abend im Januar war es fast wie in einer Gaunerkomödie. Gegen 22.30 Uhr klopfte es an die Tür. Ich war schon im Bett. Die Schwester öffnete und kam mit einer Brille zurück. Ich sah die Brille und stutzte. Die gehörte ja mir; wo hatten sie die denn her??

»Die wollten Sie haben«, sagte die Schwester und gab sie mir. Sie war übrigens dasselbe Mädchen, das mich damals am ersten Tag so schüchtern durchsucht hatte; sie hatte sich als eine Frau von wenig Worten entpuppt.

»Nein«, sagte ich, »ich habe doch meine Brille. Das hier ist eine Ersatzbrille, für den Notfall.«

Ich wurde wütend. »Diese Brille war doch in meinem Haus, hinten in der Schublade der Frisierkommode. Was habt ihr in meinem Haus zu suchen gehabt? Der Ayatollah hat doch gesagt, daß ihr in keine Häuser eindringen sollt! Ihr hattet kein Recht, in mein Haus zu gehen und in meinen Sachen rumzuwühlen!«

Mir war eigentlich seit langem klar gewesen, daß man unsere Wohnungen durchsuchte und daß die Studenten vor Dingen, die nicht ihnen persönlich gehörten, keinen Respekt hatten, wußte ich auch. Aber jetzt, wo ich so aus erster Hand damit konfrontiert wurde, ging mir doch die Galle über.

»Schwester, ich habe nichts gegen Sie«, fuhr ich erregt fort, »ich weiß, daß nicht Sie das getan haben. Aber das hier bringt mich einfach auf die Palme! Ihr behauptet, Privateigentum zu achten, und dann kommt das! Ihr brecht die internationalen Gesetze und haltet fremde Diplomaten und ihr Eigentum fest! Das ist mir eine schöne Revolution! Ihr meint wohl auch, Freiheit ist, wenn man falsch durch eine Einbahnstraße fährt. Wie wollt ihr eine Nation wiederaufbauen, wenn ihr in anderer Leute Eigentum rumwühlt?«

Ich schimpfte noch einige Minuten so weiter. Als ich mir meine Wut vom Leib geredet hatte, wurde ich wieder ruhiger. Ich dachte: *Na, jetzt hab' ich aber bestimmt erstklassig ins Fettnäpfchen getreten. Am besten, ich entschuldige mich.*

»Schwester«, sagte ich, »es tut mir leid, wenn ich Sie jetzt erregt habe. Es ist wieder gut.« Das Mädchen reagierte nicht weiter; es hatte meinen ganzen Wortschwall ruhig über sich ergehen lassen. Also wohl doch kein Grund zur Sorge. Ich klopfte mein Kissen zurecht und legte mich wieder hin.

Aber dann verließ das Mädchen den Raum – was eigentlich nichts Besonderes war – und kam bald wieder zurück. Dann kam einer der Brüder. Ich hatte ihn noch nie gesehen, aber es war offensichtlich, daß er mich haßte. Ich wickelte mich in meine Decke, stand auf und sah ihn an.

»Hahnum«, sagte er streng, »so dürfen Sie sich nicht benehmen. Sie bedrängen die Schwester ja.«

»Sie bedrängen mich«, schoß ich zurück. »Ich bin eine Diplomatin. Sie haben mich gekidnappt und hierhergeschleppt, und jetzt brechen Sie auch noch in mein Haus ein.«

»Sie wissen genau, daß Sie keine Diplomatin sind.«

»Und Sie wissen genau, daß ich eine bin! Ich bin in mehreren Ländern akkreditiert, auch im Iran, und Sie haben Ihre eigenen Gesetze gebrochen. Und jetzt haben Sie einen Einbruch in diplomatisches Eigentum gemacht!«

»Sie wollten Ihre Brille haben«, zischte er. »Und kommen Sie mir nicht mit Ihren Gesetzen. Es gibt Ausnahmefälle.« Seine Augen sprühten Gift und Galle.

»Und diese Ausnahmen legen *Sie* fest, wie?«

»Wir vertreten das Volk. Und außerdem wollten Sie Ihre Brille haben.«

»Nein, wollte ich nicht. Ich habe meine Brille doch hier. Das da ist nur eine Ersatzbrille. Sie haben doch nur einen Vorwand gebraucht, um bei mir einzubrechen, und da kam Ihnen diese alte Brille zupaß!« Ich hielt sie ihm vor die Nase.

»Die Schwester hat gesagt, daß Sie sie angefordert haben!« Er spuckte die Worte nur so aus.

»Welche Schwester? Bringen Sie sie her!«

»Ich habe Ihnen gesagt, daß Sie die Brille wollten.«

»Nein. Und wenn ich etwas von zu Hause wollte, dann nicht diese alte Brille, sondern ein Paar Schuhe und Kleider. Und Bücher!«

Ich wußte, daß ich hier gegen eine Wand redete, aber das Reden tat mir gut. Und jetzt kam der große Knalleffekt: »Ich habe Ihnen *dreimal* gesagt, daß Sie die Brille wollten, also wollten Sie sie!«

*Die Logik ist ja unwiderstehlich,* dachte ich.

»Also machen Sie die Schwester nicht traurig«, fuhr er von oben herab fort. »Sie sind ja doch nur eine Spionin!«

Ich entgegnete ruhig, aber fest: »Ich bin eine Diplomatin, egal, was Sie sagen. Und ich schwöre bei Gott, daß ich nicht diese Brille verlangt habe.«

»Bei welchem Gott?« schnappte er.

Ich sah ihm direkt in die Augen. »Es gibt nur einen Gott.« Er blickte zurück und ging aus dem Zimmer.

»Lieber Herr«, betete ich, »hilf mir, mich zu beherrschen.«

Es gab aber auch lichte Augenblicke in diesem langen, trüben Januar. So bekam ich ein wenig Post und damit Nachrichten aus der Außenwelt. Ein Brief war von einer Frau Daisy Lykes-Martin; sie schrieb, daß man für uns die Kirchenglocken läutete und daß die Leute Armbänder mit einer schwarzen 50 trügen. Das war der erste Hinweis darauf, wie viele von uns überhaupt im Iran festgehalten wurden. Dann erwähnte jemand etwas von einem Artikel im Wochenmagazin *Newsweek*, und damit wurde mir zum ersten Mal richtig bewußt, daß ja ganz Amerika von unserer Lage wußte.

Es kamen auch Briefe von mehreren der Nonnen im St.-Antonius-Kloster in Syracuse (New York), die für die Sache der Mutter Marianne von Molokai arbeiteten. Mutter Marianne war Ende des 19. Jahrhunderts als erste Nonne nach Hawaii gegangen, um dort mit Vater Damien in der Aussätzigenkolonie bei Molokai zu arbeiten. Sie verbrachte den Rest ihres Lebens auf der Insel und ist dort begraben, und ihr Mutterhaus, das St.-Antonius-Kloster, bemüht sich um ihre Heiligsprechung. Die Nonnen schrieben mir nicht von ungefähr; denn bevor Mutter Marianne in die Vereinigten Staaten gekommen war, hatte sie den Familiennamen Koob gehabt!

In unserer ungewöhnlichen Lage entstanden ungewöhnliche Freundschaften und Bande, wurden traditionelle Grenzen durchbrochen. Die Gebete der Nonnen aus Syracuse, das Gebet und Abendmahl des katholischen Bischofs Gumbleton, die Grüße und Gebetsworte, die der Kardinal aus Algerien von den dortigen islamischen Führern gebracht hatte ... Gab es doch noch so etwas wie Solidarität unter den Menschen, eine Hoffnung für diese Welt?

Mein eigenes Gebetsleben wurde mir immer wichtiger, meine Fürbittenliste immer länger. Ich betete jetzt auch für die Menschen, die mir schrieben, für die Regierung der USA und für die Studenten und die Führer des Irans. Die letzten Punkte waren nicht einfach. Wie sollte das gehen – für diesen Ayatollah und seine Gefängniswächter beten? Es war ein täglicher Kampf für mich.

Gott bitten, für meine Familie zu sorgen – das war einfach. Mich selbst täglich Christus anbefehlen und ihn um Mut und Kraft für den Tag bitten – auch einfach. Alles, was geschah, aus Gottes Hand nehmen – schon schwieriger. Für meine Feinde beten – eine harte Nuß! Wie sollte ich das anfangen? Aber die Worte Christi waren unzweideutig: »Liebet eure Feinde« (Lukas 6,27). Da konnte ich mich nicht ständig drücken. Also bat ich Gott, daß er seine Gnade auch dem Ayatollah zeigen und die Leute, die uns gefangenhielten, segnen möge. Dann betete ich für das iranische Volk und daß diese ganze Affäre beigelegt werden möge. Ich sehnte mich doch so nach Hause!

Wenn ich dann für meine Feinde gebetet hatte, waren damit aber für meinen Alltag mit ihnen noch lange nicht alle Probleme gelöst. Sie waren ja nicht irgendwo in einem fernen Land, ich war ja täglich bis auf Tuchfühlung mit ihnen konfrontiert! Da gab es unter meinen Bewacherinnen kindlich-übersprudelnde Mädchen, die kaum Englisch sprachen, und intelligente junge Mittelklassedamen mit Familienbanden in den Vereinigten Staaten; da gab es arrogante, da gab es sensible, da gab es höfliche junge Frauen.

Eines Nachts wurde ich davon wach, daß eine der höflichen

jungen Damen neben meinem Bett herging. Ich habe einen leichten Schlaf, und während meiner Gefangenschaft reichte die kleinste Veränderung in der Geräuschkulisse aus, mich augenblicklich aufzuwecken. Ich lauschte mit angehaltenem Atem; was würde diese junge Dame tun? Und dann hörte ich es: das Knistern von Bonbonpapier. Die aß eines der Karamelbonbons, die ich von Weihnachten aufgehoben hatte!

Sicher, es war meine Schuld, ich hätte die Bonbons eigentlich verstecken sollen. Aber normalerweise vergriffen sich die Mädchen nicht an meinem Essen, selbst Queenie nicht. Ich lag still da und hörte zu, wie dieses Mädchen das Bonbon kaute; ich gönnte ihr keinen einzigen Bissen. Als sie fertiggegessen hatte, ging sie wieder von meinem Bett weg.

Zwei Tage vergingen. Dann kam dieses Mädchen wieder zum Wachdienst, und nach der üblichen Begrüßung kam sie zu mir und sagte schüchtern: »Hahnum Koob, ich muß Ihnen sagen, daß ich vor zwei Tagen eines Ihrer Bonbons gegessen habe. Bitte entschuldigen Sie, ich weiß, daß das falsch war. Aber ich hatte einfach Hunger.«

»Ist schon gut«, versicherte ich ihr – mein Zorn war sowieso schon ziemlich verraucht, »was ich offen liegen lasse, davon können die anderen ja ruhig etwas abhaben.«

Nach Weihnachten gab es nicht mehr so viel Süßigkeiten, aber der Kaugummivorrat der Mädchen schien schier unerschöpflich zu sein. Ich mochte keinen Kaugummi, aber die Mädchen waren ganz verrückt danach; sie teilten sich jeweils eine Stange.

Irgendwie war mein Zimmer ein nächtlicher Treffpunkt für die Mädchen geworden. Wenn sie lange genug draußen gewesen waren und sich heiser geschrien hatten, schauten sie gerne herein, um sich die Hände zu wärmen und zu fragen, ob ich Kaugummi »für den Hals« hätte. Besonders gern kamen sie um 2.30 Uhr morgens, um es sich auf dem Fußboden bequem zu machen und einen ausgiebigen Mädchenplausch zu halten. Oft fühlte ich mich wie eine überarbeitete Jugendherbergsmutter oder eine Henne, deren Küken verrückt geworden sind.

Einige der Mädchen zogen ihre Schuhe aus, wenn sie hereinkamen; andere trampelten achtlos auf dem Teppich herum. Eines Morgens stand der Teppich förmlich vor getrocknetem Dreck, und dabei hatte ich erst am Vortag einen Staubsauger ergattert und alles saubergemacht. Ich war den Tränen nahe. Zahro, eines der Mädchen, mit denen ich englische Konversation betrieb, hatte gerade Wachdienst. Sie war erst 19, aber eine Medizinstudentin und recht vernünftig.

»Was ist los, Hahnum?« fragte sie.

»Sehen Sie sich doch diesen Dreck an! Sieht es bei euch Mädchen zu Hause auch so aus? So geht das doch nicht!« Und ich begann, die halb hartgewordenen Lehm- und Grasbrocken aufzuheben. Dann sagte ich: »Nein, sagen Sie nichts, Zahro, ist schon gut. Ich bin nur furchtbar müde, hab' schlecht geschlafen.«

»Sind Sie krank?« fragte sie rasch. »Brauchen Sie einen Arzt?«

»Nein, nein, ich bin einfach nicht mehr die Jüngste. Wenn die Mädchen um 2.30 Uhr reinkommen und sich bis vier unterhalten, dann kann ich die ganze Zeit nicht schlafen.« Und mit einem etwas wehmütigen Lächeln fügte ich hinzu: »Als ich so alt war wie Sie, hab' ich manchmal auch bis in die frühen Morgenstunden im Zimmer gesessen und mich unterhalten.«

Sie half mir, sauberzumachen, und besorgte mir wieder den Staubsauger. Am Nachmittag kam eines der anderen Mädchen herein und sagte: »Wir haben jetzt ein eigenes Zimmer und werden Sie nicht mehr belästigen. Das war nicht richtig. Und entschuldigen Sie bitte die Sache mit dem Schmutz auf dem Teppich; wir haben uns nichts dabei gedacht.«

Wieder ein Lichtblick. Die Mädchen waren von jetzt ab wirklich ruhig. Hin und wieder kamen noch welche nachts ins Zimmer, aber nur, um in Ruhe zu schlafen. Der 2.30-Uhr-Zirkus war vorbei. Es war schon lustig: Diese Mädchen waren fanatisch bereit, alles und jedes für die Revolution zu tun, ja für sie zu sterben, aber wenn sie einer alten Geisel ein Karamelbonbon geklaut oder den Schlaf geraubt hatten, meldete sich doch ihr altes, bürgerliches Gewissen.

Schon Anfang Februar wurde ich wieder verlegt, diesmal in einen Eckraum im Erdgeschoß. Hier waren die Wände mit Parolen und Sprüchen übersät, aber es gab auch deutliche Vorteile: hübsche grüne Vorhänge an den Fenstern, ein Schreibtisch für mich, ein lederner Schreibtischsessel, eine Lampe. Die Fensterscheiben waren alle unbeschädigt, und groß war der Raum auch. Die Studenten waren ganz stolz, als sie mich hereinführten. »Das hier ist doch besser als jedes Gefängnis, wie?« strahlte Hamid – jener Bruder, der damals in der ersten Nacht gedacht hatte, ich würde Bill mit meinen Augen Zeichen geben.

Nun ja, wie man's nahm. In einem amerikanischen Gefängnis hätte ich a) meinen Rechtsanwalt sprechen können, b) gewußt, welcher Vergehen man mich beschuldigte, c) Besuch von meinen Verwandten bekommen, d) sinnvolle Arbeit verrichten, e) die Bibliothek benutzen, f) die Abendnachrichten im Radio hören und g) frei Briefe schreiben und erhalten können! Aber trotzdem, mein neues Domizil war recht schön, und ich fühlte mich bald (soweit das hier ging) zu Hause. Dann und wann hörte ich von irgendwo auf dem Flur die Stimme von Ann Swift oder auch die Fußschritte eines meiner männlichen Kollegen.

Was nachts geschah, war nach wie vor unberechenbar. Eines Abends, als ich schon fest schlief, ging auf einmal das Deckenlicht wieder an. »Was ist los?« fragte ich schlaftrunken. Queenie stand in der Tür.

»Ziehen Sie sich an, Hahnum Koob«, sagte sie, »schnell. Einer der Brüder kommt.«

Ich zog Hose und Pullover an. Zwei Brüder kamen herein. Einer sagte: »Heute ist der Geburtstag des Propheten; da dürfen Sie Ihre Eltern anrufen.«

Ich muß wohl ein völlig perplexes Gesicht gemacht haben, denn der andere Bruder fragte: »Was ist denn?«

»Ich hab' doch ihre Telefonnummer nicht. Die ist in meiner Handtasche, und die haben Sie.«

»Was soll das heißen, Sie wissen nicht die Telefonnummer Ihrer Eltern?« fragte er scharf.

»Im Winter sind sie bei meiner Schwester in Florida, und die Nummer hab' ich nicht im Kopf.«

Queenie und die beiden Brüder tauschten rasch einige Worte auf Farsi aus. Ich erklärte ihnen, wo meine Handtasche war. Sie sahen mich mißtrauisch an, und dann ging der eine Bruder fort.

Er kam mit meinem kleinen roten Adreßbuch zurück. Ich zeigte ihnen die Nummer, dann banden sie mir die Augen zu und führten mich die Treppe hinunter zur Telefonzentrale; auch hier waren die

Wände mit Anti-Carter- und Anti-Amerika-Postern und -parolen bedeckt, dazu die obligatorischen Khomeini-Bilder.

»Sie dürfen einen Anruf machen, *einen*. Sie dürfen nicht über Politik sprechen und nicht über unsere Sicherheitsvorkehrungen hier in der Botschaft. Und Sie müssen diesen Abschnitt vorlesen.« Er gab mir einen Ausschnitt aus der englischsprachigen *Teheran Times*, in dem es hieß, daß für unsere Freilassung alle Bedingungen der Iraner erfüllt werden müßten. »Sie haben drei Minuten.«

Die Telefonistin wählte die Nummer, und ich hörte, wie mein Schwager David abnahm: »Hier Voigt.« Die Telefonistin sagte etwas, und dann war das Gespräch weg. (David hatte gedacht, der Anruf sei ein fauler Scherz.) Ich muß wohl ein sehr bestürztes Gesicht gemacht haben, denn sie wählten noch einmal. Als David diesmal abnahm, sagte ich sofort: »David, hier Kate! Leg nicht auf!«

Für den Bruchteil einer Sekunde Stille, dann wieder Davids Stimme: »Wie geht's dir?« Und während ich antwortete, sagte er zu seinem Sohn: »Mark, lauf und hol schnell die Mama. Das ist Tante Katie.«

Ich sagte: »Mir geht's soweit gut. Sind Vater und Mutter bei euch?«

»Nein, die sind in Washington.«

Wieder ein Schock. Ich war so verspannt, daß meine Beine zitterten. Ich hielt den Hörer wie mit eisernen Fäusten, und ich merkte auf einmal, daß ich es ja kaum fertiggebracht hätte, mit meinen Eltern zu sprechen.

Ich erklärte, warum ich anrufen durfte, und wir sprachen ein paar Worte über die Familie. Anabeth war jetzt an den Nebenapparat gekommen. Sie versicherten mir, daß in der Familie alles gut sei und man für uns bete. Ich fragte, welches das Datum von Aschermittwoch sei, und konnte sogar dem kleinen Mark und Emma Lou rasch guten Tag sagen. Dann verlas ich noch schnell den Zeitungsausschnitt und hörte, daß Anabeth mir einen Pullover geschickt hatte. (Ich hatte ihn nie erhalten.)

Die Studenten nahmen das Gespräch auf Tonband auf; ein paar Tage später brachte man mir das Band, und ich mußte den Text niederschreiben. Die Brüder versprachen mir eine Fotokopie, aber auf die warte ich heute noch.

Durch dieses Telefongespräch mit Anabeth und David wuchs meine Sehnsucht nach Gemeinschaft mit anderen Christen noch mehr. Jeden Tag betete ich jetzt, daß doch wieder ein Pastor oder Priester kommen möge und daß ich vor allem wieder das Abendmahl haben könnte. Das Weihnachtsabendmahl damals mit Bischof Gumbleton hatte mich so mit der Liebe und Kraft und dem Trost Gottes erfüllt.

Ich mußte an meinen Konfirmandenunterricht zurückdenken, wie wir den 42. Psalm lernten: »Wie der Hirsch lechzt nach frischem Wasser, so schreit meine Seele, Gott, zu dir. Meine Seele dürstet nach Gott, nach dem lebendigen Gott. Wann werde ich dahin kommen, daß ich Gottes Angesicht schaue?« (Vers 2 + 3)

Wie hatte Pastor Planz uns diese Verse so geduldig erklärt. Nach etwas »lechzen« – das hieß, ganz große Sehnsucht danach haben. Erst jetzt, hier in Teheran, konnte ich diese Worte des Psalmisten so recht verstehen und nachvollziehen. Zum ersten Mal in meinem Leben *sehnte* ich mich so richtig danach, einen Gottesdienst zu haben und das heilige Abendmahl zu bekommen.

Und ein paar Tage später kam eine lächelnde Zahro mittags in mein Zimmer, um mir zu sagen, daß ein Priester käme! Sie wußte, wieviel mir das bedeutete, besorgte einen Besen und half mir, den Raum zu säubern.

Dann warteten wir. Den ganzen Tag lang kamen und gingen die Mädchen und plapperten aufgeregt über den Erzbischof, der kommen sollte. Es war der im Exil lebende palästinensische Bischof Hilarion Capudji. »Der mußte wegen seiner Ideale seine Heimat verlassen, der versteht uns!« Die Schwestern waren voll glühender Bewunderung für ihn. Ob man mich wohl vergessen hatte?

Es muß schon einige Zeit nach 18 Uhr gewesen sein, als ich hörte, wie mehrere Personen den Korridor entlang kamen. Sie gingen zunächst in Anns Zimmer, und endlich kam einer der Brüder zu mir und verkündete: »Sie kommen!« Die Tür sprang auf, und da waren sie: ein ganzer Haufen Studenten mit Videokameras, Mikrofonen und Tonbandgeräten, und endlich am Schluß des Zuges Erzbischof Capudji und ein weiterer katholischer Priester. Ich sah die beiden gespannt an; wo war diese kleine schwarze Tasche, die ein Pastor bei Kranken- oder Gefangenenbesuchen doch gewöhnlich bei sich hat? Mir wollten die Tränen kommen. Das konnte doch nicht sein, daß die ohne Abendmahl kamen!

Man stellte uns einander vor, zuerst Erzbischof Capudji. Dann reichte mir der andere Priester seine Hand und sagte: »Ich bin Monsignor Nolan* und bringe Ihnen Grüße von...«, und es folgten die Namen von wohl einem halben Dutzend Kardinälen. Dann unterbrach ich ihn und sagte: »Und ich hoffe, doch auch von Bischof David Preus von der American Lutheran Church in Minneapolis.« Er blickte mich recht erstaunt an und sagte dann: »Ja, ja, von ihm auch.«

Die beiden Männer fragten mich das Übliche: Wie ging es mir? War alles in Ordnung? Ich sah all die Kameras und Mikrofone und sprach absichtlich laut. Meine Freunde und Verwandten sollten deutlich hören, daß hier Kate sprach. Bald überschlugen meine Worte sich, und wir redeten alle durcheinander. Wie gut das war, der Händedruck dieser Männer!

Aber wie konnten sie ohne Abendmahl kommen?

Erzbischof Capudji, der bei den Studenten eine gewisse Autorität zu genießen schien, fragte mich, ob er etwas für mich tun könne. Ich fragte, ob er einen Gottesdienst für uns arrangieren könne.

»Werden Sie denn nicht regelmäßig von einem Priester besucht?« fragte er mich.

»Nein. Seit Weihnachten habe ich keinen Priester gesehen. Sie sind eine Gebetserhörung für mich.« Ich mußte schlucken. *Nicht vor den Studenten losheulen*, ermahnte ich mich, *beherrsch dich, bleib ruhig!* Der Erzbischof versprach, sein Bestes zu tun, damit mich ein Priester besuchen könne.

Nur zu bald waren sie wieder fort. Ja, hatte ich da richtig gehört? Hatte Monsignor Nolan wirklich gesagt, daß das meiste hinter uns sei? *Lieber Gott, du hättest ihn das doch nicht sagen lassen, wenn es nicht stimmte, oder?*

Vielleicht waren die Dinge wirklich in Bewegung geraten.

---

* Monsignor John G. Nolan, päpstlicher Gesandter für das Heilige Land.

Vielleicht würden wir bald nach Hause kommen. Jemand aus der Welt draußen war hiergewesen, ich hatte mit ihm sprechen, ihm die Hand schütteln können.

Bald kam ein Arzt und prüfte meinen Blutdruck. Mehr nicht. Das war wohl die »ärztliche Betreuung« der Geiseln. An einem Sonntag kurz danach besuchten mich Mitglieder des Revolutionsrates, und einer sagte mir, daß unsere Freilassung in der Hand der Regierung der Vereinigten Staaten läge. Er sagte auch, der Rat glaube, daß meine Angaben über meine Funktion im Iran stimmten. Ob ich ihm darauf etwas geantwortet habe? Ich weiß es nicht mehr.

Das Schönste war für mich allmählich, wenn ich mal ein paar Minuten in Ruhe gelassen wurde – manchmal bis zu zwanzig Minuten auf einmal. Während einer dieser Ruhepausen ging die Schwester einmal aus dem Zimmer und ließ ihr Buch aufgeschlagen auf dem Schreibtisch liegen. Nanu, war das, was auf dem Lesezeichen stand, nicht auf englisch? Ich schlich mich auf Zehenspitzen heran und sah es mir genauer an.

Richtig! Das Lesezeichen war ein Flugblatt einer Black-Power-Organisation, das die Freilassung von acht schwarzen und fünf weiblichen amerikanischen Geiseln als Aufhänger für einen Spendenaufruf benutzte. *Freilassung!* Ich freute mich fast so sehr, als sei ich selbst freigelassen worden. Da waren tatsächlich einige von uns nach Hause gekommen! Meine Ahnung damals war richtig gewesen. *Und die Welt weiß um uns.* Man hatte uns nicht auf die letzten Seiten der Zeitungen verbannt. *Danke, Herr, o danke!* Ich weidete mich an diesem heimlichen Wissen und konnte mehrere Tage lang fast an nichts anderes denken.

Hamid kam und erzählte mir, daß eine Kommission in Teheran die Verbrechen des Schahs untersuche. Ob ich ihm über diese Verbrechen schreiben könne? Ich machte ihm klar, daß ich erst nach der Revolution in den Iran gekommen war. Aber ich schrieb einen Brief, in welchem ich sagte, daß ich um die Existenz der Kommission wüßte, aber über keinerlei Information aus erster Hand verfüge.

Dann kam der Sohn des Ayatollahs mich besuchen. Überall waren Kameras bereit, aber er wollte nicht, daß fotografiert wurde. Er setzte sich mir gegenüber, an der anderen Seite des

Zimmers, und fragte mich höflich, wie es mir ginge und ob ich vielleicht schlecht behandelt worden sei.

Ich antwortete wie immer: »Die Studenten kümmern sich vorbildlich um mich. Ich bekomme viel zu essen und habe es warm.«

Ich wäre am liebsten zu dem kleinen Mann hingelaufen und hätte ihm die Wangen getätschelt. Sein gewaltiger Vollbart betonte sein rundes Kindergesicht nur um so mehr, und seine Augen sausten wie kleine Blitze durch das Zimmer, mal hierhin, mal dorthin. Ich beherrschte mich, denn die Sache hätte nur Ärger gegeben; aber es gab eben Augenblicke, wo ich liebend gern sämtliche islamischen Sitten und Gebräuche gebrochen hätte.

Nach dem Besuch des Arztes und des Sohnes des Ayatollahs bekam ich neue Hoffnung, daß wir bald freigelassen würden. Die Studenten schienen auch gelassener zu sein, und ich schnappte Nachrichten über neue Wahlen im Iran auf. Bald wäre es wohl soweit – vielleicht in der letzten Februarwoche? Und dann, am ersten Sonntag im März, Abendmahl in der Kirche zu Hause...

Aber die Monate vergingen und nichts geschah. Ich betete, daß, wenn wir schon nicht nach Hause könnten, wir doch wenigstens das Abendmahl bekämen. Erzbischof Capudji hatte mir doch einen Priester versprochen, und jetzt war es auch eigentlich Zeit, daß uns wieder einer besuchte: Ende Dezember – 1. Februar – jetzt 1. März.

Wie ich darum betete, daß uns ein Pastor besuchen würde!* In meinen Andachten konzentrierte ich mich auf Jesus als unseren Felsen. Ich durchforschte die Psalmen nach Hinweisen auf ihn und versuchte mich an seiner Kraft und Treue zu stärken. Ich lernte eines meiner Lieblingslieder auswendig:

---

* Vom ersten Tag meiner Gefangenschaft an hatte ich mit der Vorstellung zu kämpfen, daß ich nur die richtigen Worte zu sagen, das perfekte Gebet zu formulieren hätte, und Gott würde mich hören und aus meiner Geiselhaft befreien. Und jetzt machte ich wieder denselben Fehler!

Beneath the cross of Jesus
I fain would take my stand
The shadows of a mighty rock
Within a weary land...

(Am Kreuze meines Heilands,
Da ist mein sichrer Stand,
Da labt der Allmacht Schatten mich
Im dürren Wüstenland...)

Der Februar ging vorbei, und wir waren immer noch nicht frei. Aber ich betete weiter, legte all meine Sehnsucht vor Christi Füße.

Als ich am Sonntag, dem 3. März, aufwachte, wußte ich, daß kein Priester kommen würde. Niemand würde mir das Abendmahl bringen dürfen; diesen Berg konnte ich auch mit dem größten Glauben nicht versetzen – jedenfalls nicht so, wie ich mir das vorstellte.

Ich stand auf und wickelte mein Morgenprogramm ab. Man legte mir die Augenbinde um, und ich ging ins Bad, wusch mich, putzte die Zähne und kämmte mich. Ich betrachtete mein Gesicht im Spiegel und versprach ihm, daß alles schon irgendwie gut werden würde. Ich ging zurück in mein Zimmer, wo das übliche Frühstück – heißer Tee, Brot, Käse – auf mich wartete. Ich sprach mein Tischgebet, aß und legte wie üblich etwas von dem Brot und dem Käse für meinen Nachmittagstee zurück. Ich nahm meine Bibel und mein Gesangbuch vor, legte die Decke über meine Knie, machte es mir in dem großen Schreibtischsessel bequem und begann meine Morgenandacht.

Ich weiß nicht mehr, welche Lieder ich diesen Morgen benutzte, welche Bibelabschnitte ich las. Aber ich goß im Gebet mein ganzes Herz vor Gott aus und bat ihn um Kraft, auch ohne Abendmahl durch den Tag zu gehen. Ich fragte ihn, ob es denn am Ende falsch sei, wenn ich mich so sehr nach dem Abendmahl sehnte. *Herr, hilf mir, sei du bei mir!*

Und während ich so betete, erfüllte mich seine Gegenwart. Gott war bei mir. Ich wußte jetzt, daß es noch lange dauern würde, bis ich das Brot und den Wein bekommen würde. Aber letztendlich war das ja gar nicht das Wichtigste. Ich hatte eine tiefere Gemeinschaft, konnte mit ihm eins sein, und das war genau das, was ich brauchte. Ich durfte mich in seiner Liebe bergen, und das war genug.

Der warme Glanz seiner Liebe begleitete mich noch lange an diesem Tag. Ich wußte jetzt: So wie Gott sich heute zu mir geneigt und mir Kraft und Trost geschenkt hatte, so würde er das immer wieder tun, wenn ich es brauchte.

Es wäre eigentlich ganz passend gewesen, wenn dieser Sonntag der Erinnerungstag an die Verklärung Christi gewesen wäre. Das war er nicht, aber er war auf jeden Fall eine ganz entscheidende Stufe meines geistlichen Erwachens im Iran.

# 9. Kapitel

Schah nach Ägypten / USA drängen vergeblich auf Bleiben in Panama (*Des Moines Register, 24. März 1980)*

## Ostern 1980

Der Frühling meldete sich an. Der Valentinstag* war vorbei. Ich hatte an ihm eine meiner schönsten Karten, mit Blumen, zurechtgeschnitten, mit Klebestreifen meine beiden letzten Karamelbonbons darangeklebt und das Ganze an Ann geschickt. Auf die Karte hatte ich einfach geschrieben: »An Ann. Alles Gute zum Valentinstag. Kate.« Ann antwortete mit zwei roten Plastiknelken und einer ähnlichen Karte.

Als der Bruder mit dem Mittagessen kam, brachte er einen kleinen Strauß frischer Blumen mit. Der Duft weißer Narzissen füllte das Zimmer. Ich war ganz weg: lebendige, frische Blumen in meiner Gefängniszelle. Ein Gruß von draußen. »Danke, vielen Dank«, sagte ich halb benommen, »wo kommen die denn her?«

»Von Amerikanern, die Carter genauso hassen wie wir!« kam die haßverzerrte Antwort. Haß, immer wieder Haß! Aber selbst dieser Haß konnte die zerbrechliche Schönheit dieser kleinen, duftenden Blumen nicht zerstören.

Der nächste auf der Liste der besonderen Tage war der St.-Patrick-Tag**, dann käme Frühlingsanfang, dann Ostern. Würden wir wirklich noch so lange hier sein?

Gott war treu. Er hatte mich in seiner Schule. Ich hatte mir vorgenommen, nicht mit ihm zu feilschen, ihm keine Versprechungen zu machen vom Typ »Wenn du mir hier heraushilfst,

---

* Valentinstag: Festtag der Liebenden; ursprünglich ein heidnischer Tag (15. Februar), von der christlichen Kirche auf den 14. Februar, den Tag des Märtyrers St. Valentin, verlegt. In den USA und England verschickt man heute noch gern an diesem Tag anonyme Grußkarten, die ausdrücken sollen, daß man den Empfänger gernhat.

** St. Patrick, 17. März, ist der Schutzheilige von Irland.

dann will ich dir auch immer treu bleiben« usw. Ich wollte einfach von ihm lernen. Er hatte mir gesagt, daß er über mir wachen würde, und das tat er auch.

Eines Tages erzählte mir meine Wache so nebenbei, daß einige der anderen Geiseln ganz niedergedrückt seien. Ich konnte das verstehen, denn das war ich oft auch. *Aber du hast ein Gegenmittel*, erinnerte ich mich. Wenn sich bei mir das Selbstmitleid regte, ging ich um so tiefer in die Fürbitte: für die Einsamen, die Hungernden, die politisch Unterdrückten, die Kranken und Behinderten, den Frieden in der Welt. An einem meiner »moralischen« Tage las ich Johannes 15. Die Worte in Vers 16 schienen für mich an diesem Tag fettgedruckt zu sein: »Ich habe euch erwählt ... daß ihr hingehet und Frucht bringet ..., damit, wenn ihr den Vater bittet in meinem Namen, er's euch gebe.«

Ich betete: »Herr, ich weiß, daß das, was ich jetzt denke, ziemlich vermessen ist. Das sieht ja in diesem Vers fast so aus, als ob wir dich in Jesu Namen dazu bringen könnten, unseren Willen zu tun. Aber ich weiß, Vater, Jesus suchte ja immer *deinen* Willen! Auf jeden Fall, das hier ist ein Vers der Kraft. Kannst du uns heute bitte ein klein wenig zeigen, daß wir hier im Iran nicht vergessen sind? Und bitte hilf uns allen, von deiner Kraft zu nehmen. Danke, Herr. Amen.«

Ich mußte vor Vergnügen lachen, als wir drei Stunden später zum ersten Mal in unserer Gefangenschaft beim Mittagessen Filterkaffee bekamen. Gott sorgte auch für die kleinen Freuden!

Ich hatte gehofft und gebetet, daß wir noch vor Aschermittwoch freikommen würden, aber ich wollte für alle Fälle auf die Fastenzeit vorbereitet sein. Sie sollte für mich eine Zeit des Nachsinnens über die Liebe Gottes zu uns sein. Mit jedem Tag, den ich betete und meine Feinde zu lieben versuchte, erkannte ich deutlicher, was für eine gewaltige Liebe der Vater im Himmel für uns hat.

Der Aschermittwoch kam. Jetzt sollte ich eigentlich Ann eine kurze Mitteilung schicken. Ich wußte nicht, wie stark sie im christlichen Glauben stand, aber ich hatte gehört, wie sie Weihnachten dem algerischen Kardinal gesagt hatte, daß sie zur Episkopalkirche gehöre. Vielleicht wußte sie nicht, daß heute Aschermittwoch war, zumal die Studenten ihr ja nicht mehr das Lektionar von Bischof Gumbleton brachten. Ob sie in den wenigen Tagen, die sie es hatte benutzen können, überhaupt den Kalender in ihm gesehen hatte?

»Schwester, was meinen Sie, kann ich wohl Miss Swift etwas ausrichten lassen?« fragte ich. »Heute ist ein Feiertag für uns. Sagen Sie ihr doch bitte, daß heute Aschermittwoch ist.«

»Aber gern. Wollen Sie es für mich aufschreiben?«

»Natürlich.« Und ich schrieb in Druckbuchstaben die folgende Mitteilung: »Ann, heute, am 20. Februar, ist Aschermittwoch.«

Die Schwester verschwand mit dem Zettel und kam kurz darauf zurück. »Miss Swift dankt Ihnen«, sagte sie.

An diesem Morgen aß ich zum Frühstück nichts, denn ich wollte an diesem Tag fasten und beten. Auch das Mittagessen ließ ich unberührt zurückgehen. Die Mädchen wurden neugierig und wohl auch etwas besorgt, denn sie fragten mich, warum ich heute nichts aß.

»Heute ist für mich ein *ruzae*«, erklärte ich. (*Ruzae* ist das Farsi-Wort für »Fasten«.) »Heute beginnt die Zeit der Vorbereitung auf Ostern. Bis morgen früh werde ich nur Wasser trinken, aber nichts essen.«

»Warum tun Sie das?«

»Wasser trinken?«

»Nein. Fasten.«

»Weil ich mich dann besser darauf besinnen kann, daß in diesen Wochen Jesus Christus für unsere Sünden litt und starb und wieder auferstand, damit wir Teil an seinem Leben haben können. Ich muß mich durch Gebet auf das Osterfest vorbereiten. Ostern ist für die Christen geradeso wichtig wie Weihnachten.«

Ich erzählte dann weiter, wie manche Leute sich in der Fastenzeit kleine Opfer auferlegen, um dadurch symbolisch am Leiden Christi teilzuhaben – wie sie z. B. auf bestimmte Speisen verzichten und dann vielleicht das Geld, das sie so sparen, den Armen geben.

Die Mädchen ließen sich das nicht zweimal sagen. Sie erklärten eifrig, wie vorbildlich der Islam für die Armen sorge. Der Islam sei die Rettung für die Welt, weil nur er sich um die Armen kümmere.

Dies gab mir wiederum Gelegenheit, über die soziale und diakonische Arbeit der Gemeinde Jesu Christi zu sprechen. Ein rein geistiges Christentum – Rechtgläubigkeit ohne Werke – kann ja niemals von Bestand sein und wird auf die Welt keinen Eindruck machen.

Ich weiß nicht, ob meine vielen Worte etwas genützt haben, aber den ganzen Tag, bei jeder Wachablösung, gingen verstohlene Blicke in meine Richtung, und ich hörte die geflüsterten Worte: »Sie fastet. Sie hat heute *ruzae.*« Ich merkte einmal mehr, wie wichtig es ist, daß der Glaube in Taten zum Ausdruck kommt und wie diese der Welt die Wahrheit des Gebots der Nächstenliebe bezeugen.

Ich arbeitete weiter an meiner Gebetsliste und stellte meine Lieder und Bibellese auf die Passionszeit ab. Ich versuchte besonders, in meinen Gebeten und Zielen offen zu sein, mich von Gott leiten zu lassen. Ich betete, daß auch andere ihr Herz öffnen lassen und neu an all die Probleme in der Welt (Hunger, internationale Spannungen usw.) herangehen möchten. Ich betete um neue Offenheit und Verständnis zwischen den Völkern und daß es, wie es auf einer Karte meiner Freundin Helen Englert hieß, »eine kreative Lösung, ein Herauskommen aus dieser Sackgasse« geben möge.

Am Morgen des 12. März wachte ich wie üblich gegen 10 Uhr auf, streifte meine mittlerweile sackartige Hose und den Pullover über und ging mit verbundenen Augen zum Badezimmer. Als ich zurück in mein Zimmer ging, hörte ich durch das Stimmengewirr auf dem Flur die Stimme von Miryam: »Hahnum Koob, Hahnum Swift kommt zu Ihnen.«

»Für wie lange?« fragte ich. Ein paar Stunden würden es doch hoffentlich sein.

Die leise Antwort war eine weitere Variante der iranisch-höflichen Art, sich nicht festzulegen: »*Maloom Niste* – Das kann man nicht genau sagen.«

Man konnte natürlich vieles nicht genau sagen. Aber es war deutlich, daß heute etwas geschah, und zwar etwas ganz Besonderes. Die Tür wurde aufgestoßen, und mein Herz stockte. Zwei der Brüder kamen mit einer Matratze herein. Für einen Augenblick dachte ich, Ann läge darauf. *Gott, was ist nur mit ihr?* Aber dann sah ich, daß das Bündel auf der Matratze nicht Ann war, sondern aus Decken und Kleidung bestand. Und dann, fast direkt hinter der Gesellschaft mit der Matratze, kam sie mit verbundenen Augen: Ann Swift.

»Hierher, hier rein«, sagten sie ihr. Sie sah furchtbar dünn und zart aus. Man nahm ihr die Binde ab, und da standen wir nun, Ann Swift und ich.

Wir waren eigentlich nur flüchtig miteinander bekannt, von der Sprachschule her, aber ich freute mich unheimlich. Ich ließ hier vor den Wachen meinen Gefühlen keinen ganz freien Lauf, aber ich umarmte Ann doch kurz. Die Wachen, die uns zusammengebracht hatten, standen da und strahlten vor Freude über ihre gelungene Überraschung.

Ann blinzelte, versuchte ihr Lächeln zu unterdrücken, und ein paar Minuten lang standen wir einfach so da und sahen einander an. Wir wußten kaum, was wir als nächstes machen sollten. Die Wachen hatten Augen und Ohren gespitzt und lauerten sichtlich darauf, daß wir etwas Unvorsichtiges sagten, und so wandte Ann sich dem unverfänglichsten Thema zu: der Einrichtung unseres jetzt gemeinsamen Zimmers. Machte es mir etwas aus, wenn wir statt meines Heizgerätes ihres nahmen? Ich hatte einen Radiator; Anns Gerät bestand aus mit Heizschlangen umwickelten Tonröhren, die von einem Drahtgitter abgedeckt waren. »Darauf kann man ganz prima toasten«, sagte sie. Und das stimmte! Als das Frühstück kam, legten wir die Brotscheiben auf das Gitter, und nach ein paar Minuten hatten wir das herrlichste Toastbrot.

Dann ging es ans Reinemachen. »Waschen wir doch die Wände ab!« schlug Ann vor. Wir schrubbten uns durch mindestens eine Farbschicht durch und beseitigten das Parolengekritzel, das ich so von Herzen haßte; ich hatte einfach nicht den Nerv gehabt, es ganz allein wegzuradieren.

Wir kamen gut miteinander aus. Jeder hatte seine eigene persönliche Schublade und sein eigenes »Territorium«, und die ersten paar Tage hatte auch jeder sein eigenes Tagesprogramm. Ann machte gern vor dem Mittagessen ausgiebig Gymnastik; bevor sie nicht ihre Freiübungen absolviert hatte, rührte sie ihr Essen nicht an. Nach ein paar Wochen machten wir unsere Gymnastik gemeinsam; sonntags pausierten wir. Wir gingen systematisch solche Übungen wie Kniebeugen, Arme kreisen lassen, auf der Stelle laufen usw. durch.

In einem meiner Briefe nach Hause hatte ich meinen Schwager David gebeten, mir Informationen über Dauerlaufen zu schicken. Als sie da waren, lasen Ann und ich sie sorgfältig durch und begannen ein systematisches Laufprogramm. Dazu brauchten wir allerdings eine Stoppuhr. »Schwester, könnte ich vielleicht meine Armbanduhr wiederhaben?« fragte ich eines Nachmittags. Das war das erste Mal, daß ich den Mut aufbrachte, meine Wertsachen zurückzufordern.

»Hm, warum nicht. Ich werde den Bruder fragen.«

Wir bekamen eine Uhr; allerdings gehörte sie jemand anderem. Es war eine Rolex-Armbanduhr mit einem großen Sekundenzeiger, mit dem wir unsere »Läufe« stoppen konnten. Und dann war es natürlich auch sehr praktisch zu wissen, wieviel Uhr es gerade war, wann es Zeit zum Aufstehen und zum Schlafengehen war.

Etwa drei Tage nach Anns Einzug sagte ich morgens nach dem Aufwachen: »Ich bin ja so froh, daß du hier bist. Ich hatte immer gedacht, ich würde eigentlich ganz gut schlafen, aber so ausgeschlafen wie jetzt hab' ich mich schon lange nicht mehr gefühlt.« Ich merkte jetzt so richtig, wie verspannt und nervös ich in den letzten viereinhalb Monaten gewesen war. Wie beruhigend, jetzt jemanden bei mir zu haben!

Im Laufe der Tage konnten wir immer wieder ein paar Worte miteinander reden. Bruce und Vic waren also immer noch im Außenministerium. David Newsome leitete die Arbeitsgruppe. Ich konnte Ann sagen, daß man zu Hause die Glocken für uns läutete und Armbänder mit der Zahl 50 trug, und sie hatte ein Foto von der Straße, die zum Haus einer ihrer Freundinnen führte; um die Straßenbäume waren gelbe Bänder gewickelt. Das Lied »Tie a Yellow Ribbon Round the Old Oak Tree« (»Bind ein gelbes Bändchen um den alten Eichenbaum«) war offensichtlich ein »Krisenschlager« geworden. Ich konnte Ann auch berichten, daß die anderen Frauen unter den Geiseln freigelassen worden waren, und sie berichtete über ihre Verhöre, die zum Teil doch hart gewesen waren.

Das Thema »Religion« ließen wir zunächst höflich beiseite, obwohl es schien, daß auch Ann die Bibel gelesen hatte, vor allem Abschnitte aus den Propheten und aus dem Neuen Testament. Sie fragte mich, ob ich wüßte, wann Aschermittwoch sei. Ich berichtete ihr über die Notiz, die meine Bewacherin ihr doch angeblich hatte zukommen lassen. Auch ein Gebetsbuch war nicht angekommen, obwohl man mir auch hier versichert hatte, daß Ann es dankend entgegengenommen habe.

Jetzt kam der St.-Patricks-Tag. Wir bekamen immer noch Weihnachtskarten, und als ich die Umschläge wegwerfen wollte, hielt mich Ann zurück: »Nicht die bunten Umschläge wegwerfen! Von den grünen können wir doch Kleeblätter* machen!« Wir durften zwei von diesen Kleeblättern im Badezimmer anbringen, und mit dem Rest verzierten wir unsere wachsende Kartengalerie, die an den Wänden unseres Zimmers klebte.

Dann kam *No Ruz*, das iranische Neujahrsfest, das auf den Frühlingsanfang fällt. Man feiert fast eine Woche lang, und der Aufwand (großer Hausputz, Festessen, neue Kleider, Geschenke) ist ähnlich wie beim Weihnachtsfest in den westlichen Ländern. Ich erinnerte mich noch an den blumengeschmückten und mit iranischen Speisen überladenen Tisch bei meinem ersten *No Ruz*, im Haus meines Farsi-Lehrers in Washington. Solche Gastfreundschaft konnte ich dieses Jahr nicht erwarten.

Ann hatte eine Idee: »Komm, wir basteln Geschenke für die Wachen. Ich hab' die Narzissen, die ich bekommen hab', getrocknet. Wir können daraus Lesezeichen machen.« Sie klebte eine gepreßte Blume auf ein Stück Papier, und ich schrieb in meiner Sonntagsausgehhandschrift »Glückliches iranisches neues Jahr, 21. März 1980, Amerikanische Botschaft, Teheran« darunter. Zusammen mit je einem Kaugummi waren diese Lesezeichen unsere *No-Ruz*-Geschenke für die Mädchen. Es war gut, daß wir eine ganze Menge gemacht hatten, denn die Mädchen, die keinen Dienst hatten, schauten herein, um ihren Freundinnen ein gutes neues Jahr zu wünschen – und auch ein Lesezeichen mitzunehmen.

Das hatte geklappt. Die Valentinskarten und Neujahrsgrüße zwischen Ann und mir hatten auch geklappt. Ob wir auch etwas zu

---

* Kleeblätter sind das irische Nationalsymbol und erinnern an den heiligen St. Patrick, der das (dreiblättrige) Kleeblatt als Symbol für die Dreieinigkeit betrachtet haben soll.

Ostern tun könnten – unseren Mitgefangenen einen kleinen Gruß zur Ermutigung schicken? Wir fingen an zu überlegen. Wir begannen auch, allen möglichen Krimskrams zu sammeln, der für Geschenke brauchbar sein konnte: Briefumschläge (Ann hatte ja recht; wozu wegwerfen?), leere Plastikflaschen und Toilettenpapierrollen, die Deckel gebrauchter Zahnpastatuben – was uns in die Hände fiel. Wir wurden die reinsten Lumpensammler.

Etwa zwei Wochen vor Ostern begannen unsere Bewacher, uns auf die große »Osterschau« vorzubereiten. Die Post wurde regelmäßiger (etwa einmal pro Woche), und man gab uns einige Bücher, die eine meiner Freundinnen geschickt hatte. Die Bücher handelten von der Person und dem Werk des Heiligen Geistes – endlich einmal etwas, in das wir uns geistlich vertiefen konnten!

Am gleichen Tag, an dem wir diese Bücher bekamen, durften wir uns auch Bücher aus der Bibliothek im Keller des Lagerhauses (das seit der Revolution »Mushroom Inn« = »Champignonkneipe« hieß) aussuchen. Man hatte uns zum Duschen dorthin gebracht, und anschließend durften wir in den Raum, der jetzt als Bibliothek diente, gehen und uns eine ganze Reihe Bücher *selbst aussuchen!* Das war einmal etwas anderes als der kleine Einkaufswagen mit Büchern, der normalerweise durch die Räume kam. Wir waren auf einmal reiche Leute. Als wir dann mit unserer Beute wieder im Zimmer waren, nahmen wir uns jeder als erstes ein Buch über die Erweckungsbewegungen im Christentum vor. Wir verschlangen die Seiten nur so. Wir lasen und lasen, tauschten kurz einige Worte über das Gelesene aus, lasen weiter. Als wir fertiggelesen hatten, tauschten wir die Bücher und begannen die nächste Runde.

Die ganze Karwoche war eine Zeit des Lesens, des Gebets, des gegenseitigen Austauschs. Wir waren immer noch ganz in jenem Spiel, das darin besteht, daß man versucht, herauszufinden, was der andere so denkt. Wir machten keine Worte über unsere aufkeimende Freundschaft; wir überließen uns dem allmählichen Wachstum unserer Beziehung in Christus. Wir waren beide unabhängig voneinander auf die Idee gekommen, den Sonntag als Tag der Ruhe und des Gottesdienstes zu begehen. Dazu kam jetzt eine »Familienandacht«, die wir jeden Abend hielten – mit

Bibellesen, Liedern, Gebeten. Der Heilige Geist war leise und geduldig dabei, in uns zu arbeiten.

Am Karfreitag fastete ich wieder. Neue Fragen der Mädchen, die sichtlich erleichtert waren, als ich am Samstagmorgen wieder frühstückte. Heute glaube ich, wenn ich damals einen Hungerstreik angefangen hätte, sie wären ganz außer sich gewesen.

Am Samstag wurden wir mit verbundenen Augen zur Botschaftsresidenz gefahren, wo wir in einem von Mauern umgebenen Garten vor der Botschafterküche frische Luft schnappen durften. Die Gartenmauern waren reichlich mit Efeu überwachsen, und wir nahmen einige Zweige mit auf unser Zimmer. Wir hoben auch bunte Steinchen und Tonstücke von der Erde auf. Wenn wir die in unsere leeren Marmeladengläser füllten, hätten wir ganz brauchbare Blumentöpfe.

Wir durften nicht viel hinaus – seit dem St.-Patrick-Tag vielleicht 20 Minuten pro Woche –, aber es war jedesmal sehr schön, die Baumwipfel, den Himmel und ein paar Vögel (und später im Jahr vielleicht Blumen) sehen zu können.

Ich war ganz in mein Efeusammeln vertieft, als ich auf einmal merkte, daß die Schwester mich durchdringend ansah. Sie sagte: »Sie hassen doch sicher den Iran und das iranische Volk?«

»Ist es das, was Sie gerne von mir hören möchten?« Ich fuhr fort, Zweige zu sammeln.

»Nein, aber Sie hassen uns doch bestimmt«, sagte sie leise.

»Ich kann Sie gar nicht hassen«, entgegnete ich und sah sie an. »Natürlich finde ich das, was Sie hier machen, überhaupt nicht gut, damit wird ja nichts gelöst; aber hassen tue ich Sie nicht.«

»Geben Sie uns den Schah, und Sie können sofort nach Hause«, sagte sie.

»Es geht doch nicht nur um den Schah, oder? Aber was würde denn passieren, wenn er zurückkäme?«

»Man würde ihn vor Gericht stellen und hinrichten. Er muß für seine Verbrechen büßen.«

»Aber was haben Sie denn davon, wenn er stirbt? Damit kann man doch nichts ungeschehen machen.«

»Er muß für seine Verbrechen büßen.«

Wieder ein Gespräch, das nirgends hinführte. Ich drehte mich um und ging zum anderen Ende des Gartens.

Ich mußte an dieses Gespräch zurückdenken, als Ann und ich darangingen, unseren Osterschmuck zu basteln. Oh, wir hatten gute Verwendung für den Efeu, dieses Symbol des Lebens!

Wir breiteten unsere gesammelten Schätze auf dem Fußboden unseres Zimmers aus. Zuerst wollten wir Osterkörbe machen. Wir begannen mit zwei leeren Spülmittelflaschen aus Plastik. Ich bat die Schwester um eine Schere. Da ich das Farsi-Wort für »Schere« einfach nicht in meinen Kopf bekam, machte ich einfach eine entsprechende Schneidegeste mit den Fingern. Und siehe da, die Schere kam.

Wir zerschnitten die Flaschen so, daß wir zwei Körbe bekamen. Die dabei links und rechts verbleibenden langen Streifen nähten wir mit Nadel und Faden so zusammen, daß sie brauchbare Henkel ergaben. Also zwei Henkelkörbe. Wo war die Farbe? Her mit den gehamsterten Briefumschlägen! Ich nahm einen blauen, schnitt ihn zurecht und klebte ihn mit Klebestreifen um den Korb. Dazu ein rosa Bändchen, ebenfalls aus Papier, und mein Osterkorb war fertig. Anns Korb wurde ähnlich, nur grün-gelb.

In einen Osterkorb gehören Eier. Ich dachte einen Augenblick nach, dann öffnete ich meine Schublade und nahm ein Päckchen kleinen Christbaumschmuck heraus. »Die Eier sehen ein bißchen komisch aus, Ann, aber sie passen in die Körbe.« Wir nahmen weiße, goldfarbige und rote Kugeln. Die blauen legten wir zurück in den Schreibtisch, für ein anderes Mal.

Dann fingen wir an, Tiere zu basteln. Ich nahm mir die Osterküken vor, Ann machte ein Lämmchen und zwei Osterhasen. Meisterhaft sahen sie nicht aus, aber sie marschierten recht stolz über unseren Heizkörper.

Das Grundmaterial für all diese Tiere waren Toilettenpapierrollen. Die Studenten versorgten uns gut mit Toilettenpapier (in verschiedenen Farben) aus dem Botschaftsladen, und so kamen wir leicht zu unseren gelben Küken, blauen Osterhasen und dem rosa Lamm. Für einen der Hasen fanden wir einen perfekt sitzenden Eierkorb in Gestalt des rosa Verschlusses einer Spülmittelflasche; eine Pistazie gab das Ei ab. Wir stellten diese Kreation auf das Spiegelregal im Bad; das »Ei« mußten wir wohl ein halbes Dutzend Mal ersetzen.

Unsere Wachen sahen fasziniert zu, wie wir da wickelten,

drehten, schnitten, bohrten, spießten und klebten. Sie brachten ihre Freundinnen mit, damit auch sie unser Werk bewundern könnten.

Meine Schwester Micki hatte praktisch den ganzen Passions- und Osterabschnitt aus dem *Lutheran Book of Prayer** für mich abgeschrieben; jeden ihrer Briefe hatte sie mit einem der Gebete beschlossen. Da konnten wir also zu Ostern die gleichen Gebete benutzen wie viele unserer Glaubensgeschwister.

Am Samstagnachmittag durften wir baden – ein Vorrecht, das uns immer mit gemischten Gefühlen erfüllte, wegen des Zeitdrucks in den Badezimmern. Meist verbrachten wir den größten Teil unserer wertvollen Zeit damit, erst einmal die Wanne bzw. Dusche zu säubern.

Warum gönnte man uns dieses Bad gerade jetzt, am Karsamstag? Sicher, weil morgen Ostern war – oder vielleicht auch, weil man Besuch für uns erwartete? Für letzteres sprach, daß die Studenten angefangen hatten, die riesigen Berge von Essensresten, gebrauchtem Toilettenpapier und sonstigem Unrat aus den Korridoren fortzuschaffen.

Ich war entschlossen, zu Ostern so gut und sauber gekleidet zu sein, wie das ging. Und ein Kreuz würde ich tragen. Das kleine Goldkreuz, das ich vor meiner Entführung in die Botschaft getragen hatte, hatte man mir ja sofort abgenommen, aber während der Passionszeit waren ein Päckchen und ein Brief von meiner Schwester Mary Jane angekommen. »Katie«, schrieb sie, »die Gemeinde der Messiah Lutheran Church** schenkt Dir eines ihrer Passionskreuze.« Ich war ein Mitglied dieser Kirche gewesen, als ich in Alexandria im Staat Virginia gewohnt hatte. Ich legte das Kreuz sofort um und trug es fortan jeden Tag, als ein weiteres Band mit den Lieben zu Hause.

Ich hatte mir angewöhnt, um 17 Uhr ein Schläfchen zu machen. Und an diesem Samstag, nachdem ich also geduscht und mit Ann unser Zimmer gesäubert hatte, war ich ganz besonders müde. Also rein in die Decke! Aber kaum war ich eingeschlafen, da

---

* Andachts- und Gebetsbuch der Amerikanischen Lutherischen Kirche.
** Auf deutsch etwa: Lutherische Christuskirche.

klopfte es an die Tür. Einer der Brüder steckte seinen Kopf herein.

»Oh, sie schläft. Ich komm später noch mal«, sagte er.

»Nein«, sagten Ann und ich gleichzeitig. Ich fügte hinzu: »Ich bin wach, ich ruh' mich nur aus.«

»Schön, das hier ist von Ihren Freunden«, sagte er und schob uns zwei Plastiktüten zu.

Wir waren ganz weg. »Danke!« war alles, was wir sagen konnten. In jedem Beutel waren ein Hemd, etwas Unterwäsche, Seife, Shampoo, Deodorant, Zahnpasta und eine Zahnbürste, dazu ein Zettel mit der Aufschrift »von Deinen diplomatischen Kollegen«.

Wir gingen sowieso schon spät genug schlafen, aber an diesem Samstagabend werkelten wir ganz besonders lange herum. Als ich endlich meine Matratze auf den Boden legte, war Ann immer noch am Lesen und murmelte vor sich hin. Ob sie wohl Heimweh hatte? Wir hatten es ja eigentlich relativ gut, seit wir im gleichen Zimmer wohnten: Wir konnten einander helfen, uns austauschen, Gymnastik machen. Aber daß sie ihre Verwandten vermißte – sicher, das konnte man ja verstehen. Ann hatte zwar nicht so viele Schwestern wie ich, aber auch ihre Familienbande waren herzlich.

Ich schlief endlich ein. Als ich am nächsten Morgen wach wurde, sah ich etwas Neues auf dem Schreibtisch. Es war ein Stein auf einem Stück grünem Papier, und auf dem Stein stand ein kleines Holzkreuz. Das Kreuz bestand aus zwei mit Faden zusammengebundenen Holzstücken und war mit Kaugummi auf dem Stein befestigt.

Ann erklärte mir ihr Werk: »Kate, daß Gott unser Fels ist, das bedeutet dir doch so viel, das kommt bei dir immer wieder vor. Ich hab' ja gestern abend auf glühenden Kohlen gesessen; hab' gedacht, du würdest nie einschlafen!« Das war es also, was sie so beschäftigt hatte!

Dieses schlichte und wunderbare Ostergeschenk wurde für den Rest unserer Gefangenschaft der Mittelpunkt unseres kleinen Altars. Was für ein greifbares Zeichen der festen Burg, die wir in Jesus haben!

Ich hatte kein Geschenk für Ann, aber als sie jetzt ihre Zähne putzen ging, machte ich mich rasch an die Arbeit. Ich machte ein besonders hübsches Lesezeichen, das ich in ihre Bibel legte; sie fand es ein paar Tage später. Ich steckte auch eine Osterkarte, die ich bekommen hatte, in einen gebrauchten Umschlag und legte diesen neben ihren Osterkorb.

Gegen Mittag hielten wir unseren Ostergottesdienst. Wie gut, daß wir das Liederbuch und unsere Bibeln hatten! Wir beteten gemeinsam, wobei wir die Gebete benutzten, die Micki mir abgeschrieben hatte. Ich brachte fast kein Wort heraus, so dick war der Kloß in meinem Hals. Meine Lieben zu Hause sprachen jetzt dieselben Gebete . . .

Bald kam das Mittagessen. Es war ausgesprochen festlich: Truthahn mit Kartoffeln und Preiselbeersoße. Na, da lag doch etwas in der Luft!?

Richtig. Am Nachmittag kam es: »Sie werden gleich den Priester treffen. Legen Sie Ihre Augenbinden um.« Man führte uns aus dem Zimmer.

Übrigens waren Ann und ich mittlerweile Experten im Gehen mit verbundenen Augen geworden. Ann ging hinter mir, eine Hand auf meine Schulter gelegt, und die Schwester führte mich am Ellbogen.

Wir gingen durch den Korridor. »Paß bei der Doppeltür auf«, sagte ich zu Ann. (Der eine Flügel war gewöhnlich geschlossen.) »Fall nicht über die Füße der Brüder, hier in der Mitte.« (Es saßen immer Wachen in den Gängen, mit Gewehren.)

*Die Eingangstür muß offen sein, es ist so hell,* dachte ich. Jetzt nach links. Eine Treppe hinauf, vierzehn Stufen. Treppenabsatz. Noch einmal vierzehn Stufen. Am Geländer festhalten. Korridor, viele Leute hier. Sind wir jetzt da?

Man nahm uns die Binden ab. Die Flurwände waren mit Sprüchen und Slogans nur so übersät. Kinder, wie sah das hier aus! Jetzt ging es in das Büro des Stellvertretenden Missionschefs. Süßigkeiten, Plätzchen, Khomeini-Poster, rotes Kreppapier, Fernsehkameras, überall männliche Studenten. Aber keine Spur von unseren Kollegen, auch diesmal nicht! Aber da sah doch einer wie ein Amerikaner aus. War das wieder Bischof Gumbleton? Wir reichten uns die Hand. Nein, er war es nicht.

»Guten Tag, ich bin Pastor Bremer aus Lawrence in Kansas. Wie geht es Ihnen?«

Wir plauderten ein wenig, und dann wandte ich mich den Männern zu, die hinter dem Tisch standen. Ann flüsterte mir zu, daß der eine, Monsignor Anibale Bugnini, der päpstliche Nuntius sei. Der andere war Erzbischof Capudji. Wir begrüßten uns. Einen Augenblick waren Monsignor Bugnini und ich unbeobachtet. »Haben Sie die Hemden bekommen?« fragte er.

»Ja, vielen Dank! Die Pakete waren herrlich!«

»Ich habe auch Laingen und den anderen im Außenministerium Hemden gebracht«, sagte er.

»Wann?« fragte ich atemlos. Ann und ich hatten uns schon oft gefragt, was wohl aus Bruce, Mike und Vic geworden war.

»Gestern«, kam die Antwort.

»Und wie geht's ihnen?«

»Gut.«

Einer der Pastoren bat um unsere Aufmerksamkeit. Wir stellten uns in einem kleinen Kreis auf, hielten einander an den Händen, und Pastor Bremer begann zu beten.

»Herr, wir danken dir, daß an diesem Tag die Dunkelheit der Menschen vom hellen Licht des Ostermorgens durchdrungen wird. Wir danken dir, daß das Licht der Auferstehung hineinleuchtet in diesen Ort der Gefangenschaft und in die Herzen dieser unserer Schwestern und Brüder. Wir bitten dich, daß du in den Herzen des iranischen Volkes sein mögest und in den Herzen des amerikanischen Volkes und daß dein Licht uns zu neuer Freundschaft untereinander und zu Gerechtigkeit leiten möge. Und jetzt bitten wir dich, daß du besonders auch Ann und Kate segnen und sie mit deiner Gegenwart und deinem Geist füllen mögest. Im Namen Jesu Christi, unseres Herrn und Heilandes, der für uns starb und für uns lebt. Und jetzt alle gemeinsam: Amen.«

Ich hob verblüfft wieder meinen Kopf. Da hatte Gott ja gerade eine meiner Hauptfragen beantwortet! Wie oft hatte ich mich gefragt, *wie* man denn das machen sollte: für den Ayatollah und die Führer des Irans beten. Und jetzt hatte Pastor Bremer gebetet, daß die Liebe und das Licht Gottes den Iran so erfüllen sollten, daß *Gottes* Wille getan würde. Das war also die Antwort für mich.

Jetzt sagte der Erzbischof zu Ann und mir: »Setzen Sie sich

bitte.« Wir setzten uns, mit dem Gesicht zu einer großen Fernsehkamera. Er fuhr fort: »Ich habe den Studenten gesagt, daß ich nur kommen würde, wenn ich Botschaften von Ihren Angehörigen an Sie und von Ihnen an Ihre Angehörigen überbringen könnte.«

Wir beantworteten Fragen über unser persönliches Wohlergehen und was wir so in unserer »Freizeit« machten. Dann verlangte der Erzbischof die »Umschläge«. Was war denn das?

Er gab Ann einen Umschlag, dann mir. Ein Brief von zu Hause! Ich war so nervös, daß ich kaum die Buchstaben sehen konnte. Ich muß wohl überhaupt nichts von dem Brief registriert haben, denn als ich ein paar Minuten später sogar über das Fernsehen ein paar Worte an meine Eltern richten konnte, hatte ich keinen blassen Schimmer, daß ihre eine große Frage war, warum sie jetzt schon seit Wochen nichts mehr von mir gehört hatten. Und ich schrieb ihnen dreimal pro Woche (mehr war nicht erlaubt), und das hätte ich ihnen sagen sollen!

Statt dessen sah ich fröhlich in die Kamera und sagte: »Also, Mutter, daß ich hier abnehme, das kommt nur daher, daß das das einzige Gescheite ist, was man hier tun kann.« Ann und ich plauderten dann über unseren Tagesablauf – spät zu Bett, jede Menge Lesen, viel Gymnastik. Wir waren ganz aufgedreht und durcheinander und kicherten wie zwei Schulmädchen.

»Und wer von Ihnen hat die beste Laune?« fragte Pastor Bremer lächelnd. Wir wiesen stumm und fröhlich mit dem Finger aufeinander.

Nach diesem Fernsehauftritt ließen wir uns auf einer Couch nieder, vor der ein mit Schokolade, Nüssen, Süßigkeiten und Plätzchen wohlgefüllter Tisch stand, komplett mit einem riesigen rot eingewickelten Osterei. Wir bekamen Plastiktüten und durften uns soviel nehmen, wie wir wollten. Die Studenten erzählten dem Erzbischof eifrig von der Bibliothek, die sie für uns eingerichtet hatten, dem Tischtennisraum (wir waren zweimal dort gewesen) und den amerikanischen Filmen, die sie uns auf Video zeigten (wir hatten einen gesehen).

Pastor Bremer sagte, er könne hier nicht über Politik reden, fügte aber hinzu: »Sie sind beide zu Hause sehr wichtige Leute.« Ann und ich verstanden nicht ganz, was er damit meinte, denn wir hatten keinen Begriff davon, welchen Anteil die gesamte amerikanische Nation an dieser Geiselkrise nahm. Aber wir begriffen doch immerhin, daß die Amerikaner um uns wußten, und dafür waren wir dankbar.

Nur zu bald führte man uns zurück auf unser Zimmer. Wir sortierten die Post, die wir jeder bekommen hatten, beantworteten die Fragen der Schwestern über die »Osterparty« und lasen noch einmal diese kostbaren Briefe, die der Erzbischof mitgebracht hatte.

So gegen 23.30 Uhr schaute einer der Brüder herein und berichtete uns, die Pastoren hätten gesagt, daß die Frauen von allen Geiseln den ausgeglichensten Eindruck gemacht hätten. Das mußte wohl heißen, daß wir uns im Vergleich zu unseren männlichen Kollegen recht gut hielten; wie sie wohl behandelt wurden?*

Langsam kamen wir wieder zu uns, und es dämmerte uns, daß man uns zu Propagandazwecken dort im Fernsehen »vorgeführt« hatte. Wir hatten zu unseren Lieben zu Hause sprechen können, dabei aber mit unserem Lachen und fröhlichen Geplauder direkt den Studenten in die Hände gespielt. Wir nahmen uns vor, uns ernster zu verhalten, wenn wir jemals noch einmal so eine Gelegenheit bekämen.

Inzwischen hatten wir wieder Hunger. »Entschuldigen Sie«, sagte ich zu einem der Mädchen, »wo ist das Abendessen?«

»Ich werde mal sehen.« Sie ging hinaus und kam kurz darauf zurück mit der Mitteilung, daß sie nur Brot, Käse und Datteln hätten.

»Auch Tee?« fragte ich.

»Ja, doch. Geben Sie mir Ihre Gläser.« Sie nahm sie und kam bald mit Tee, Brot, Käse und Datteln zurück. Alles war frisch und gut – ein schöner Abschluß dieses herrlichen Osterfestes.

Ann und ich neigten unsere Köpfe und dankten Gott für die Segnungen dieses Tages und baten ihn, unsere Lieben zu bewahren. Wieder war ein Tag unserer Gefangenschaft vergangen.

---

* Nach unserer Freilassung erfuhren wir, daß einige von ihnen sehr hart behandelt worden waren.

# 10. Kapitel

Geiselbefreiung gescheitert / Kühner Plan durch technische Mängel vereitelt
(*Des Moines Register, 25. April 1980)*

## April 1980

Unsere Osterhochstimmung hielt noch mehrere Tage an. Wir hatten Post bekommen und unseren Familien ein paar Worte sagen können. Unser Zimmer war (fast) hübsch. Wir hatten eine ganze Sammlung Kartengrüße an die Wand geklebt – mit Vögeln und Blumen, mit Wasser und Segelschiffen. In einer Ecke sogar Familienfotos: Bilder von meinen Eltern, Neffen und Nichten und von Anns Mutter und Patenkindern. An die Wand über meinem Bett hatte ich unter anderem kreuzförmige Karten geklebt, die von den Mitkonfirmanden meines Neffen Mark kamen. Ein Zimmer mit gelblichen Wänden, knallgrünen Vorhängen und einem unbeschreibbaren bis nichtssagenden Teppich mag nicht jedermanns Geschmack sein, aber mit diesen Karten war es uns heimatlich geworden.

»Hahnum Koob, was ist das denn?« fragte eine der diensthabenden Schwestern und wies auf einige selbstgemachte Karten von der Messiah-Lutheran-Gemeinde.

»Die Karten haben die Kinder einer Kirche gemacht, zu der ich in Amerika ging.«

»Die sehen ja komisch aus. Warum sind die Eier hier denn in einem Käfig?« (Die Karte zeigte zwei bemalte Eier in einem Käfig.)

»Die Eier sind ein Symbol der Auferstehung, wegen der wir ja Ostern feiern. Aus dem Ei kommt neues Leben, und durch Christi Tod und Auferstehung kommt auch neues Leben.«

»Aber warum der Käfig?«

»Das weiß ich nicht so genau«, sagte ich. »Vielleicht wollte der Junge uns damit sagen, daß wir ohne Gottes neues Leben noch wie eingesperrt sind.« (Eigentlich hatte ich ja eher den Eindruck, daß er damit auf unsere Gefangenschaft anspielte!)

Unsere Bastlernatur regte sich wieder. Wir hatten einen Satz Damesteine und Schachfiguren bekommen, die die Studenten aus dem Botschaftsladen organisiert hatten. Ich hatte von meinem letzten Raum her ein kleines quadratisches Holzbrett, das ich als Unterlage zum Schreiben und Solitärspielen benutzte. Nun, wir maßen und malten, prüften, ob wir auch die richtigen Farben hatten, und dann hatten wir ein Schachbrett fertig. Ich holte meine Schachkenntnisse aus der Versenkung meiner Studentenzeit hervor, und so konnten wir neben Dame sogar Schach spielen. Ich war eigentlich gar keine Spielernatur, aber was tut man nicht alles, um sich die Zeit zu vertreiben! Wir erfanden auch ein neues Spiel: eine Art zweihändiges Bridge.

Unsere Gymnastikübungen gingen weiter. Eines Abends, kurz nach Ostern, kamen einige der Mädchen herein, als wir gerade wieder trainierten. Wir zeigten den Mädchen unsere Lieblingsübungen und ließen sie bei einigen sogar mitmachen. Es war die reinste Frauenturnstunde – wobei die Mädchen einen Vorteil vor uns hatten: sie waren zwanzig Jahre jünger!

Eigentlich ging zur Zeit alles ganz gut. Die Schwestern kümmerten sich gut um uns und waren freundlich. Etwa alle sechs Tage konnten wir baden, vor dem Baden konnten wir in den erwähnten Garten und wir hatten Grünpflanzen, Karten, Bücher und unsere täglichen Andachten. Aber plötzlich wurde das anders. Eines Tages kam Hamid ganz zornentbrannt ins Zimmer.

»Warum bilden Sie sich eigentlich ein, die Schwestern hätten keine Autorität? Die Frauen sind geradeso wichtig wie wir. Was behandeln Sie sie wie Dienstmädchen?«

»Wie bitte?« fragte Ann völlig verdattert.

»Sie sind nicht Ihre Dienerinnen. Sie arbeiten mit uns für die Revolution. Sie sind wichtig für unsere Arbeit hier. Wenn Sie Probleme haben, wenden Sie sich an die Schwestern, und sie werden sich drum kümmern.«

Ich meldete mich: »Nun hören Sie mal, wir würden ja gern selbst unseren Tee kochen und die Wäsche waschen. Aber Sie haben uns doch immer wieder gesagt, daß wir Ihre Gäste sind. Also wenden wir uns an die Schwestern, wenn wir etwas brauchen – Wasser, Tee, ins Bad gehen. Deswegen sind sie doch nicht unsere Dienstmädchen!«

Der Wortwechsel ging noch ein paar Minuten weiter. Als Hamid wieder fort war, fragte Ann mich: »Ja, was haben wir denn bloß getan, daß die denken, wir behandeln sie wie Dienstmädchen?«

Ja, was? Keine Ahnung. Wir fragten die Mädchen. Auch hier keine Spur. Das einzige, was wir uns hier vorstellen konnten, war, daß vielleicht hier und da spät am Abend ein Mädchen mit einer Tasse Tee in der Hand zu uns kam und wir sie dann fragten, ob sie für uns auch etwas Tee hätte. Gewöhnlich gaben sie uns dann, wenn sie bei uns etwas aßen oder tranken, sowieso immer etwas ab – bis auf Queenie und Princess, die mit Vorliebe spätabends auftauchten und vor unseren müden Augen genüßlich ihren Tee schlürften.

Wir sprachen über die Sache mit dem Tee mit einigen der Schwestern und baten sie, es uns doch zu sagen, wenn wir ihnen irgendwie Unrecht getan hätten. Wir sagten, daß wir als erwachsene Frauen doch etwaige Mißstimmigkeiten unter uns beilegen konnten, ohne lange die Brüder zu fragen. – Damit schien die Sache vergessen.

Bis zum 12. April. Wir wachten zur gewohnten Zeit auf, kurz vor zehn, und begannen uns fertig zu machen. Ich stand auf, wickelte mich in meine Decke und fragte, ob ich jetzt zur Toilette gehen könne.

»Ich werde mal sehen«, sagte die Schwester. Sie hatte noch nie bei uns Morgendienst gehabt, und so sagte Ann ihr: »Sie müssen den Brüdern sagen, daß sie bitte unseren Namen auf die Warteliste für das Bad setzen sollen.«

Die Schwester ging hinaus und kam sehr schnell wieder. »Ist besetzt«, sagte sie. Was eindeutig »nein« hieß. Dann fügte sie lächelnd hinzu: »Wenn es frei ist, kommt er und sagt es Ihnen.«

»Bitte sagen Sie ihm doch, daß wir auf sind und zur Toilette möchten«, sagte Ann.

Das Lächeln wurde ein wenig säuerlich. »Ich hab' Ihnen doch gesagt, daß er kommt.« Wir warteten. Wir hörten das Zeitsignal im Radio. 10 Uhr.

Ann flüsterte mir zu: »Mal sehen, wie lang das hier dauert.« Wir warteten geduldig und mit wachsendem Druck. Schließlich hörten wir das 11-Uhr-Signal im Radio.

»*Hohar*«*, sagte ich endlich, »jetzt ist schon über eine Stunde um. Können Sie nicht bitte sehen, ob das Bad jetzt frei ist oder ob wir eine andere Toilette benutzen können?«

Sie sah von ihrer Schreibarbeit auf, sichtlich unwillig, ging aber dann doch. Wieder kam sie sehr schnell zurück: »Es ist jetzt frei. Sie können gehen.«

»Geh du zuerst, Ann«, sagte ich, »ich kann noch ein bißchen warten.«

Ann ging und kam bald wieder. Ich gab der Schwester meine Augenbinde und nahm meine Kleider, Zahnbürste, Zahnpasta, Handtuch und Waschlappen, wie ich das die letzten vier Monate getan hatte, und ging zur Tür.

»Das geht nicht, erst müssen Sie sich anziehen«, verkündete die Schwester.

»Entschuldigen Sie«, sagte ich, »so gehe ich jetzt schon seit vier Monaten ins Bad. Der Bademantel ist zu kurz, da benutze ich diese Decke.«

»Ich frage den Bruder«, sagte sie. Sie ging wieder und kam fast sofort zurück. »Was Sie früher gemacht haben, ist egal, jetzt geht das nicht mehr!« erklärte sie triumphierend.

»Schwester, entweder Sie führen mich jetzt zum Badezimmer, oder ich gehe selbst. Ich habe über eine Stunde gewartet, ohne daß Sie einen Finger gerührt haben. Ich kann nicht mehr so lange warten, bis ich mich umgezogen habe, ich muß jetzt gehen!« Ich war wütend, und meine Stimme war leise, aber hart.

Sie stolzierte auf die Tür zu, aber ich war schneller. Als ich rasch den Korridor entlangging, sah ich am anderen Ende einen der Brüder sitzen. Es saßen noch zwei oder drei andere Brüder auf den Couchen und Stühlen im Gang, aber ich sah nur Ali. Er war viel kleiner als ich und verstand im Augenblick sichtlich die Welt nicht mehr. »Ich geh' zur Toilette«, erklärte ich kurz, klopfte an die Badezimmertür und trat ein.

Ich war dabei, mich zu waschen, als die Schwester durch die Tür platzte. Ich glaube, solchen Haß, wie jetzt in ihren Augen,

---

* Farsi für »Schwester«.

hatte ich noch nie gesehen. Sie war so außer sich vor Wut, daß sie kein Wort herausbrachte.

Ich sah sie kurz an und sagte: »Schwester, das reicht!« Dann wurde ich ruhiger. »Tut mir leid, daß ich allein gegangen bin. Ich weiß, daß das falsch war, aber ich mußte einfach zur Toilette gehen.«

Sie sagte immer noch nichts. Ich wusch mich fertig und packte meine Sachen zusammen, und wir gingen beide zurück ins Zimmer, ich mit fest und vorschriftsmäßig verbundenen Augen.

Der Vorfall blieb nicht ohne Folgen. Den ganzen Tag endlose Diskussionen mit den Brüdern und Schwestern. Ich hoffte nur, daß sie nicht Ann in die Sache hineinziehen würden. Ob sie uns jetzt wieder trennen würden? Das war meine größte Angst.

Während meiner Morgenandacht versuchte ich, etwas Klarheit in meine Gedanken zu bringen. Was ich da getan hatte, war ebenso gefährlich wie töricht gewesen. Schließlich gab es Schußwaffen dort im Korridor. Sicher, die Schwester hatte eigenwillig die Regeln zu ändern versucht, und das hatte ich mir nicht bieten lassen. Aber sie war halt der Gefängniswächter, ich der Gefangene.

»Lieber Herr, hilf mir, das anzunehmen, was jetzt kommt, und bitte hilf, daß ich nicht mehr so etwas Dummes tue«, betete ich.

Meine Gedanken kreisten immer wieder um diesen Morgen. *Auf jeden Fall ist das der aufregendste Tag seit Ostern,* versuchte ich mich zu beruhigen.

Einige der Schwestern kamen zu uns. »Miss Koob«, sagte eine, »das hätten wir aber nicht von Ihnen erwartet. Wir hätten gedacht, Sie hätten mehr Respekt für unsere Sitten.«

»Und ich hätte gedacht, daß Ihnen unser Wohlergehen nicht so egal wäre«, schoß ich zurück, »ich mußte zur Toilette.«

Dann kam Zahro. *Das ist noch das Vernünftigste, was ich heute gehört habe,* mußte ich denken. Zahro war nett, aber ich hatte keine Zweifel, daß sie trotzdem eine loyale Anhängerin der Revolution war.

Der Strom der Besucher, die wissen wollten, was denn nun »wirklich passiert« war, riß nicht ab. Wieder und wieder mußten Ann und ich die Geschichte dieses Morgens erzählen. Einer der

Brüder sagte mir: »Miss Koob, das war sehr unvorsichtig. Man hätte Sie erschießen können.«

»Das weiß ich auch«, antwortete ich. »Aber die Schwester war auch im Unrecht. Ich mußte doch zur Toilette.«

»Konnten Sie sich denn nicht die paar Minuten Zeit zum Anziehen nehmen? Sie müssen doch den Anordnungen der Schwestern folgen.«

»Nein, das konnte ich nicht.«

»Wenn Sie schon so lange gewartet hatten, hätten doch die paar Minuten auch nichts mehr ausgemacht.«

Endlose Diskussionen.

Gegen 17 Uhr kamen wieder zwei Schwestern. Sie waren nervös – und grinsten. »Packen Sie Ihre Sachen zusammen, Sie ziehen um.«

Aha. Wohin würden wir jetzt kommen?

»Müssen wir unsere Mäntel anziehen?« fragte Ann.

»Nein.«

Wir steckten unsere Sachen in die Kissenbezüge. Auch mein Wollcape gab eine gute Tasche ab. Zwei Brüder kamen und holten eine der Matratzen ab. Wir sagten, daß wir das Heizgerät, die Lampe und unsere Bücher brauchten. Wir sortierten die Bücher aus, die wir täglich brauchten – unsere Bibeln, das Gesangbuch und andere christliche Bücher – und steckten sie in unsere improvisierten Taschen.

Die Binden um und in den Korridor. Zu weit, als daß es die Treppe nach unten gehen könnte. Vielleicht nach oben? Aha, das Haupttreppenhaus. Ein Stockwerk höher. Stickige Luft hier.

Binden ab. Wir waren in einem Raum ohne Fenster. Auf beiden Seiten Türen, über die man unansehnliche Vorhangstücke genagelt hatte. Auf dem Boden zwei Matratzen – eine gute (die aus unserem Zimmer) und eine Zusammensetzung aus einem Stück Schaumgummi und den Resten einer Sprungfedermatratze.

»Ann, das hier ist meine Schuld. Nimm du die gute Matratze«, sagte ich.

»Nein, kommt nicht in Frage. Wir gehören zusammen, wir wechseln ab.«

»Gut«, sagte ich, »aber du nimmst als erstes die gute.« So machten wir es dann auch.

Der Raum war fast unerträglich warm, aber das hatte auch seine guten Seiten. Die Schwestern konnten die Hitze noch weniger vertragen als wir und begannen, ihren Wachdienst draußen vor der Tür zu machen. Damit waren wir ungestörter als je zuvor!

Wir kamen bald zu der Auffassung, daß dieser Wohnungswechsel nicht nur an meinem Lauf zur Toilette lag. Wir reagierten offenbar nicht so auf die Gefangenschaft, wie wir das sollten. Wir fühlten uns zu wohl, um gute Geiseln zu sein. Wir benahmen uns ja fast so, als seien die Mädchen unsere »Gäste«, gaben ihnen von unserem Kaugummi und Süßigkeiten ab. Da mußte man uns einmal daran »erinnern«, daß wir doch hier in einem Gefängnis waren. – Nun, was immer auch unsere Bewacher an uns sehen mochten, uns war klar, daß das nicht aus unserer eigenen Kraft kam. Wir waren von Gottes Kraft und Hilfe getragen.

Wir nahmen uns vor, daß wir uns auch von dieser neuen Umgebung nicht unterkriegen lassen wollten. Unsere innere Haltung, unser Tagesablauf, unser Benehmen gegenüber den Schwestern sollten unverändert bleiben. Wir gingen daran, auch dieses Zimmer einigermaßen wohnlich zu machen. Im Badezimmer gab es Putzmittel, und eine gehamsterte große Konservendose – wir hatten einmal als letzte Obstsalat zum Nachtisch bekommen – gab einen brauchbaren Eimer ab. Ein paar Lumpen, die im Zimmer herumlagen, waren unsere Putzlappen. Wir schrubbten die Wände, fegten den Schmutz hinaus und brachten unsere diversen Dekorationen unter.

Meine Andachtsecke kam über die Kopfseite meines »Bettes«. Lamettareste von Weihnachten hingen wir über den Thermostat, und unsere Osterkörbe und -tiere stellten wir auf einem nichtfunktionierenden Heizkörper auf. Unser Heizgerät kam (ich wünschte nur, wir hätten es auch gebraucht!) und die Lampe. Wir waren »zu Hause«.

In einem Zimmer ohne Fenster sein zu müssen, verwirrte unser Zeitgefühl. Die Mahlzeiten kamen zwar zu den gewohnten Zeiten, aber wir konnten halt nicht mehr den Lauf des Tageslichtes beobachten. Wir wurden mehr und mehr von der Armbanduhr, die man uns gegeben hatte, abhängig.

Wir hofften, daß wir hier wenigstens nicht von Mücken geplagt wären, aber sie fanden doch ihren Weg zu uns. In Teheran gibt es das ganze Jahr über Mücken. Aber der Lärm der Straßendemonstrationen war jetzt erheblich gedämpfter.

Wir waren erst zwei Tage in unserer neuen Behausung gewesen, als man uns in den Raum brachte, wo die Osterfeier gewesen war. Vertreter des Roten Kreuzes wollten uns sprechen.

Zwei der Männer erwarteten uns – der eine groß und dunkelhaarig, der andere ein kleiner, grauhaariger Mann, den man uns auf französisch als einen Arzt vorstellte. Der Große hatte eine Schreibunterlage mit einer Liste in der Hand und war der Sprecher. Mehrere Brüder drängten sich um uns und hielten uns ein laufendes Tonbandgerät vor die Nase.

»Sollen wir Sie nicht eigentlich unter vier Augen sprechen?« fragte Ann.

»Normalerweise eigentlich schon«, entgegnete der Große. »Aber wir können schon von Glück sagen, daß wir überhaupt hier sein können. Man hat uns versprochen, daß wir alle Geiseln sehen dürfen. Wir sind die ersten Besucher, die jeden sprechen können; die anderen haben immer nur ein paar von Ihnen gesehen.«

Meine Augen wanderten über die Liste, möglichst unauffällig. Die Studenten beobachteten uns genau.

»Wir möchten gern wissen, wie es Ihnen geht«, fuhr der Sprecher fort. »Behandelt man Sie gut? Dürfen Sie an die frische Luft? Haben Sie Bewegung? Ist Ihr Zimmer groß genug? Wie ist es mit den Mahlzeiten?«

Eine lange Liste. Ich sah Ann an und sie mich.

»Bis vor zwei Tagen haben wir ein schönes Zimmer gehabt«, sagte sie, »aber jetzt sind wir in einem Raum ohne Fenster und ohne Belüftung.«

»Ohne Belüftung!« rief der Rot-Kreuz-Sprecher aus. Er begann, dem Arzt auf französisch die Sache zu erklären. Ich hörte, wie die Studenten brummelten: »Aber das haben die beiden sich doch selbst eingebrockt.«

Der Sprecher wandte sich wieder zu uns. Wie auswendig gelernt sagte ich: »Die Studenten versuchen, unsere körperlichen Bedürfnisse zu erfüllen. Wir haben Zahnpasta, Seife usw. Wir machen in unserem Zimmer Gymnastik, aber nach draußen kommen wir nur einmal pro Woche.«

Die beiden Männer standen sichtlich unter Zeitdruck. Lange konnte das Gespräch nicht mehr dauern. Nun ja, Hauptsache, sie konnten auch wirklich alle Geiseln sprechen. Jetzt fragte mich der Sprecher etwas wie: »Wie steht's mit der Kost?«

»Oh, das Essen ist gut und reichlich, der Koch ist ...«

»Nein, ich meine doch Ihre *Post*, Briefe von Ihren Verwandten und Freunden und so.«

»Post bekommen wir nicht viel«, sagte ich.

»Ich hab' seit Monaten keinen Brief mehr von meiner Mutter erhalten«, fügte Ann hinzu.

»Und die Rot-Kreuz-Mitteilungen?« fragte er.

»Wir haben nichts dergleichen bekommen. Das heißt, einmal, im November, haben wir solche Briefformulare zum Schreiben bekommen«, erinnerte ich mich.

Er gab uns ähnliche Formulare und sagte: »Hier, die werden Ihre Eltern bestimmt bekommen.« Wir glaubten ihm. Wir bekamen Kugelschreiber, schrieben rasch und zeichneten mit unseren Namen. Damit war das Gespräch beendet.

Als wir wieder allein waren, tauschten wir uns darüber aus, was wir beobachtet hatten. »Hast du die Liste von dem Sprecher gesehen?« fragte ich.

»Nein«, sagte Ann, »ich hab' nicht den richtigen Winkel zum Lesen gehabt.«

»Also, ich hab' Barrys Namen gesehen und Bills. Aber John Graves und Mike hab' ich nicht gefunden. Wo die wohl sind?«

»Mensch, ich bin ja so wütend, daß wir sie nicht unter vier Augen sprechen konnten«, sagte Ann. »Das geht doch gegen sämtliche internationalen Regeln des Roten Kreuzes. Sogar in Vietnam und auch hier, als der Schah noch da war, konnte das Rote Kreuz mit politischen Gefangenen unter vier Augen sprechen.«

Ich fragte: »Hast du eigentlich auch gehört, wie die Studenten denen gesagt haben, daß wir durch eigene Schuld hier in diesem Loch sind?«

»Nein, wirklich?«

»Ja, als wir uns über die Hitze beklagt haben und daß es hier keine Fenster gibt, haben die Burschen doch miteinander getuschelt. Ich wette, die reden den beiden noch ein, daß wir ganz gefährliche Fälle sind.«

Zwei Tage später mußten wir wieder unsere Augenbinden anlegen. Wieder ging es in den »Besuchsraum«. Wir blieben eine Stunde dort und sahen einen Video-Ausschnitt aus einem Western-Film. Dann ging es wieder in unser Zimmer.

Vor der Tür hörten wir merkwürdige Geräusche. Wir gingen ängstlich hinein, nahmen unsere Binden ab – und da, am oberen Ende eines zugemauerten Fensters, war ein Loch. Die Studenten hatten beschlossen, uns doch etwas Frischluft zu gönnen, und hatten einige Ziegelsteine und eine Fensterscheibe entfernt. Fantastisch! Wir konnten wieder Baumwipfel und ein Stück Himmel sehen, und etwas Luft gab's auch. Als der von Putz und Staub bedeckte Bruder unsere erleichterten Gesichter sah, brach er in ein breites Grinsen aus; ich glaube, es war echt.

»Na, das ist doch besser, oder?« fragte er.

»Und ob!« antworteten wir im Chor, »besten Dank!«

Eines Morgens sah Ann ganz merkwürdig drein, als sie aus dem Badezimmer zurückkam. Sie setzte sich und gab mir ein stilles Zeichen, nichts zu sagen. Die Schwester ging hinaus.

»Kate«, flüsterte Ann, »sieh mal, hier!« Und sie holte aus ihrem Hemd einen Brief – drei maschinengeschriebene Seiten, die an sie gerichtet waren und die jemand entzweigerissen und weggeworfen hatte. Sie hatte sie im Abfallkorb der Toilette gefunden.

Ein Geräusch vor der Tür. Schnell den Brief weg! Das Mittagessen kam. Die Schwester ging wieder. Wir waren zu aufgeregt, um zu essen; zuerst den Brief her!

Ann las schweigend und rasch. Es war ein Brief von ihrem Vetter. Er schrieb – sichtlich an die Adresse der Studenten gerichtet –, wie der Schah von Panama nach Ägypten geflogen sei und daß man halt einen Mann mit soviel Geld und Beziehungen einfach nicht festhalten könne. Damit hatten wir ein paar Hinweise darauf, was in der Welt so vor sich ging. Ann gab den Brief dann auch mir zu lesen, aber ich war viel zu nervös, um viel aufzunehmen.

Jetzt war die große Frage: Was tun mit diesem Brief? Ann brachte ihn schließlich in den Abfallkorb zurück, wo sie ihn gefunden hatte, und wir beteten, daß ein anderer der Geiseln ihn ebenfalls finden möge. Wir dankten Gott für den Brief und den Familienkontakt, den er Ann gebracht hatte.

Die Tage in unserer »Sauna mit Belüftung« waren nicht ohne ihre Abwechslungen. Wir durften jetzt zweimal pro Woche einen Videofilm sehen. Eines Nachmittags räkelten wir uns auf dem Sofa des Video-Raumes vor einem Western-Film, als plötzlich ohne Anklopfen die Tür aufging. Hamid kam herein, gefolgt von einem anderen Studenten und Mullah Khameni, der die islamischen Freitagsandachten an der Universität leitete. Wir standen hastig auf und zogen unsere Kleidung zurecht.

*»Salamm«,* grüßten wir den Mullah.

*»Salamm alechim«,* antwortete er. Dann, weiter auf Farsi: »Wie geht es Ihnen?«

»Danke, gut, und Ihnen?« antworteten wir mit der Höflichkeitsformel, die wir in unserer ersten Farsi-Stunde gelernt hatten.

Hamid erklärte uns, daß der Mullah gekommen sei, um zu sehen, ob es uns gutginge, ob wir etwas bräuchten und ob die Studenten uns anständig behandelten. Ich gab die Frage an Ann weiter.

Sie sagte auf englisch: »Unsere Gesundheit ist gut, danke. Die Studenten versuchen, uns alles zu geben, was wir brauchen, aber wir haben immer Angst.«

Hamid übersetzte: »Sie sagen, daß es ihnen gutgeht. Die Studenten kümmern sich gut um sie. Aber sie sind immer etwas nervös.«

»Entschuldigen Sie«, unterbrach Ann auf Farsi, »ich habe nicht gesagt: ›nervös‹. Ich habe gesagt, wir haben Angst.«

Allgemeines Schweigen. Der Mullah brach es schließlich: »Ich freue mich zu hören, daß die Studenten Sie gut behandeln. Sobald die Vereinigten Staaten den Schah ausliefern, können Sie nach Hause. Wir hoffen, daß das bald geschehen kann. Daß Sie noch immer hier sind, ist einzig und allein die Schuld Ihrer Regierung.«

Es war zwecklos, hierüber eine Diskussion anzufangen. Wir sagten also weiter nichts, und der Mullah ging wieder. Wir vertieften uns wieder in unseren Film.

Als wir wieder in unserem Zimmer waren, erschien die Schwester, die wir »Tigerin Lily« nannten.* »Warum haben Sie gesagt, Sie hätten Angst?« begann sie.

»Weil das stimmt«, entgegnete Ann ohne Umschweife. »Als Kate damals allein zum Bad gegangen war, haben Sie uns doch gesagt, daß sie Glück hatte, daß keiner sie erschossen hat. Vor unserer Tür sitzen Leute mit Gewehren.«

»Wir wären ja verrückt, wenn wir keine Angst hätten«, fiel ich ein.

»Ja, und wir wissen nie, ob nicht eines Tages einer zu uns kommt und uns zu einem Prozeß holt oder uns sagt, daß wir schon verurteilt sind«, fuhr Ann fort. »Wir haben einfach jeden Tag Angst. Wir leben in Angst.«

Verglichen mit den meisten anderen Terroristen behandelten uns die Studenten ja eigentlich gut. Aber das änderte nichts daran, daß wir trotzdem Tag für Tag Angst haben mußten, auch Angst um unser Leben. Wir hatten es gelernt, diese Ängste vor Gott zu bringen, aber sie waren nichtsdestoweniger real.

Nicht lange nach diesem Gespräch bekamen unsere Ängste neue Nahrung. Als ich von meinem gewohnten Gang zum Bad zurückkam, war ich weiß wie eine Wand. Ich schloß sorgfältig die Tür und sagte, den Tränen nahe: »Ann, ich glaub', einem von den Geiseln ist was passiert. Durchgedreht oder so.«

»Wie meinst du das?« fragte sie und sah von ihrem Buch auf.

»Na, ich saß mit verbundenen Augen auf dem Sofa und wartete, bis ich an der Reihe war, und da saß einer neben mir, ein Amerikaner. Er konnte kaum sprechen, klang wie ein Dreijähriger. Alles, was er herausbrachte war: ›Toilette? Ich an der Reihe? Toilette.‹ Es war schrecklich.« Ich brach in Tränen aus. »So eine furchtbare Stimme hab' ich noch nie gehört.«

»Bist du da sicher, Kate?«

»Ja, bin ich. Ich hab' solche Angst gehabt. Ich weiß nicht, wer das war oder warum er so geredet hat, aber er klang jedenfalls wie einer, den man kaputtgemacht hat, auf die geistige Stufe von einem Kind gebracht.«

---

* Die meisten der Geiseln kannten sie unter dem Namen »Mary«; sie war einer der Sprecher der Studenten.

Wir schwiegen wieder. Was war da nur los? Ich habe nie herausfinden können, wer dieser Mann war, und hörte auch nichts von den Wachen. Aber diese kleine Szene war jedenfalls höchst beängstigend – ein weiteres Trauma für uns.

Fast auf den Tag zwei Wochen nach unserem Umzug in den »Brutkasten« waren die Schwestern wieder ganz aufgeregt. Wie aufgescheuchte Küken liefen sie herein und wieder hinaus, flüsterten, kicherten, grinsten wieder ganz geheimnisvoll. Ihre Spannung wuchs von Stunde zu Stunde. Sie kamen herein, sahen uns an und gingen gleich wieder weg, gerade so, als ob sie Angst hätten, etwas zu verraten. Als wir schließlich dachten, jetzt müsse es aber wohl endlich genug sein, kam wieder ein Mädchen – mit der mittlerweile vertrauten Aufforderung: »Machen Sie sich fertig, Sie ziehen um.«

»Nehmen wir alles mit?« fragte ich.

»Packen Sie, was Sie brauchen, und lassen Sie die anderen Sachen auf der Matratze liegen, wir bringen Sie Ihnen nach.«

»So hat das schon öfter geheißen«, murmelte ich.

Nun, Ann und ich gingen unsere Bestände durch, packten das Nötigste in unsere Plastiktüten und sortierten die wichtigeren und die weniger wichtigen Bücher aus. Ganz bestimmt würden wir auch bei diesem Umzug wieder etwas von unserem Besitz verlieren.

Hamid kam herein: »Sie können nicht viel mitnehmen, nur was Sie brauchen.«

»Wo geht es denn hin?« fragte ich.

»Vielleicht auf eine lange Reise.« Er grinste.

»Hamid, kommen wir nach Hause?« fragte ich unvorsichtig.

Keine Antwort. Nur Augenrollen und ein Blick, der »ja« bedeuten *konnte.*

»Hoff mal nicht zu viel«, sagte Ann, als die Schwester und Hamid wieder fort waren.

»Tu' ich auch nicht«, antwortete ich, »aber schön wär's doch.«

Wir hatten gegen 18.30 Uhr mit dem Packen angefangen. Als wir fertig waren, setzten wir uns und warteten. 20.30 Uhr – und immer noch kein Abendessen. »Sie bekommen Ihr Abendessen in dem neuen Zimmer«, hatte Hamid gesagt.

22.30. Wir warteten immer noch. Ann klopfte an die Tür:

»Können wir bitte etwas zu essen bekommen?« Wir hatten schon unseren Vorrat an Schokolade (von Ostern aufbewahrt) und Nüssen (von unseren Mahlzeiten gehamstert) angebrochen. »Die sind dafür verantwortlich, daß wir zu essen bekommen, so geht das nicht«, sagte Ann und klopfte wieder. »Wir haben Hunger, es ist spät. Wir brauchen Essen!«

Endlich erschien die Schwester mit zwei Schüsseln einer Chili-Speise, und wir schlangen sie in uns hinein. Als wir gerade fertig waren, hörten wir schwere Fußtritte auf dem Korridor und wie sich Männer auf Farsi unterhielten.

Ich klopfte an die Tür. »Schwester, ich möchte gern ins Bad.«

Eines der Mädchen öffnete, und ich nahm, kurz bevor sie mir die Augen zuband, noch die Suppenschüsseln mit. »Hast du ein Glas, Ann? Ich brauch' etwas Wasser.« Sie griff in unsere Tüten und gab mir eines. Als ich hinter der Schwester den Flur entlangging, lockerte sich meine Binde, und ich konnte etwas sehen. Überall lagen zusammengewickelte Decken. Es sah gerade so aus, als ob *alle* umzogen, nicht nur wir beide. Da war etwas im Gange!

Ich spülte die Suppenschüsseln, bekam wieder die Augen verbunden und ging hinter der Schwester in unsere kleine Brutkammer zurück. Ich berichtete Ann, was ich gesehen hatte, und sie versuchte darauf selbst ihr Glück. Als sie zurückkam, bestätigte sie meinen Bericht.

Während sie aus dem Zimmer war, holte ich ein Buch von Corrie ten Boom aus meinem Bündel und fing an zu lesen. Ich wollte das Buch nicht womöglich halbgelesen hier zurücklassen müssen. Es war voll von Glaubenszuversicht und Ermutigung.

Die Nacht ging ihren Weg. Nichts geschah. Endlich, gegen 0.30 Uhr, kam wieder eine Schwester herein. »Es hat sich geändert«, sagte sie. »Sie ziehen heute doch nicht um. Sie können hier schlafen.«

»Sie haben doch schon unsere Decken und Bettücher. Können wir sie nicht wenigstens zurückhaben?« fragte ich. Man brachte uns je ein Tuch und eine Decke, und ich ging noch einmal zur Toilette, um mir das Gesicht zu waschen und die Zähne zu putzen.

»Schlaf lieber nicht«, sagte Ann, als ich zurückkam.

»Ich glaub', du hast recht«, stimmte ich bei. »Aber ich bin einfach todmüde. Wenn ich schlafe, brauch' ich wenigstens nicht hier rumzusitzen und mich über die Warterei zu ärgern. Mensch, ich frag' mich wirklich«, fügte ich wohl zum fünfzehnten Mal hinzu, »wo die uns hinbringen!«

Ich wickelte mich in meine Decke und drehte mich zur Wand. Ann nahm sich das Buch von Corrie ten Boom vor.

Plötzlich waren die Schwestern wieder da. »Es geht los!«

Ann sah mich an und grinste, und ich antwortete mit einer entsprechenden Grimasse. Wir nahmen unsere Decken und Tücher, unsere Bibeln, das Gesangbuch, Thomas von Kempens »Nachfolge Christi« und die Tüten, die wir gepackt hatten. Die Mädchen verbanden uns fest die Augen.

42 Schritte den Flur entlang. Zur Seite. Noch ein paar Schritte. Treppengeländer. 14 Stufen nach unten, Treppenabsatz, noch einmal 12 Stufen. Wieder ein Absatz. Wieder zur Seite, aber – Überraschung! – nicht nach rechts, sondern nach links. *Wir bleiben im Gebäude.*

Es ging durch ein kleines Labyrinth von Hindernissen, und schließlich fanden wir uns in einem reichlich schmutzigen Raum wieder. Offenbar hatten hier drei Personen gewohnt, denn wir sahen drei Bettlager, drei Bündel schmutziger Bettwäsche und drei Stapel Bücher. In einer Ecke standen, von oben nach unten geschrieben, die Worte »Khomeini Hilton 176 Tage« an der Wand. Da war jemand am Zählen! Da glaubte außer uns noch jemand, daß es nach Hause gehen könnte.

Wir machten uns Platz, legten uns jeder auf eine Matratze und schliefen ein. Saubermachen konnten wir morgen immer noch.

26. April 1980. Ohne es damals zu wissen, hatten wir den tragischen Tag des amerikanischen Befreiungsversuchs hinter uns gebracht.

# 11. Kapitel

Iran verlegt Geiseln / Will Leichen der 8 US-Soldaten übergeben
*(Des Moines Register, 26. April 1980)*

## Frühjahr 1980

Das Morgenlicht des 26. April gab uns Gelegenheit, uns gründlicher in unserer neuen Behausung umzusehen. Es bestand kein Zweifel: Auch dieser Raum mußte gesäubert werden! Wir nahmen Lappen und Wasser zur Hand, baten um den Staubsauger und wischten, scheuerten und saugten den gesammelten Dreck von mehreren Monaten fort. Im übrigen war es ein gutes Zimmer: hell, luftig und auf der Rückseite der Botschaft und damit weit weg vom Lärm auf der Straße.

Zweimal wurden wir etwas verunsichert, ob wir die Lage unseres Raumes auch richtig eingeschätzt hatten, denn kurz nach unserem Umzug wurden wir zweimal mitten in der Nacht, gegen 2.45 Uhr, durch heftiges Schießen geweckt, und es klang gerade so, als würde *auf* dem Botschaftsgelände geschossen. Wir bekamen große Angst, und die Studenten weigerten sich, uns nähere Auskunft zu geben. Wir versuchten, ausfindig zu machen, wo wir im Ernstfall in unserem wenig möblierten Zimmer in Deckung gehen konnten.

Nur zwei Wochen nach unserem Einzug kam Hamid wieder herein und sagte: »Machen Sie sich fertig. Sie ziehen wieder um.« Das überraschte uns nicht besonders. Kurz nach unserer Reinigungsaktion war einer der Brüder hereingekommen, hatte sich umgesehen und zustimmend mit dem Kopf genickt.

»Hamid«, fragte ich, »können wir nicht statt dessen den anderen Raum für Sie säubern? Wir würden gern hierbleiben!«

»Das ist nicht möglich«, erwiderte er. »Denken Sie, wir wollen Sie nur als Putzfrauen hier haben?«

Wir packten gehorsam unsere Siebensachen und zogen in ein Zimmer direkt gegenüber, auf der anderen Seite des Korridors, um. Wieder Schmutz; also wieder den Putzeimer her!

Jetzt konnten wir wieder durch das Fenster deutlich den Lärm der Straßendemonstrationen hören, aber auch die normalen Alltagsgeräusche: Taxis, Busse, Autos, Fußgänger. Alles so nah, und doch waren wir ganz davon abgeschnitten.

Die Wachen paßten jetzt nicht mehr so strikt auf, ob wir auch ja nicht Papier und Bleistift hätten, und so begann ich auf der Rückseite gebrauchter Briefumschläge, die ich dann sorgfältig in meiner Bibel versteckte, ein Tagebuch. Ich brauchte allmählich ein Tagebuch, denn ich merkte, daß ich mir die vielen verschiedenen Daten und Geschehnisse nicht mehr einfach so merken konnte. Ich notierte mir zu jedem Tag in wenigen Worten die herausragenden Ereignisse: ein Gang in den Garten, ein Bad und solche kleinen Sensationen wie der Besuch einer Katze in unserem Zimmer oder die Autopanne, die Hamid einmal hatte, als er uns zum Garten fuhr. Ich schrieb mir auch auf, wann ich Post bekam – was selten und unregelmäßig der Fall war.

Die Studenten erzählten uns mittlerweile alle möglichen Märchen über die Post an uns: der CIA würde sie abfangen; die Regierung der USA unterbinde sie, um uns mürbe zu machen; das Postamt werde umgebaut. Tatsache war, daß die Studenten a) unmöglich all die viele Post, die an uns gerichtet war, lesen und zensieren konnten und b) sich sowieso keine große Mühe gaben; mit einer Karte alle zwei Wochen mußten die Gefangenen doch wohl zufrieden sein ...

Wie ich die Post von meinen Lieben vermißte! Ich versuchte, die Not dadurch zu lösen, daß ich die Post Gott als Opfer hinlegte: Herr, um deinetwillen kann ich auch auf die Post verzichten. Aber ich merkte nur zu bald, daß ich mir mit diesem »Opfer« nur etwas vormachte. Eines Abends, bei der Gymnastik, erwischte ich mich wieder dabei, daß ich um alles in der Welt Post wollte; ich sehnte mich so nach Post – fast mehr als nach Gott! Ich setzte mich, um darüber nachzudenken. Es war ein harter Schlag, aber wie gut andererseits zu wissen, daß auch hier Gottes Vergebung für mich bereitlag. Ich war noch weit davon entfernt, so zu sein, wie Gott mich haben wollte. Ich konnte nur hoffen, daß es mit dem Opfern der anderen Dinge, die mir lieb waren – Zorn, Nachtragen, Aufbegehren – bessergehen würde.

Wieder eine neue Entwicklung: Hamid teilte uns mit, daß unser Essen jetzt von den Studenten zubereitet würde; der Koch sei gegangen. (Wahrscheinlich waren die nächtlichen Schießereien denn doch zuviel für seine Nerven gewesen.)

Nun, dann konnte ich doch eigentlich kochen; schließlich hatte ich in meinem Leben schon genügend Abendessen und Parties arrangiert, für bis zu 250 Personen ... Ich bot mich prompt wieder an. Aber Hamid sagte nur: »Nein, nein, Sie sind unser Gast.« Der Standardeinwand.

Die ersten paar Tage mit Studentenküche waren nicht allzu schlecht. Die Studenten versuchten es mit gebratenen Garnelen, die dann etwas salzig ausfielen. Aber dann wurde es rasch schlechter. Das Mittagessen kam immer später und ein paarmal gar nicht. Es war iranisches Essen – was an und für sich nicht das Schlimmste war –, aber die Zubereitung war fürchterlich.

Iranische Gerichte mochte ich eigentlich ganz gern. Der iranische Reis ist einer der besten der Welt. Richtig zubereitet, hat er eine *tadick* (Kruste), die schön knusprig und ganz hervorragend schmeckt. Die *horeshts* (Beilagen), die über den Reis gegeben werden – z. B. gedämpfte Früchte, Nüsse oder Rosinen oder pikant zubereitetes Grüngemüse und Kartoffeln – sind auch nicht zu verachten, und wenn man dazu noch Aprikosen oder Pflaumen oder Äpfel oder Orangen oder Granatäpfel oder sonstiges Frischobst ißt, dann hat man ein wahres Festessen.

Aber – wen wundert's – was die Studenten uns brachten, hatte kaum einen Schimmer von Ähnlichkeit damit. Ein paar Nüsse zu dem Reis – das war schon eine besondere Gunst. Und das Abendessen gar war »amerikanisch«, was für die Studenten soviel bedeutete wie: man erhitze den Inhalt einer Konservendose. Wir waren jedesmal dankbar für das schmackhafte Brot zum Frühstück und horteten im übrigen alles, was uns in die Quere kam. Wenn es keinen Käse gab, nahm ich Marmelade, aß aber nur einen Teil davon und gab den Rest Ann, die ihn dann unserem kleinen Vorrat einverleibte. Wenn eine Mahlzeit ausblieb, beschwerten wir uns. Schließlich ging man dazu über, uns zum »Trost« Eiskrem zu besorgen und manchmal, wenn eine Mahlzeit ausfiel, auch Hamburger. Wir waren so hungrig, daß sogar die ausländischste Version dieses amerikanischsten aller Gerichte uns schmeckte.

Die Speisekarte wurde schließlich so schlecht, daß Ann begann, genau darüber Buch zu führen, was wir bekamen. Wir wußten nur zu gut, wie schlecht es uns ging, und begannen, Vitaminpillen zu schlucken. Die Studenten hatten einen Vorrat dieser Mittel entdeckt, und nach mehrfachem Bitten bekamen wir unsere eigenen Flaschen, aus denen wir uns täglich bedienen konnten. Vitaminpillen, Eiskrem und halb Ungenießbares – das Leben sah trübe aus.

Eines Morgens, während meiner stillen Zeit, fing ich ein »geistliches Tagebuch« an, in welchem ich einiges von dem, was mich an Fragen und Gedanken innerlich bewegte, niederschrieb. Es sollte eigentlich nicht mehr als eine Erinnerungshilfe für mich sein, aber es erwies sich als eine ganz enorme Stärkung in diesen langen, eintönigen Tagen.

Am 12. Juni schrieb ich:

Habe wieder mein Murren, Aufbegehren, Ärgern Gott als Opfer gegeben – hoffentlich geht das besser als das Opfer mit den Briefen. Fühle jetzt noch, wie weh das tat, als ich merkte, wie ich meine Post über meinen Heiland stellte. *O Herr, wie barmherzig von dir, daß du mir zeigst, daß das vergeben ist.* Ein so voller Tag heute! – Ich merke, daß dieses einsame Glied, für das der Leib der Gläubigen betet, aus seiner Schwachheit heraus für die Bösen und Gemeinen beten kann! Und ich habe Gottes Wort, in drei Versionen, und das Gesangbuch. – Preis sei dir, lieber Heiland!

Fange geistliches Tagebuch an – möge es mir zum Wachsen helfen! Als ich meditierte, kam das Wort zu mir, und ich glaube, ich hörte, wie die leise, feine Stimme sagte, daß meine Opfer Gott angenehm sind. Wie gut! *Ich danke Gott für seine Lektionen. Amen.*

Am gleichen Tag schrieb ich dieses Gedicht:

Wenn immer ich zu ihm komm,
Ist er für mich bereit,
Geht auf mich ein und hört mich
Zu jeder Stund und Zeit.

Ich komm zu ihm am Morgen
Und dank ihm für den Tag,

Darf hören, sehn und beten
So viele Stunden ich mag.

Ich komm zu ihm am Abend,
Wenn der Tag vorbei,
Und wieder hört er all mein Beten,
Wieviel es auch sei.

Nie ist er zu beschäftigt,
Wenn meine Not ich bring',
Mich hören und mich trösten
Ist ihm kein lästig Ding.

Warum kann ich nicht auch so
Zu meinem Nächsten sein?
Wie ist, wenn er kein Leid bringt,
Meine Geduld so klein!

Nimm mich in deine Schule,
Herr, lehr mich, ohne Hast
Den Nächsten anzuhören,
Zu sehen seine Last.

Und sie vor deine Füße
Zu legen im Gebet.
Dein Ohr ist immer offen,
Wie unser Fall auch steht.

Und schenk, Herr, daß ich merke
Dein Reden und Gebot,
Wenn du mir zeigst die Lösung
Für meines Nächsten Not.

Ich liebe deine Nähe,
Ich rede gern mit dir,
O hilf mir, Herr, zu hören,
Wenn du sprichst mit mir.

Mein inneres Gleichgewicht war wiederhergestellt – jedenfalls fürs erste. Wir überlebten das Mittagessen erfolgreich und vertieften uns in unsere Nachmittagslektüre. Gegen 17 Uhr gingen in der Nähe des Geländes Schüsse los. Das Schießen dauerte mehrere Stunden und schien immer näher zu kommen. Niemand sagte uns, was los war, und wir bekamen immer mehr Angst. Wir wurden fast wütend vor Angst. Da kam endlich Hamid herein und versicherte uns, die Schießerei habe nichts mit uns zu tun; bei dem nahe gelegenen Stadion habe sich eine Gruppe Demonstranten versammelt, Khomeini-Anhänger versuchten, die Demonstration zu sprengen, und so versuche man, mit den Schüssen die Ordnung wiederherzustellen.

Wir waren so mit den Nerven fertig, daß wir unsere Taschen mit der »Notration« immer in Greifweite hielten und versuchten, ein Versteck zur Deckung vor den Kugeln herzurichten.

*13. Juni* – Ein ruhiger Freitag. Diesmal keine Straßendemonstrationen nach dem Freitagsgebet. Ein Tag, der von Gotteslob erfüllt ist! Hätte am liebsten den ganzen Tag nur über Gottes Güte nachgedacht. Wie willkommen diese Ruhe ist nach der stundenlangen Schießerei gestern nachmittag.

Ich habe eigentlich von Anfang an gemerkt, daß Gott um mich ist. Ich muß einfach Geduld haben und nach seinem Willen fragen. Eines Abends, als ich besonders niedergedrückt war, führte Gott mich zu Psalm 118, 17–18: »Ich werde nicht sterben, sondern leben und des Herrn Werke verkündigen. Der Herr züchtigt mich schwer; aber er gibt mich dem Tode nicht preis.« Diese wunderbare Verheißung bestätigte, was ich schon von Anfang an gefühlt habe – daß ich eines Tages wieder frei sein würde. Aber erst später, im Laufe meiner Gefangenschaft, habe ich dann eigentlich begonnen, darauf hinzuarbeiten, »des Herrn Werke zu verkündigen«. Während dieser Schießerei kam mir dieser Vers natürlich wieder in den Sinn und war sehr tröstlich. Gott kümmert sich um mich – er will, daß ich lebendig hier herauskomme und seine Werke verkündige!

*14. Juni* – Heute abend, während meiner Laufübungen, ging mir so richtig auf, was die Frau des Bischofs der Lutherischen Kirche in Rumänien damals meinte, als sie mich bat, für die Lutherische Kirche in Rumänien zu beten. Ich hatte sie in einem unserer Gespräche gefragt, ob die Kirchen in der freien Welt etwas für sie tun könnten, und war überrascht, als sie antwortete: »Wir haben, was wir brauchen, aber bitten Sie alle, für uns zu beten.« Ich verstand, was sie damit meinte, als ich mich daran erinnerte, daß ich Annie geschrieben hatte: »Danke für all eure

Gebete; sie halten uns hier jeden Tag aufrecht!« Preis sei Gott, daß er mir durch diese Erfahrung hilft, mein Gebetsleben neu zu sehen – diese wichtige Aufgabe, die er mir hier und jetzt gegeben hat.

Mein geistliches Tagebuch wuchs, und ich sah immer deutlicher das Auf und Ab dieses täglichen Kampfes um innere Festigkeit und Halt.

*17. Juni* – Irgendwie muß dieser Tag mir doch etwas zu sagen haben! Das Essen wird immer schlechter: ein bißchen Käse zum Frühstück, und auch das erst nach Verhandlungen. Mittagessen spät und aufgewärmter Thunfisch. Abendessen noch verspäteter – aufgewärmte Gartenbohnen, aber mit – Rettung! – herrlichen Kirschen. Fast kein Tee heute. Ann um 23.30 Uhr zu einem Verhör geholt. Alles so sinnlos – was soll ich daraus lernen? Immerhin kann ich noch dankbar sein für den kühlen Abendwind und für Gottes Wort; am besten, ich vertiefe mich so richtig darin. Sehne mich so nach Erbauungsbüchern; die, die Dorothy mir zuletzt geschickt hat, sind nicht angekommen. Die Post ist wirklich ein Chaos! Dank sei Gott für Bücher und Meditation. Irgendwo in dieser Wüste muß doch etwas sein. Ich will um Weisheit und Geduld bitten. *Herr, danke, daß du bei mir bleibst!*

*19. Juni* – Viele Jahre hat mich das beschäftigt: »Jesus persönlich als Herrn und Heiland kennen.« Weil ich in einer Kirche aufwuchs, wußte und spürte ich irgendwie, daß ich ein Kind Gottes war. Ich hielt mich an die Verheißung des ewigen Lebens und wußte, daß ich, wenn ich im Glauben darin starb, daß Jesus für meine Sünden gestorben war, im Himmel wieder aufwachen würde. Aber über diese Sache mit dem »persönlichen« Verhältnis hatte ich immer wieder nachdenken müssen – am meisten jetzt, wo ich hier in der Gefangenschaft Bücher über den Heiligen Geist studierte. Vieles von dem, was ich da las, legte es nahe, daß es vielleicht ein »persönliches« Verhältnis zu Gott gab, das ich gar nicht hatte!

Ich habe mich immer Gott, dem Vater, nahegefühlt – das war nicht schwer, schließlich habe ich gläubige Eltern, die mir den Unterschied zwischen Gut und Böse beigebracht haben und die die wunderbare Eigenschaft besaßen, uns unsere eigenen Fehler und Entscheidungen machen zu lassen, aber immer zur Stelle zu sein, wenn wir ilfe brauchten. Ich wußte, wie eine gesunde Vater-Kind-Beziehung aussieht, und fand leicht den Weg zu unserem himmlischen Vater.

Jetzt, in den Monaten in der besetzten Botschaft, erfuhr ich auf überwältigende Weise auch die Gegenwart und das Werk des Heiligen

Geistes; er wirkte durch Erinnerungen, inneren Frieden, Liebe und Freude, geistliche Gemeinschaft. Der Vater und der Geist – aber Jesus, mein Herr und Heiland –, irgendwie kam ich nicht so recht an ihn heran. Ich hatte um ein offenes Herz gebetet, daß ich ihn verstehen und besser mit ihm gehen möchte. Aber irgendwie hatte ich keinen rechten Zugang zu ihm – Freund, Bruder, Lehrer, was war er eigentlich?

Aber dann, als ich das Kapitel »Jesus« in dem Buch *In Search of the Beyond* (»Auf der Suche nach dem Jenseitigen«) von Carlo Caretto las, blieb ich bei den folgenden Worten stehen: »Es geht um Gott, *wie er ist*, nicht wie er uns vorkommt oder wie wir ihn uns denken.«

Damit war ich frei, ich war in der Gegenwart meines Heilandes. Jetzt konnte auch ich sagen, daß ich meinen Heiland persönlich kenne. Ich war umgeben von seiner Gegenwart. Ich kann das nicht weiter beschreiben. Ich merkte einfach – wie viele andere vor mir auch –, daß er da war. Ich spürte seine Liebe und so etwas wie ein Licht – und das Endergebnis war, daß außer ihm nichts war.

Dieses Erlebnis war nur kurz, aber die Erinnerung daran ist warm und lebendig geblieben und hat auf alles, was folgte, abgefärbt. Ich hoffe, daß ich dieses Erlebnis noch oft haben darf – und wenn nicht, dann kann mir doch niemand dieses eine Mal nehmen; jetzt *kenne ich ihn*, und darauf kommt es an.

*Gott, halte mein Herz und meine Seele offen, daß sie dich aufnehmen, wie du bist, nicht wie ich mir dich vorstelle. Amen.*

Als ich dachte, daß wir jetzt aber unmöglich noch einmal aufgewärmte Sardinen herunterkriegen könnten, bekamen wir einen neuen Oberwächter. Er hieß Ahkbar, und eines Abends, Ende Juni, kam er mit einer verlegenen Miene ins Zimmer und sagte: »Hahnum Koob, Sie können doch kochen?«

»Kochen?!«

Eine halbe Sekunde später hatte ich meine Binde umgelegt und ließ mich den Korridor entlang führen. Eine Treppe hinunter – ich zählte: acht Stufen, jetzt vierzehn – dann nach links, in die kleine Küche der Kanzlei.

In dieser Küche versuchte Ahkbar verzweifelt, einige, zwei Jahre alten, Hamburger zu einem genießbaren Essen umzugestalten. Sie sahen wie Lederstücke aus, hatten jene hellen Flecken, die schlecht eingepacktes Gefriergut gern bekommt, und schwammen apathisch in einer mit Öl gefüllten Pfanne herum. Ich erfaßte die Situation mit einem Blick, sah und roch über den Schmutz, das

Durcheinander und die Schmiere hinweg und fragte: »Für wie viele kochen wir?«

Man sagte mir, vier Personen, plus Ann und meine Wenigkeit.

»Ich glaube, für vier Männer reicht das hier nicht aus«, sagte ich. Ahkbar kapitulierte total und sagte, ich könne alles nehmen, was ich wolle.

Nun, ich inspizierte zunächst einmal Vorräte und Utensilien. Der Herd hatte nur zwei Kochplatten, aber auf einem Tisch stand noch ein elektrischer Kocher. Und, ja, der Backofen funktionierte.

Raus mit dem vielen Fett aus der Pfanne, weitere Hamburger aus dem Gefrierschrank geholt. O Wunder über Wunder, hier ist ja eine wahre Schatztruhe an gefrorenem und wiederaufgetautem und (bestimmt zum x-ten Mal) wieder eingefrorenem Gemüse. Ich stellte einige Töpfe auf die Kochplatten. Und wer kommt da hereingeschneit? Ann, und sie verkündet, daß sie zwar nicht besonders kochen, dafür aber um so besser abwaschen kann; schließlich soll die Köchin es gut haben!

An diesem Abend gab es Hamburger und matschiges Gemüse (mit Pickles und Ketchup) – kein Feinschmeckeressen, aber doch wenigstens reichlich. Wir brachten sogar einen kleinen Nachtisch zuwege – Dosenobst. Es war schon ein prima Gefühl, einmal nicht in unserer Zelle sein zu brauchen, etwas Sinnvolles tun und unseren Mitgefangenen einen Dienst erweisen zu können und nicht zuletzt selbst bestimmen zu dürfen, was wir aßen.

Ann und ich fragten uns sehnsüchtig, ob wohl eine solche Gelegenheit noch einmal kommen würde. Sie kam! Nach kaum einer Woche waren wir zu den Köchen für unsere kleine Abteilung ernannt worden. Diese Aufgabe brachte natürlich eine ganze Reihe neuer Probleme mit sich, aber das brachte neuen Auftrieb und frischen Wind in unseren Alltag. Unsere Wachen gaben uns schließlich sogar ein Kochbuch – das Kochbuch des Teheran-Amerika-Frauenklubs, das nicht nur auf den Iran zugeschnittene amerikanische Rezepte und ein kleines Wörterbuch der Kochausdrücke Englisch-Farsi enthielt, sondern auch manchen sehr praktischen Tip (z. B. daß man statt Sauermilch Joghurt nehmen kann).

Wir suchten die Rezepte zunächst einmal danach aus, welche

Zutaten wir im Augenblick zur Hand hatten. Anfangs hatten wir Dutzende von Eiern, von denen viele gesprungen waren und bald verbraucht werden mußten. Also machten wir eine florentinische Eierspeise: verlorene Eier in einer dicken Käsesoße, mit englischen Milchbrötchen (aus dem Gefrierschrank) und Spinat serviert. Fehlte nur noch geriebener Käse oben drüber. Aber womit reiben? Wir erspähten eine leere Thunfischdose und einen Nagel, machten mit letzterem Löcher in den Boden der Dose und hatten damit eine Reibe; nicht gerade die perfekteste, aber sie tat's. – Die florentinischen Eier kamen bestens an; alle Teller kamen leer zurück.

Der Zustand der Küche war ein wahrer Alptraum. Die Kinder wußten zwar, daß wir es gern sauber hatten, und hatten versucht, etwas Ordnung zu schaffen. Aber Reinigungsmittel wie auch der unverdrossene Einsatz des Scheuermittels »Fleiß« schienen ihnen fremd zu sein. Überall mit Abfällen gefüllte Plastiktüten; unter ihnen ganze Burgen niedlicher, kleiner Krabbeltiere.

Ich machte nicht gern sauber, aber in einer völlig verdreckten Küche zu arbeiten, war mir noch mehr zuwider. Nach etwa einer Woche hatten wir uns soweit eingearbeitet, daß wir uns zutrauten, die Generalreinigung in Angriff zu nehmen. Ich begann mit dem Herd. Die acht Monate alte Schmutzkruste ließ sich durch heißes Wasser und Seife ganz gut erweichen und wich schließlich einem Scheuerpulver. Eine Katze kam und schaute interessiert zu. Anfangs hatten wir Angst, sie könnte Tollwut haben, aber bald gewannen wir sie lieb, besonders als sie eines Tages mit einem funkelnagelneuen Kätzchen erschien. Da die Studenten keinen Bedarf an Tieren hatten, ließen wir die Katze bei uns. Sie saß dabei und schaute zu, wenn Ann das Geschirr wusch, und beobachtete, wie Tag für Tag mehr Plastiktüten aus der Küche verschwanden. Langsam ging der gesammelte Dreck der Monate weg; schließlich hatten wir sogar die Küchenmöbel und den Fußboden sauber bekommen.

Das hartnäckigste Problem waren die Berge an Abfall. Sie wurden schließlich wieder so hoch, daß wir einen Medizinstudenten ansprachen und ihn darauf hinwiesen, wie ungesund und gefährlich der Abfall für uns wie für die Studenten war. Man brachte uns endlich einige neue Plastikmüllsäcke. Wir schafften die alten fort, steckten die neuen in die Abfalleimer und stolperten dann freilich noch tagelang über die alten Abfalltüten, die die Studenten zunächst einmal im Flur aufgestapelt hatten. »Na ja«, murmelte Ann, »jetzt haben *die* wenigstens den Anblick.«

Um bestimmte Utensilien, die wir jeden Tag brauchten, in sicherer Verwahrung zu haben, machten wir absichtlich in dem Stück des Küchenschranks, das unter dem Spülstein lag, nicht sauber. Wir bauten darauf (womit wir dann auch recht hatten), daß die Studenten nichts aus einem schmutzigen Regal holen würden, wenn es auch saubere gab. Unter dem Spülstein also brachten wir unser wertvollstes Stück unter: ein leeres Erdnußbutterglas mit Maßeinteilungen, das man als Meßbecher benutzen konnte.

Ich war froh, daß ich schon einige Zeit in der dritten Welt verbracht hatte und mit der entsprechenden »Krabbelwirtschaft« vertraut war. Ein paar Sachen aus der Vorratskammer mußten wir wegwerfen; Mehl und Getreide froren wir kurz ein, so daß das Krabbelzeug starb, dann siebten wir die Tierchen aus. Wenn ich damals schon gewußt hätte, daß wir alle an Eiweißmangel litten, hätte ich vielleicht nicht so fleißig gesiebt...

Die erwähnten Hamburger, die uns unseren Küchenposten verschafft hatten, zu retten, erwies sich als vergebliche Liebesmüh. Wir probierten etliche Zubereitungsmethoden aus, einschließlich Zerstampfen zu Hackfleisch, aber der Geschmack war immer derselbe: entsetzlich! Als letzten Versuch legten wir sie über Nacht in Marinade ein und steckten sie anschließend, mit Käse, Tomaten und Zwiebeln gefüllt und unter einer Würzsoße begraben, in den Backofen. Kein Erfolg.

Die Studenten waren ganz stolz auf unsere Kochkünste und fragten uns oft, ob wir etwas bräuchten. Unsere Bestellungen (etwa ein Löffel oder ein Sieb) führten manchmal zu lustigen Lieferungen, aber mit Geduld und Humor brachten wir doch schließlich eine merkwürdig aussehende, aber brauchbare Sammlung von Kochutensilien zusammen.

Die Studenten selbst kochten auch etwas, und sie »borgten« sich gern unsere Sachen – Dosenöffner, Schälmesser, Teekessel u. a. – aus. (Es gab kein Heißwassergerät in der Küche, so daß die elektrischen Teekessel ständig in Betrieb waren.) Der Abend in der Küche begann gewöhnlich damit, daß wir die Schwester fortschickten, um die Schüsseln von gestern wieder aufzutreiben, Reste aus dem Kühlschrank im oberen Flur zu holen und auf Jagd nach Töpfen und Pfannen zu gehen.

Unser Arbeitseinsatz führte zu einer unerwarteten Belohnung. Als eines Abends wieder die leeren Tabletts in die Küche zurückkamen, fanden wir auf einem einen winzigen Zettel, der unterschrieben war: »Die Jungs im Hinterzimmer.« Wir wußten, daß wir für vier andere Geiseln kochten, aber wir hatten sie nie gesehen und hatten keine Ahnung, wer sie waren. Jetzt begannen wir eifrig Ausschau zu halten und die Papierkörbe nach Spuren zu untersuchen. Als die Wachen einmal nicht aufgepaßt hatten, begegnete Ann einem der Männer im Badezimmer; es war der 65 Jahre alte Bob Ode.* Dann fanden wir ein Stück Packpapier von »Hohmann« in Deutschland. Aha, das mußte für unseren »Doc« sein, einen Armeearzt. Eine Wache plauderte aus, daß »der Doktor« Vegetarier sei und keinen Zucker esse; ob wir wohl für ihn Diät kochen könnten? Stückchen für Stückchen konnten wir das Puzzle ergänzen. Die beiden anderen Männer waren Jerry Miele, ein Kommunikationsspezialist, und Richard Queen, ein Konsulatsbeamter.**

Mit verdoppelter Energie begannen wir, die Speisekarte für je eine Woche im voraus festzulegen und verstärkt für Abwechslung zu sorgen. Leichtere Mahlzeiten wie Fisch oder Huhn wechselten mit herzhafteren, wie z. B. Pfannkuchen. Als besonders beliebt und auch leicht zuzubereiten erwies sich unsere Pizza.

Es kamen weitere Zettel von den Männern. »Könntet ihr uns mehr frisches Obst und Frischgemüse besorgen?« – »Könntet ihr den Wachen klarmachen, daß sie zum Postamt gehen und die Post für uns abholen müssen?« (Wir weinten fast, als wir das lasen, denn wir hatten ja selbst unseren »Postkampf« mit unseren Bewachern auszufechten!) »Könnt ihr Schokoladenplätzchen backen oder Erdnußbutterplätzchen oder Kürbiskuchen?« –

* Ein pensionierter Diplomat, der als Konsulatsbeamter auf Zeit nach Teheran berufen worden war.

** Queen wurde am 11.7.80 wegen Krankheit entlassen. Er litt, wie sich später herausstellte, an Multipler Sklerose.

»Können wir *huevos rancheros* für den Vegetarier haben?« – »Vielleicht mehr Bohnen?« –»Die – Krapfen waren prima.« – »Habt ihr noch mehr Puffreis?«

Wie sehnsüchtig wir auf diese Zettel warteten! Jeder bedeutete ein kleines Stückchen Kontakt mit anderen Menschen, mit unseren Kollegen. Wir versuchten, soweit es ging, ihre Wünsche zu erfüllen. Wir fanden sogar ein Rezept für Mehl-Tortillas!

Das Problem bei dem Frischobst und Frischgemüse war, daß man es nicht im Botschaftsladen bekam, sondern nur auf den Straßenmärkten, so daß folglich einer der Studenten sich dazu aufraffen mußte, Geld zu besorgen und dann auf dem Markt zu feilschen. Wenn er dann erfolgreich zurückkam, brachte er das Gewünschte gleich scheffelweise mit. Wir hatten dann z. B. genügend Tomaten für zwei Wochen – nur mußten sie eigentlich alle sofort gegessen werden! Ann wurde eine wahre Expertin im Aussortieren von Gemüse. Die ständige Frage war: Was hält sich am längsten, und was macht man mit dem, was sich nicht hält? Wir entwickelten ein beträchtliches Improvisationstalent.

Der 4. Juli (der amerikanische Unabhängigkeitstag) kam näher. Ann und ich beschlossen, ihn mit einem Schokoladenkuchen zu feiern. Aber womit den Kuchen verzieren? Ann war ganz unglücklich. Nun, als wir am 3. Juli zu Bett gingen, öffnete ich meine Schublade und zog einen »Knallfrosch« heraus – eine mit rotem Papier (von einem roten Briefumschlag) umwickelte Toilettenpapierrolle, mit einem Stückchen Silberpapier als »Zünder«. Ich nahm das blauweiße Futter eines anderen Briefumschlags, schrieb »Fröhlicher 4. Juli« darauf und klebte es stilvoll an den Knallfrosch.

Ann grinste zufrieden, und wir machten aus dem Papierabfall kleine »Knallfroschkinder«. Wir steckten sie in gehamsterte Zahnpastatubenverschlüsse und nahmen sie, als am 4. Juli unser Kochdienst kam, mit in die Küche, wo sie auf dem Zuckerguß landeten. Gebratenes Huhn, Kartoffelsalat, der Schokoladenkuchen samt Verzierung – ein würdiges Festessen! Als wir dann im Bad das Geschirr spülten, entdeckten wir hinter dem Papierkorb in Reih und Glied drei unserer Knallfroschkinder.*

Von dem Kochen abgesehen, konzentrierten sich die Aufzeichnungen in meinem Tagebuch immer mehr auf die Person Jesu Christi.

*10. Juli* – Als ich diesen Morgen betete, wollte ich die Formulierung »Ich komme vor deinen Thron, o Herr . . .« verwenden. Da merkte ich plötzlich, daß ich ja, wenn Christus in mir wohnt, gar nicht zum Thron zu gehen brauche; ich bin ja schon am Thron. Was für ein Gedanke! *Am Thron Gottes.* Und dann heute abend, als ich meinen »Dauerlauf« machte, erkannte ich ein Stückchen mehr, daß dies ja ein Teil der Bedeutung jenes Verses in Lukas 17 ist: »Das Reich Gottes ist mitten unter euch.« Am Thron! Christus in mir, ich in ihm! O möchte doch dieses irdene Gefäß nur seine Liebe ausgießen und seine Gnade und Herrlichkeit spiegeln!

*Herr, hilf mir, in meinem Denken und Handeln nie zu vergessen, daß ich an deinem Thron bin!*

*11. Juli* – Heute ein Brief von Dr. Preus!** Wie willkommen – und dann Römer 8! Ich hatte gerade zwei Abendbibellesen mit Römer 8 verbracht; immer wieder reißen mich die Schlußverse mit: »Denn ich bin gewiß, daß weder Tod noch Leben, weder Engel noch Fürstentümer noch Gewalten, weder Gegenwärtiges noch Zukünftiges, weder Hohes noch Tiefes, noch keine andere Kreatur kann uns scheiden von der Liebe Gottes, die in Christus Jesus ist, unserm Herrn.« Wie oft habe ich nicht diese Worte einfach über mich fließen lassen, und welchen Frieden und welches Erstaunen habe ich jedesmal verspürt!

Und dann Römer 8,6: ». . . geistlich gesinnt sein ist Leben und Friede.« Was für eine herrliche Verheißung! *Heiliger Geist, nimm meinen Sinn; hilf mir, immer den Willen meines Herrn tun zu wollen. Wie demütig und gering und dankbar ist mir zumute, wenn ich daran denke, wieviel Leute mir schreiben, daß sie für mich beten! O Herr, hilf, daß auch ich für andere bete! Amen.*

*12. Juli* – Eine schnelle Gebetserhörung! Ich hatte Gott gebeten, mich

---

* Wir begriffen damals noch nicht, daß dies möglicherweise eine Nachricht war, mit der die Männer uns sagen wollten, daß Richard Queen nicht mehr unter ihnen war oder nichts mehr essen konnte. Als Queen freigelassen worden war, erzählten die Studenten uns, wir bräuchten nur noch für drei zu kochen, da der vierte »nur iranisches Essen« wünsche.

** Der Präsident der American Lutheran Church.

zu lehren, die Studenten zu lieben. Viele von ihnen finde ich persönlich, als Menschen, eigentlich ganz nett. Aber sie *lieben* – meine Gefängniswächter lieben? Und doch befiehlt Gott das so unzweideutig. Und noch komplizierter wird das Ganze dadurch, daß sie ja Moslems sind, also gar nicht an Christus als den Sohn Gottes glauben. Heute morgen habe ich Gott ganz verzweifelt gefragt, wie ich das denn machen sollte – sie lieben. Und am Ende meiner Andacht wartete dann im 16. Kapitel (»Selig sind die Barmherzigen«) von *In Search of the Beyond* eine wunderbare Antwort auf mich. Sinngemäß lautet sie so: Akzeptiere, was sie getan haben; poche nicht auf Vernunft oder Gerechtigkeit, geh den Weg der Liebe, begegne deinen Feinden in Liebe. Als Jesus für uns starb, ließ er Liebe vor Gerechtigkeit ergehen.

Liebe – vielleicht Plätzchen backen, vielleicht einfach freundlich sein, aber auf jeden Fall Taten der Liebe! Verschließe nicht die Augen vor deiner Lage, setze keine rosarote Brille auf, aber überwinde durch Liebe! *Herr, jetzt zeig du mir, wie ich das tun kann! Möge mein Herz offen sein für das Reden deines Geistes! Amen.*

Auch wenn ich immer mehr spürte, wie Gott wirkte, ging doch das tägliche Einerlei des irdischen Lebens – der Sommer in der Gefangenschaft – weiter. Immer wieder neu wurden meine Opfer und meine Gefühle auf die Probe gestellt und herausgefordert.

Einige der Wachen waren sehr neugierig, wenn wir in der Küche waren, und sparten nicht mit »guten Ratschlägen«: »Lassen Sie nicht das Wasser so lange laufen; das ist Verschwendung« – »Die Reste sollten Sie den Tieren geben.« Nun, das ging noch, aber wenn sie dann auch noch wortwörtlich ihre Nasen in unsere Töpfe steckten, war es schon manchmal schwer, nicht hochzugehen. Ich habe nie jemanden erlebt, der seine Nase so tief in einen Topf stecken kann wie diese Schwestern.

Weil Ahkbar gern Süßes aß, hob er ständig hervor, wie wichtig es sei, einen anständigen Nachtisch zu machen. Wir bemühten uns also, fleißig alle möglichen Plätzchen und Kuchen zu backen. Aber der süße Zahn unserer Wächter war schier unersättlich, und oft mußten wir, wenn wir wieder in die Küche kamen, feststellen, daß der Marmeladen- und Kuchenbestand schwer dezimiert worden war. Wir versuchten, immer Honig für Doktor Hohman zu haben; aber Honig und auch Schokolade und Kakao waren ganz besonders begehrt. Die Aufgabe, immer wieder neu Vorräte anzuschaffen und so lange wie möglich vor den Schwestern zu verstecken, war halb Sport, halb Tortur.

Es gab aber auch immer wieder kleine Entschädigungen. Mindestens eine Familie in Teheran ißt heute fleißig Knoblauch-Croutons. Ihre Tochter Sheba lernte das Rezept in unserer Küche kennen. Eines Abends beobachtete sie uns bei der Zubereitung, und am nächsten Tag berichtete sie uns, daß ihre Eltern ganz begeistert von den Croutons wären; damit könne man ganz prima Brotreste verwerten.

Im ganzen kann man nur sagen: Das Kochen tat Ann und mir gut. Was vielleicht am wichtigsten dabei war: Wir lernten, daß Dienen ein hervorragendes Gegenmittel gegen Depressionen ist.

# 12. Kapitel

Schah tot; Jubel im Iran / Aber Geiselkrise unverändert, sagt Teheran
*(Des Moines Register, 28. Juli 1980)*

## Juli – Oktober 1980

Der Sommer war heiß, trocken und sehr ruhig. Unsere Hitze-Trägheit wurde eine Zeitlang aufgewühlt, als wir einige Einzelheiten über den gescheiterten Befreiungsversuch erfuhren. Daß es ihn überhaupt gegeben hatte, erfuhren wir am 17. Juli, als der Brief eines Schulkindes durch die Netze unserer Zensoren ging. Das Mädchen schrieb, es sei schade, daß der Befreiungsversuch fehlgeschlagen sei, und sie hoffe, daß man es noch einmal versuche. Diese Hoffnung konnten wir nicht teilen. Wir glaubten eher, daß ein solcher Versuch in einem Blutbad enden würde. Die Studenten waren entschlossen zu siegen, bereit zu sterben – und sie hatten Schußwaffen.

Einige Tage später bekamen wir ein paar alte Nachrichtenmagazine und erfuhren so, daß acht Männer bei dem Befreiungsversuch ums Leben gekommen waren. Ich kann gar nicht beschreiben, wie mir diese Nachricht zusetzte. Ich fühlte mich so klein, unwichtig, demütig, hilflos. Wenn wir doch nur Genaueres gewußt hätten! Aber eines konnten wir auch mit dem bißchen Information, das wir hatten, tun: Für die Angehörigen der acht Toten beten.

Die langen, heißen Tage zogen sich dahin. Ohne mein Tagebuch hätte ich womöglich schließlich nur noch vor mich hingedöst.

*27. Juli* – Ein ruhiger Sonntag. Ich bin müde – nicht so sehr körperlich, sondern innerlich. Ich bin so ausgelaugt, sehne mich so nach einem richtigen Gottesdienst in der Kirche. Dann die Briefe an meine Lieben, in denen doch eigentlich nichts steht (und die wahrscheinlich gar nicht erst zur Post kommen und irgendwo liegenbleiben!) und die doch geschrieben werden müssen. Wie gut, daß eines mir nicht über wird – das Gebet und die Meditation zu Gott. Immer wieder hat er eine neue Verheißung bereit, über die ich nachdenken kann; heute ist es Matthäus 11,28:

»Kommet her zu mir alle, die ihr mühselig und beladen seid; ich will euch erquicken.«

*O Herr, wie oft hast du mir nicht schon Ruhe gegeben in diesen Tagen. Wieder folge ich dem Rat des Petrus und werfe meine Sorgen auf dich, so daß ich ruhen und wissen darf, daß du mir immer wieder die Kraft geben wirst, diese Bürde zu tragen. »Nimm meine Hand, lieber Vater, und führe du mich.« Auf deinen starken Namen stütze ich mich. Amen.*

*29. Juli* – Bekam heute Post (von Februar und Juli!) von meinen Verwandten. Es bestätigte sich, daß die Briefe, die wir geschrieben haben, gar nicht abgeschickt worden sind; und dabei sollte das doch besser werden! Aber wenn auch die Last unserer Gefangenschaft und der noch ungewissen Zukunft auf uns liegt – heute abend fühlen wir wieder tiefen Trost in der Kraft des Herrn.

*Wie wunderbar sind deine Wege, o Herr. Danke, daß du unsere Last erträglich machst. O Herr, wenn du doch auf Golgatha alles getragen hast, warum sollen wir dich da nicht jetzt auch diese Lasten tragen lassen. Ich weiß selbst nicht genau, Herr, was ich damit sagen will, aber ich gebe mich einfach in deine Kraft und danke dir für das, was du mir gegeben hast! Amen.*

*13. August* – Eine Frage, die mich seit einiger Zeit umtreibt: Wenn Christus alle unsere Sünden ans Kreuz getragen hat und dort für uns gestorben ist, warum müssen wir dann das Kreuz noch einmal tragen?

In der letzten Nacht, als ich nach Mitternacht darüber nachdachte, wurde mir klar: Christus trug das Kreuz und starb dann für uns, aber Simon von Kyrene trug zwar buchstäblich Christi Kreuz nach Golgatha, starb aber nicht. Das Kreuz tragen ist noch das Kleinste am Karfreitag. Das Eigentliche war der Tod am Kreuz, und den erlitt Christus stellvertretend für uns. Sicher, weltlich gesprochen müssen wir sterben, aber danach hat unser Herr das ewige Leben für uns bereit.

Dadurch, daß Simon von Kyrene das Kreuz tragen mußte, bekam er eine einzigartige Gelegenheit, den Heiland kennenzulernen; und wir lernen Christus kennen, wenn wir unser Kreuz tragen. Gerade dann, wenn es uns am schwersten erscheint, kommt er und macht es leichter. Kein Wunder: Der Heiland ist der große Experte im Kreuztragen. *Herr, danke für mein Kreuz. Amen.*

*14. August* – Ein neuer Tag, eine neue Frage. Warum müssen wir offenbar die gleiche Lektion immer und immer wieder lernen? Das kleine Einmaleins haben wir doch, als wir es einmal gelernt hatten, auch nicht mehr vergessen. Warum geht das nicht auch bei solchen Dingen wie Selbstbeherrschung, Demut, Liebe? Oder ist es vielleicht so, daß wir die Lektionen wohl gelernt haben, aber nicht anwenden wollen? Was nützt das Einmaleins, wenn man es dann nicht benutzt? Daß wir es merken, wenn wir diese oder jene Lektion wieder einmal nicht beachtet haben, zeigt doch offenbar, daß wir sie sehr wohl gelernt und behalten haben.

*Danke dafür, Herr, daß du uns deine Lektionen so gut gelehrt hast, daß es uns weh tut, wenn wir sie nicht anwenden.*

*14. September* – Ich bin total am Ende, das reinste Nervenbündel. Lügen, Lügen und noch mal Lügen von den Studenten. Und dann, wenn ich denke, jetzt kann ich nicht mehr – dann höre ich die Stimme des Hirten: »Ich bin der gute Hirte und kenne die Meinen und bin bekannt den Meinen, wie mich mein Vater kennt und ich kenne den Vater. Und ich lasse mein Leben für die Schafe.« Wenn er sein Leben für mich gelassen hat, dann gibt er mir auch Leben, und die heilenden Ströme lebendigen Wassers durchfließen mich, und es geht mir wieder besser.

*Wie mächtig, wie schön sind deine Wege, o Herr. Danke für deine Ströme lebendigen und heilenden Wassers. Amen.*

Es gab auch ein paar unerwartete Freuden in diesem Sommer. Einmal bekam ich ein Päckchen mit Handarbeit, dazu ein paar Zeilen, die mit »Meg« unterschrieben waren. Von der gleichen Person hatten wir schon einmal ein Paket mit Toilettenartikeln bekommen. Mit ein wenig kriminalistischem Spürsinn fanden wir heraus, daß unser Wohltäter die Frau von Sir John Graham, dem britischen Botschafter im Iran, war. In ihrem Brief erwähnte sie nämlich, daß sie von den Lows gehört hätte. Low war der amerikanische Botschafter in Sambia; ich kannte ihn von meinem eigenen Aufenthalt dort. Und da wir wußten, daß die Botschafter Low und Graham im südlichen Afrika zusammengearbeitet hatten und daß Lady Grahams Vorname Margaret war, konnten wir uns ausrechnen, wer die Geberin unserer kleinen Überraschungen war.

Plötzlich wurde unsere kleine Welt wieder hektischer. Am Nachmittag des 22. September gab es mehr Leben als sonst in der Kanzlei. Wir konnten aus dem Haupttreppenhaus ungewöhnlich viele Schritte hören, rasche Schritte. Als wir wie üblich mit verbundenen Augen zur Küche gingen, mußten wir uns mehr als einmal an die Wand drücken, um jemanden vorbeizulassen. Und diese Schritte waren anders als die leichten Schritte der Studenten. Alle möglichen Stimmen sprachen auf Farsi – Stimmen, die wir bisher noch nicht gehört hatten.

Man ließ uns kaum die nötige Zeit, das Essen zu bereiten und zu den Männern hochzuschicken. Sofort verband uns die Schwester wieder die Augen, und wir schnappten uns unsere eigenen Tabletts. Als wir in unser Zimmer zurückkamen, war ein Bruder namens Moiseni eifrig dabei, eines unserer beiden Fenster mit schwarzen Müllsäcken zu verhängen. Das andere, in welchem ein Ventilator war, war schon dicht mit Decken verhangen.

»Was ist los?« fragten wir.

»Verdunkelung, nur für diese Nacht«, antwortete er.

Wir konnten uns keinen Reim darauf machen. Erst war die Schwester in der Küche fast hysterisch vor Eile gewesen, und jetzt diese Säcke vor den Fenstern. Ich sah Ann an und sie mich. Wir halfen Moiseni, so gut es ging, und schließlich waren er und die Schwester fertig und gingen.

»Was meinst du?« fragte Ann. »Ob wir unsere Nottaschen bereitlegen?« Sie waren seit Monaten gepackt, für alle Fälle.

»Gute Idee. Am besten, wir inspizieren sie noch mal.« Wir prüften alles und packten noch ein paar Toilettensachen dazu. Wir hatten schon einmal gehofft, daß wir in einem Augenblick allgemeiner Verwirrung vielleicht fliehen könnten, und dafür wollten wir diese Taschen bereit haben.

Die Spannung wuchs, und wir brachten sie in unserer Abendandacht vor Gott. Wir baten ihn, uns die nötige Weisheit und Einsicht zu geben. Wir warteten. Was würde da jetzt passieren? Irgend etwas mußte doch passieren. Aber nichts kam. Schließlich beschlossen wir, den Abend doch wie gewohnt zu verbringen: lesen, Gymnastik, dann ins Bett.

Der nächste Tag war nicht anders. Weiter Verdunkelung. Wir durften die Vorhänge vor dem Lüfter öffnen und bekamen so etwas Tageslicht, aber das war ein schwacher Trost. Die neue »Aussicht« – schwarze Plastiksäcke statt des Himmels und der Baumwipfel – verschaffte uns die reinste Platzangst.

Die Kinder sagten uns nach wie vor nicht, was los war. Wir fragten: »Können wir nicht diese Verdunkelung von den Fenstern nehmen?«

»Da machen Sie sich mal keine Sorgen«, kam die ausweichende Antwort. »Das kommt schon wieder weg. Machen Sie sich keine Sorgen.«

Am nächsten Abend, um 22.30 Uhr, kam die Schwester herein und sagte: »Sie müssen das Licht ausschalten. Sie können dafür eine Kerze bekommen.«

Wir machten unsere Gymnastik im Dunkeln und versuchten, unsere Speisekarte mit Hilfe des Flurlichtes zusammenzustellen: Ann hielt das Kochbuch an das untere Ende der Tür, wo ein schmaler Lichtstreifen vom Korridor hereinkam. Aber dabei konnte sie immer nur zwei Zeilen auf einmal lesen. Schließlich gaben wir es auf und gingen schlafen.

Es war die vierte Nacht mit Verdunkelung, als wir auf einmal Flugzeuge und heftiges Schießen um die Botschaft hörten. Es klang geradeso wie Luftabwehrkanonen: *Kawumm! Kawumm!* Die G 3-Gewehre der Studenten waren das nicht. Aber was ging denn da nun vor sich? Immer noch keine Ahnung.

Am nächsten Tag durften wir in den bekannten Garten, um etwas Bewegung zu haben. Ich hatte meine Schuhe schon vor einiger Zeit verloren und trug jetzt nur offene Plastiklatschen; da konnte von Jogging nicht die Rede sein, eher von Spazierengehen. Die Botschaftsresidenz sah mir heute merkwürdig aus. Ich sagte Ann, die Laufübungen machte: »Ann, wenn du das nächste Mal an dem Fenster vorbeikommst, guck mal rein. Da drinnen ist alles leer.« Die Botschaftsresidenz war leer! Wieder ein Geheimnis mehr.

Wir versuchten wieder, die Schwestern auszufragen – wieder ohne Erfolg. Aber ein paar Tage später verriet uns einer der Studenten, daß der Iran und der Irak »Streit miteinander hätten«. »Genauso hab' ich mir das gedacht«, sagte Ann (die ein sehr gutes politisches Verständnis hatte) später. »Wenn es ein Krieg mit den Vereinigten Staaten wäre, würde man uns anders behandeln, und bei der Sowjetunion gäbe es viel mehr Lärm und Geschrei auf den Straßen.« Aber Genaueres wußten wir immer noch nicht.

Zwei Tage danach, als wir gerade bei Kerzenschein das Abendessen servieren wollten, ging vor dem Küchenfenster heftiges Schießen los. Die Schwestern waren außer sich vor Angst. Ein paar Minuten lang versuchten wir, das Essen unter dem Tisch fertig auszuteilen, dann hasteten sie mit uns zurück auf unser Zimmer. Das Schießen ging noch eine ganze Zeit weiter.

Im Radio waren jetzt immer wieder Fliegeralarmübungen zu

hören: das langgezogene Heulen der Sirene und entsprechende Anweisungen auf Farsi, danach sehr oft Militärmusik. Nach hartnäckigem Fragen erklärten uns die Brüder, daß dies »reine Übungen« seien und wir uns keine Sorgen zu machen bräuchten. Es müsse halt jeder in der Nation auf dem Posten sein, falls es einmal einen Luftangriff gäbe. »Für Sie hat das nichts weiter zu bedeuten.«

»Was soll das heißen?« entrüstete ich mich. »Wenn hier Bomben runterkommen, hat das für uns doch sehr wohl was zu bedeuten!«

Die Schüsse und das Sirenengeheul kamen nur zu regelmäßig, und manchmal konnten wir die Flammen am Himmel sehen, wenn die Granaten explodierten. Wieviel wußten unsere Verwandten zu Hause wohl davon? Machten sie sich jetzt Sorgen um uns? Und als ob die Spannung nicht schon stark genug wäre, standen bei den Luftangriffen die Studenten im Hof der Botschaft und schossen mit ihren Gewehren wie wild in die Luft. »Sie müssen das verstehen«, erklärte uns einer der Brüder mild, »die Jungs haben so lange diese Gewehre mit sich rumgeschleppt, da sind sie jetzt froh, daß sie sie endlich mal benutzen können.«

»Irgendwie wird Gott uns hier rauskriegen«, schrieb ich in mein Tagebuch. »Lieber Herr, hilf mir, ruhig zu bleiben, auf dein Wort zu hören und dir ohne Zögern immer sofort zu gehorchen.«

Einer der Studenten kam in unser Zimmer und erzählte uns, wie er von all der Arbeit und Mühe mit uns einen Nervenzusammenbruch bekommen habe. Die Last der Verantwortung für unser Wohlergehen sei so groß, er sei schier darunter zusammengebrochen. Wir sollten doch etwas mehr Mitgefühl mit ihm haben und begreifen, was wir ihm durch unsere Gegenwart hier antäten.

Ann und ich versuchten, trotz alledem unseren Humor nicht zu verlieren. Einmal, als wieder einmal die Sirenen heulten, bekamen wir unerwartet moralischen Auftrieb. Wir hörten die mittlerweile bekannten Ansagen auf Farsi, dann wieder die Sirene und dann – ich wollte meinen Ohren nicht trauen – den Marsch »Stars and Stripes Forever« (»Hoch das Sternenbanner«) des amerikanischen Komponisten John Philip Sousa. Ein amerikanischer Militärmarsch im iranischen Radio! Ann und ich sahen uns an und grinsten; ich wäre am liebsten aufgesprungen und hätte laut

»hurra!« geschrien. War das ein »Freudscher Verspieler«, wünschte da jemand insgeheim bessere Beziehungen zu den Vereinigten Staaten, um an ihre Hilfe zu kommen?

Der Oktober kam und damit mein Geburtstag. Ann tat ihr Bestes, um ihn würdig zu begehen, und so hatten wir trotz Gefangenschaft, Verdunkelung und »Probealarm« einen herrlichen Tag. Ann hatte einige Geburtstagskarten mit Gedichten entworfen und mit Hilfe der Studenten ein neues Hemd für mich aufgetrieben. Ein süßer Geburtstagskuchen und Eiskrem mußten auch her. (Eigentlich war es ein Wunder, daß wir uns nach unserer freiwilligen Schlankheitskur nicht gründlich den Magen damit verdarben.) Und dann – wer hätte es gedacht – bekamen wir sogar endlich frisches Gemüse und ein paar Äpfel. Was schmeckten die gut!

Am Tag nach meinem Geburtstag kam »Tigerlily« vorbei, um etwas zu plaudern. Sie kam jetzt überhaupt ein wenig öfter. Sie sagte uns, daß der Irak zu sehr gemeinen Waffen gegriffen habe; die Iraker würden aus ihren Flugzeugen Papierservietten mit einer Art Krebsbakterien abwerfen – wunderschöne Blumenservietten, die ganz unwiderstehlich aussähen, aber von denen man dann Krebs bekäme.

Wir konnten kaum glauben, daß Tigerlily wirklich auf solch plumpe Propaganda hereinfiel. Aber immerhin: Ein klein wenig besser Bescheid wußten wir jetzt schon.

Nach wie vor hielten wir jeden Sonntag unseren Gottesdienst. Unsere Gebete wurden konkreter. Wir baten um Verständigung zwischen dem Iran und dem Irak; für uns selbst baten wir um Kraft und Weisheit, im richtigen Augenblick das Richtige zu tun.

Bald wurde für zwei Stunden pro Tag der Strom abgeschaltet – manchmal morgens, manchmal am frühen Nachmittag, hin und wieder auch, wenn wir gerade kochen wollten (wir machten dann einen kalten Salat). Da der Strom offenbar ganz systematisch zu bestimmten Zeiten abgeschaltet wurde, lag der Schluß nahe, daß nach einem bestimmten Plan alle Teile der Stadt verdunkelt wurden, um Energie zu sparen; so hatte man es auch während der Revolution gehalten.

Gegen Ende des Monats ließ Ahkbar, einer der vertrauenswürdigsten Studenten, uns die Mitteilung zukommen, daß Verhandlungen im Gang seien und wir innerhalb von zehn Tagen nach Hause könnten. Wir waren wie benommen. Konnten wir das glauben, oder war das nur ein Trick? Nur nicht zu viel hoffen! Dann kam eine Postkarte von einem unserer Kollegen im State Department, auf der es hieß, daß wir keine Einkommensteuer zu zahlen bräuchten! Sehr schön, aber was hatte das nun mit unserer Lage hier zu tun?

Am 30. Oktober hörten wir spätabends Geräusche, wie sie vor einem »Umzug« üblich waren. Aber niemand kam uns holen. »Ob die Männer nach Hause gehen?« fragten wir uns. Wir befahlen sie dem Schutz Gottes an. Es konnte alles mögliche geschehen.

Wieder einmal hatten wir dieses Verlassenheitsgefühl: daß wir allein zurückgeblieben waren. Es war schon unheimlich – Ann und ich die einzigen Amerikaner in der Kanzlei. Die Mädchen taten natürlich ihr Bestes, um uns einzureden, daß die Männer noch da seien. Wenn wir zur Toilette wollten, sahen sie erst nach, ob sie frei war oder sagten auch, sie müßten erst die Brüder fragen. Und die Brüder, das wußten wir, waren doch gar nicht mehr im Gebäude. Moiseni, der als einziger noch da und sozusagen jetzt der Oberwächter war, ließ schließlich die Katze aus dem Sack: »Sie brauchen jetzt nur noch für sich selbst zu kochen.«

Damit war uns die Lust am Kochen vergangen. Wir waren also wirklich allein. Wann würde dieses grausame Spiel endlich vorbei sein?

# 13. Kapitel

Fortschritte in Geiselaffäre / Schlag für Carter?
*(Des Moines Register, 3. November 1980)*

## November 1980

Als die Männer fort waren, wurden die Schwestern immer nervöser. Sobald auch nur die Tür unseres Zimmers aufging, griffen die Mädchen im Flur nach ihren Gewehren. Sie waren übrigens völlig ungeschult im Umgang mit diesen Waffen – was ihre Bereitschaft, sie zu gebrauchen, nur noch steigerte. Ann und mich kostete das ganz schön Nerven.

Der einzige noch verbliebene Mann, Moiseni, war auch kein großer Trost. Als er nach zwei Tagen einmal in die Küche kam, fragte ich ihn verzweifelt: »Moiseni, können Sie uns nicht sagen, ob die Männer nach Hause gekommen sind?« Wir hofften ehrlich, daß man sie freigelassen hatte, auch wenn das bedeutete, daß wir nun allein hier gefangen waren.

Er lächelte sein langsames, vieldeutiges Lächeln. »Das tut mir leid, Hahnum Koob, aber ich kann Ihnen nicht sagen, wohin sie sind.«

Ann und ich blickten einander kurz an und fuhren schweigend fort, unser Essen zu richten.

»In diesen Tagen legen wir wieder alles in Gottes Hände«, schrieb ich in mein Tagebuch. »Wie schnell fällt man doch in den Fehler, sich ›auf Fürsten zu verlassen‹, wo doch jede Stütze so leicht bricht. Also: Gesegnet sei der Herr, der in seiner großen Geduld jetzt wieder darauf wartet, daß ich sage: ›Wie du willst, Herr. Ich bin in deinen Händen. Öffne mein Herz, daß es deinen Willen hört.‹«

Ich hatte bisher meine Matratze und Decken tagsüber als Sofa benutzt, aber jetzt wurden die Wände zu kalt, als daß ich mich noch an sie lehnen konnte. Ich bat also um einen Sessel; schließlich war ja kein Mensch mehr in der Kanzlei. Und tatsächlich brachte man mir, endlich einmal ohne viel Fragen und Hin und Her, einen schönen, bequemen Ledersessel.

Abends setzten Ann und ich uns so, daß unsere Köpfe unter dem Essenstisch waren, wo wir beim Schein einer mit zwei Decken verhangenen Lampe lesen konnten.

Jetzt war eine ganze Woche seit dem Auszug der Männer vergangen, und es war Zeit, den Speiseplan für die nächste Woche aufzustellen. »Ann, was sollen wir kochen?«

»Keine Ahnung«, seufzte sie, »eigentlich ist mir das ganz egal. Aber hier nur rumsitzen und Trübsal blasen geht auch nicht. Also ran an die Arbeit.«

Wir setzten uns, reichlich lustlos, und fingen an zu überlegen. Für den Jahrestag des Sturms auf die Botschaft hatten wir etwas Neues vorgesehen: einen Lammbraten.

»Wir versuchen's einfach mal mit dem Lamm. Von dem Zeug, das wir schon vorbereitet hatten, müssen wir dann wohl einiges einfrieren.«

»Viel backen brauchen wir auch nicht mehr.«

Wir vermißten sie wirklich, die Jungs aus dem Hinterzimmer, obwohl wir sie nie persönlich hatten sprechen können. Das Gebäude war jetzt so *unheimlich ruhig.*

Am Abend des 12. November klopften die Mädchen an die Tür. »Machen Sie sich fertig. Sie ziehen um.«

»Wohin?« fragte ich.

»Kann ich nicht sagen. Machen Sie sich fertig.«

Unsere Nottaschen waren wie immer gepackt, aber es gab noch andere Dinge, die wir gern mitnehmen wollten. Wir hatten jetzt ein ganzes kleines Bücherregal Kochbücher. »Werden wir da auch kochen?« fragte ich.

»Das weiß ich nicht«, sagte die Schwester.

»Na, ein paar von unseren Kochbüchern sollten wir wohl auf alle Fälle mitnehmen. Können Sie uns die Bücher nachbringen?«

»Wir werden sehen.« Ende der Antwort. Aber eine andere Schwester kam noch einmal zurück und sagte uns, daß da, wo wir jetzt hinkämen, nur männliche Wachen seien.

Wir gingen ans Packen und benutzten dabei wieder unsere Kissenbezüge sowie einige Plastiktaschen, die wir Ostern bekommen hatten. Unsere Vitaminpillen, Zahnpasta und Toilettensachen kamen in eine Tüte; die Spiele und ein paar besondere Bücher in eine Schachtel; Pflanzen sowie buntes Papier und anderes Bastelmaterial in eine weitere Tüte. Stick- und Strickgarn nicht vergessen, diese unschätzbaren Mittel gegen Langeweile. Dann unsere Bücher – wir hatten so lange gebraucht, sie zusammenzubekommen, und wann wir wieder in die Bibliothek könnten, wußten wir nicht. Also wieder das Wertvollste aussortiert.

Wir machten unsere Bündel so klein es ging. Sicher würden wir trotzdem auch diesmal wieder etwas verlieren. Die iranischen Männer mochten es nicht, wenn wir die Sachen selbst trugen, aber was wir ihnen übergaben, das »verlegten« sie meistens.

Ich prüfte noch einmal, ob die »Nachfolge Christi« auch in meiner Toilettentasche war, und klemmte meine Bibel und mein Gesangbuch unter den Arm. Ann hatte ihre Bibel in der Hand. Wir mußten die Bibeln mit Bindfaden zusammenbinden, denn zwischen ihren Seiten steckte mittlerweile eine ganze Sammlung von besonders wichtigen Briefen und Karten, Notizen, Bildern von Verwandten usw.; in meiner war sogar ein Abschiedsbrief an meine Eltern – für den Fall, daß mir etwas zustoßen würde.

Endlich sagten wir, daß wir fertig seien, übergaben unsere Taschen mit einem inneren Seufzer den Schwestern und sahen ihnen nach, wie sie aus dem Raum gingen.

Diesmal gab es in dem Umzugsdrama einen neuen Akt. Zwei der Mädchen kamen herein und unterzogen uns einer gründlichen Leibesvisitation – die erste seit jenem ersten Tag in der Botschaft. Ich mußte sogar meine Schuhe ausziehen, damit die Schwester meine Fußsohlen befühlen konnte. Ich weiß bis heute nicht, was ich da wohl hätte verstecken können. In meiner Gesäßtasche fand die Schwester ein Zweitexemplar von Anns Brief an ihre Mutter. Ich erklärte, was in diesem Brief stand. Die Schwester nahm ihn mit, um ihn dem Bruder zu zeigen, und brachte ihn mir dann zurück. Ich steckte ihn wieder ein.

Die Schwestern untersuchten auch unsere Bündel und nahmen uns unsere Messer und Gabeln und überhaupt alle Metallgegenstände ab. Ob sie wohl wenigstens unsere zwölf Stecknadeln übersehen würden? Immerhin hatten wir ein ganzes Jahr gebraucht, sie zusammenzubekommen. Wir hatten sie in Hemden aus dem Botschaftsladen aufgestöbert und manchmal auch, wenn wir saubermachten, im Teppich.

Schließlich legte man uns wieder die Binden um. Warm anziehen, weil es nach draußen geht. Ann legt ihre Hand auf meine Schulter, und ich strecke der Schwester meinen Arm hin, wie immer. Aber nein, diesmal haben wir jeder eine Schwester zum Führen, und es geht nicht links den Korridor entlang, sondern rechts – aus der Kanzlei hinaus.

Plötzlich sagte Ann: »Kümmern Sie sich doch bitte um die beiden Katzen. Oder dürfen sie mit?« Wir hatten sie immer in der Küche gefüttert.

»Machen Sie sich keine Sorgen, Elizabeth«,* sagte eine der Schwestern. »Wir kümmern uns schon um sie.«

Wir kamen zur Treppe. Zwölf Stufen nach unten, umdrehen, noch einmal vierzehn Stufen. Ende der Treppe. Die Katze und ihr Junges sprangen an uns vorbei. Wir waren im Kellergeschoß. Hinter der Tür zur Küche hielten die Katzen an. Man führte uns weiter, am Telefonraum vorbei. Jetzt der Ausgang. Ein kalter Windstoß. Eine Stufe nach unten, dann vier Stufen hinauf. Das Geräusch eines laufenden Motors. Wir stiegen in eine Art Lieferwagen. Aha, jetzt wurden offenbar unsere Schwestern von Brüdern abgelöst.

»Alles klar?« flüsterte ich Ann zu, als der Wagen anfuhr. Es war staubig und stickig in ihm, und ich konnte sowohl hören wie auch riechen, daß vier oder fünf Brüder bei uns waren. *Hauptsache, wir werden nicht wieder getrennt,* dachte ich. Wo ging es jetzt wohl hin?

Wir verließen das Botschaftsgelände. Es ging durch die Tore in die Straßen der Stadt. Es war dunkel und ruhig. Der Wagen wurde schneller. Wir fuhren nach Norden.

Rechts, links, geradeaus. Bald hatte ich jegliche Orientierung verloren. Die Fahrt war schnell und wollte überhaupt nicht aufhören. Endlich wieder eine Linkskurve, dann ziemlich steil nach unten. Vielleicht in einen Keller? Der Wagen hielt an, und wir durften hinaus. Klare, kühle Nachtluft und Grillengezirpe. Wir waren aus der Stadt heraus. Die Nacht war still und friedlich – sehr, sehr still.

---

* Anns voller Name lautet: Elizabeth Ann Swift. Ihre Verwandten und Freunde nennen sie einfach »Ann«, aber die Iraner nannten sie »Elizabeth«, weil das Wort »Ann« für ihre Ohren nicht höflich klang.

Jetzt wieder laufen. Ann legte ihre Hand auf meine Schulter, und ich bekam einen Schal in die Hand. Ein Bruder nahm das andere Ende des Schals und führte uns so in ein Gebäude. Ein paar Stufen nach oben, durch einen Flur, noch ein paar Stufen rauf, einen langen Korridor entlang, ein paarmal nach rechts und links, endlich in ein Zimmer.

»Wir sind da. Nehmen Sie die Binden ab!« Das Zimmer war sehr klein und ohne Fenster. Über die Tür hatte man ein Tuch genagelt, aber als der Bruder es zur Seite zog, sahen wir es: Wir waren in einem Gefängnis!

In der Mitte der Tür war ein sehr kleines Fenster mit Eisenstäben. Es gab keine Betten, nur zwei schmale Pritschen auf dem Boden und zwei Stühle. Wir hatten kaum genügend Raum, uns umzudrehen, aber sauber war die Zelle, peinlich sauber. Die weißen Bettücher glänzten fast vor Frische, und es gab auch Kissen. Auf dem Fußboden lagen Decken. Da hatte jemand versucht, uns diesen Ort so wohnlich wie möglich zu machen.

Zwei Brüder brachten unsere Taschen. Dann kam die Kiste mit den Büchern, kurz danach unsere Kleidung. Und da war Ahkbar, mit ein paar Schachteln mit Lebensmitteln. »Hätten Sie gern etwas Obst?« fragte er.

»Ja bitte, das wäre prima!«

»Und hier ist etwas Post für Sie«, sagte er und überreichte uns einen kleinen Stoß Briefe.

»Die sind ja noch ungeöffnet!« rief ich.

»Das ist schon richtig«, sagte er. »Sie können sie sofort lesen. Und hier habe ich auch ein paar Zeitschriften.« Und er hielt uns einige alte Nummern der Magazine *Newsweek* und *Times* hin. Wir sagten ganz überrascht: »Dankeschön.«

Ich begann, die Post durchzusehen, und Ahkbar setzte sich auf einen Stuhl. Nach ein paar Minuten griff er in seine Hosentasche und zog noch einen Brief heraus. Fast schüchtern fragte er: »Haben Sie einen guten Freund in Sambia?«

»Ja.«

Er reichte mir den Brief. Ich erkannte Miltons Handschrift und fing an zu weinen.

Er machte ein bestürztes Gesicht und sagte: »Bitte lassen Sie das doch.«

Ich wischte mir die Tränen ab und erklärte: »Ich hab' doch über ein Jahr lang nichts von dem Schreiber gehört. Was meinen Sie, was mir dieser Brief guttut. Ja, und könnten Sie bitte dafür sorgen, daß die letzten Briefe, die wir geschrieben haben und die noch in der Botschaft sind, in den Briefkasten kommen?«

Ahkbar lächelte. »Sie sind ja eher zu Hause als die Briefe.«

Wir sahen ihn überrascht an. »Sagen Sie doch bitte nicht so etwas; oder ist das wahr?«

»Bestimmt«, entgegnete er geheimnisvoll. »Die Dinge sind in Bewegung geraten, es tut sich was.«

Dann gab er uns unsere neuen Instruktionen. »Wenn Sie etwas brauchen, klopfen Sie an die Tür. Die Wachen hier sind Männer, aber es wird auch jeden Tag eine Frau vorbeikommen und nach Ihnen sehen.«

»Könnten wir jetzt bitte etwas Wasser haben?« fragte ich.

»Ja«, sagte er. Er steckte seinen Kopf zur Tür hinaus, und nach ein paar Minuten kam Ali mit einem vollen Krug – derselbe Ali, der an dem Morgen, als ich meinen Alleingang zur Toilette machte, am Ende des Korridors gewesen war. Ich nahm meine Gelegenheit wahr und sagte rasch – die beiden sagten uns schon gute Nacht –: »Entschuldigen Sie, ich hab' Ihnen ja immer noch nicht Dankeschön dafür sagen können, daß Sie damals nicht geschossen haben. Das war wirklich nett von Ihnen.«

Ali, etwas verdutzt, grinste nur und blickte zu Boden, als er ging. Da hatte ich genau das Richtige gesagt.

Wir waren wieder allein und sahen uns um; wo konnten wir was unterbringen? Aber vielleicht erst doch ein Blick in die Zeitschriften. Wir trauten unseren Augen kaum! Da war ja ein Artikel über unsere Kollegen, die Lijeks und die Staffords. Sie waren wieder in Amerika. »Von wann ist die Zeitschrift?« fragte ich.

»Februar«, sagte Ann.

Wir setzten uns und lasen die ganze Nummer durch, von der ersten bis zur letzten Seite. Was für ein Geschenk! Wir waren im Gefängnis, aber jetzt wußten wir, daß die Staffords und Lijeks zu Hause waren. Und Bob Anders und Lee Schatz auch. Sie hatten in der kanadischen Botschaft kanadische Pässe bekommen. »Wie schön, daß ich auch Freunde in Kanada habe«, sagte ich Ann.

»Ich hatte immer schon den Eindruck, daß sie ganz besonders gute Freunde sind, und jetzt weiß ich es ganz genau.«

Wir sprachen ein extra Dankgebet für die gelungene Flucht von Kathy und Joe, Mark und Cora, Bob und Lee. »Und wir kommen auch noch nach Hause, Ann«, sagte ich, »nur Kopf hoch!«

Sie grinste zurück. »Ich hoff's, Kate, ich hoff's!«

Der Morgen kam und mit ihm, früh und reichlich, das Frühstück: Tee, Brot, Käse, Datteln. Dann klopfte einer der Brüder an die Tür. »Wollen Sie nach draußen, etwas frische Luft schnappen?«

»Ja, sicher!« sagte Ann.

»Ziehen Sie sich Ihre Pullover an, es ist kalt draußen.« Er hielt uns zwei Handtücher hin. »Und die halten Sie sich vor die Augen.« Oh, keine richtigen Augenbinden mehr!

Wir kamen durch einige Gänge in einen Raum, der oben statt einer Decke ein Eisengitter hatte. Man konnte den Himmel sehen, mehr nicht. Der Bruder brachte uns Stühle, aber wir vertraten uns lieber die Beine. Bald sah ich etwas. »Ann«, sagte ich, »hier sind welche von den Männern gewesen. Guck mal.«

Sie kam in die Ecke, wo ich stand. Dort waren in Augenhöhe die Worte »Bill Daugherty, Paul Needham, April 28, 29, 30« in die Ziegel gekratzt. »Direkt nach dem Befreiungsversuch«, sagte ich. »Ob die noch hier sind?«

Da klopfte ein Bruder an die Tür. »Möchten Sie Obst?« Er gab uns Orangen, Granatäpfel und eine Melone.

»O wie schön«, sagte ich. »Vielen Dank.«

»Wir hoffen, daß Sie sich hier so wohl fühlen werden wie möglich«, sagte er höflich und ging wieder.

»Hast du seine Kleidung gesehen?« fragte ich Ann.

»Ja. Ich glaub', das ist eine Uniform oder so.«

»Richtig. Ob das wohl heißt, daß wir jetzt im Gewahrsam der Regierung sind und nicht mehr der Studenten?« Alle möglichen Gedanken gingen uns durch den Kopf.

»Ich hoffe, du hast recht. Dann wären wir wenigstens nicht mehr soviel Willkür ausgesetzt.«

Nun, wir waren, wie wir später erfuhren, im Sicherheitstrakt des Evin-Gefängnisses. Allerdings nur zwei Tage lang. Am zweiten

Tag brachte Ahkbar weitere Post und einen Karton aus dem Botschaftsladen mit Hühnersalat- und Pflaumenkonserven, einem Dosenöffner, Shampoo, Seife und anderen Luxusartikeln. Er muß ein richtig schlechtes Gewissen darüber gehabt haben, daß er uns in ein Gefängnis gesteckt hatte, denn schon bald kam er wieder und sagte: »Wir verlegen Sie. Das hier taugt nichts.«

Also packten wir wieder unsere Sachen, legten die Augenbinden um und ließen uns durch das Korridor-Labyrinth zu einem wartenden Wagen bringen. Nach sehr kurzer Fahrt hielten wir auf einem Kiesplatz. Man führte uns durch ein Tor in einen Hof, befahl uns, nicht zu sprechen, und brachte uns durch eine mit Decken verhangene Türöffnung, einen Flur entlang und durch eine weitere Tür in ein Zimmer. »In Ordnung, nehmen Sie die Binden ab.« Das war Alis Stimme.

Der neue Raum war ein wenig größer als unsere Gefängniszelle. »Seien Sie vorsichtig, es ist Verdunkelung. Lassen Sie die Decke vor dem Fenster«, fuhr Ali fort. Aha, wir hatten also jetzt wieder ein Fenster; gut. Wir stellten unsere Bündel bei der Wand ab und packten aus. Die Brüder brachten uns Decken und Bettücher, und wir machten uns zum Schlafen fertig.

»Wo sind wir wohl jetzt?« fragte Ann.

»Keine Ahnung, es sei denn, wir können durch das Fenster was sehen.«

»Versuchen wir's doch«, antwortete sie. Wir fanden den Lichtschalter, drehten das Licht aus und schoben vorsichtig die Decke zur Seite. Nichts als Dunkelheit draußen. »Na, da müssen wir wohl bis morgen warten«, seufzte Ann. Wir sprachen unser Abendgebet und gingen zu Bett.

Am Morgen wurden wir durch Türenschlagen und alle möglichen anderen Geräusche im Korridor wach. »Mensch, hier sind doch welche von unseren Kollegen«, sagte ich, »horch mal!«

»Du hast recht. Wer ist das wohl hier nebenan? Kannst du was hören?«

Wir hielten ein Glas an die Wand. Wir konnten hören, wie im Nebenzimmer jemand sprach. Die Worte konnten wir nicht ausmachen, aber es war eindeutig eine amerikanische Stimme, die Englisch sprach.

»Guck mal!« sagte ich. »Da kann man ja raussehen!« Wir

sausten zum Fenster. Es war fast völlig von einer Metallplatte verdeckt, aber man konnte an ihrem Rand vorbeilugen. »Da ist ja ein Garten ... mit Rosen!«

»Guck mal hier, die andere Richtung«, sagte Ann, »Bäume auf einem Bergabhang. Ob wir wohl am Fenster raufklettern und über die Platte sehen können? Mensch, da unten fahren Autos rein und raus.«

»Und riech mal«, sagte ich. »Das riecht nach frischem Brot.«

Wir fanden in den nächsten Tagen noch einiges mehr heraus, obwohl wir in unserem Zimmer blieben. Offenbar waren wir hier in den ehemaligen Büros oder Zimmern der Gefängnisangestellten. Wir durften zwei Toiletten benutzen, eine davon mit Dusche. Bald merkten wir, daß wir sie mit den amerikanischen Männern teilten, denn vor dem Spiegel lagen Rasierapparate, und mehr als einmal hörten wir ihre schweren Schritte im Korridor. Und – o Wunder! – wir konnten sogar aus dem Bad in den Hof sehen, durch winzige Löcher, die jemand in die Farbe auf den Fensterscheiben gekratzt hatte. Die Versuchung, die Löcher noch größer zu machen, war groß, aber wir durften nicht riskieren, daß die Wachen sie entdeckten.

Von meinem ersten Gang zur Toilette kam ich ganz aufgeregt zurück. »Ann! Ich hab' Colonel Schaefer* gesehen; er machte Freiübungen im Hof. Aber die anderen, die noch bei ihm waren, hab' ich nicht erkannt.«

Jedesmal wenn wir eine der Toiletten benutzten, sahen wir aus dem Fenster und horchten sorgfältig, um herauszufinden, wer von unseren Kollegen gerade draußen war. Bald hatten wir auch Colonel Scott** erkannt. Dann, als wir uns gerade im Hof sonnten, flüsterte Ann mir zu: »Sieh jetzt nicht hin, aber achte mal auf das Toilettenfenster.« Aus seiner oberen Hälfte – die nicht angestrichen war – sah Al Golacinski*** heraus und winkte uns wie verrückt zu. Wir konnten noch nicht einmal zurückwinken;

---

* Luftwaffen-Colonel Thomas E. Schaefer, der Verteidigungs- und Luftwaffenattaché der Botschaft.

** Armee-Colonel Charles W. Scott, der Chef des Verteidigungs-Verbindungsbüros.

*** Ein Zivilist in der Botschaft, der im Bereich »Sicherheit« tätig war.

der Wachposten saß bei uns und unterhielt sich mit uns. Aber allein schon das Wissen, daß diese Männer hier und offenbar in guter Verfassung waren, brachte uns große Freude und Erleichterung.

Die Brüder kamen und fragten uns, ob wir wieder beim Kochen helfen könnten. Die »Küche« war ein Vorratsraum, der mit unserem Zimmer durch einen kleinen, vom Hauptflur abgetrennten Korridor verbunden war. Wir bekamen einen Gaskocher und gingen daran, die Gerichte, die aus der Gefängnisküche kamen, durch mehr typisch amerikanisches Essen zu ergänzen. Als Kühlschrank diente uns unser Fenster, wo wir immer etwas von den normalen Mahlzeiten aufbewahrten, um es später zu verwerten. Aus übriggebliebenem Reis z. B. machten wir Reispudding. Butter und Käse kamen nicht regelmäßig, also bewahrten wir immer etwas für die »mageren« Tage auf. Selbst das fadeste Konservenobst bekam mit Joghurt und etwas Zimt überraschend viel Geschmack.

Zwei oder drei der Brüder kochten offenbar ebenfalls gern, denn dann und wann kamen sie auf unser Zimmer, um sich Rat zu holen, und anschließend konnten wir hören, wie sie sich in der »Küche« betätigten. Oft servierten sie uns Wackelpudding, eine unserer Lieblingsspeisen.

Obwohl das Kochen Abwechslung brachte, zogen sich auch in dieser neuen Behausung die Tage wie Gummi dahin. Draußen wurde es kälter, und die Wachen brachten uns ein Heizgerät und eine weitere Kochplatte, mit der wir in unserem Zimmer Tee machen konnten. »Sie werden noch vor dem Thanksgiving-Fest zu Hause sein«, versprachen sie uns jetzt offen. Aber Ähnliches hatte ja schon Ahkbar versprochen, bei unserem Umzug, und jetzt hatte er sich schon seit Tagen nicht mehr blicken lassen.

Etwa eine Woche vor Thanksgiving fragten uns die Brüder: »Könnten Sie das Thanksgiving-Essen machen?«

Ann und ich berieten uns und beschlossen, unser Bestes zu leisten. Ich machte sieben Dutzend Krapfen; wir servierten sie auf bunten Blättern aus dem Hof und anderen Verzierungen. Der erste Gang des Festessens bestand aus sehr kleinen Teriyaki-Steaks mit Pilzen und schwarzen Oliven. Danach gab es Schinkensteaks, Süßkartoffeln und Gemüse. Zum Abschluß schickten wir die Tabletts mit den Krapfen los, und sie kamen ratzekahl leer zurück. Ich war rechtschaffen müde, aber es war doch schön, daß wir unseren Mitgeiseln wieder etwas Gutes hatten tun können.

Thanksgiving war vorbei, und wir waren immer noch nicht frei. Offenbar war das wieder einmal nichts gewesen. Also weiter warten. Am 3. Dezember hatte Ann Geburtstag; wie konnte man den würdig begehen?

Ich wühlte in unserem Sammelsurium herum und fand eine dünne, zerschlissene, verblichene Leinenserviette. Ob das ein Taschentuch geben könnte? Für ein kleines würde es sicher reichen. Mit viel Geduld und Versteckspiel (Ann durfte ja nichts merken) verzierte ich das gute Stück mit einem Hohlsaum und stickte in eine Ecke ein »A«.

Das war das Taschentuch. Ich wußte auch, daß Ann auf Süßes stand, und so verfaßte ich ein Gedicht, in welchem stand, daß ich ihr gern etwas Süßes machen würde, wenn sie mir helfen würde. Dann weihte ich auch Ali in ihren Geburtstag ein und fragte ihn, ob er wohl für etwas frisches Obst sorgen könne. »Ja, das läßt sich machen«, grinste er, und tatsächlich: Am Geburtstagsmorgen brachte der Wächter einen Teller herrliches Obst: blitzblank geriebene Granatäpfel, dazu erstklassige Äpfel und Orangen.

Für das Geburtstags-Abendessen verzierte ich den Tisch mit Kuchendekorationen, die Mary Jane mir für meinen Geburtstag geschickt und die ich dann im Dezember bekommen hatte. Der Kuchen selbst fehlte leider, denn den konnte man in unserer Behelfsküche denn doch nicht zustande bringen.

Es waren jetzt nur noch drei Wochen bis Weihnachten; also an die Arbeit und Weihnachtskarten gebastelt! Wenn wir schon Weihnachten nicht selbst zu Hause sein konnten, sollten unsere Lieben wenigstens unsere Kartengrüße haben. Die Brüder, denen die Karten sehr gefielen, versprachen uns, sie rechtzeitig zur Post zu geben; wir dürften auch gern wieder Briefe schreiben. – Das klang einerseits sehr freundlich, aber andererseits hieß es doch wohl auch, daß wir immer noch hier festsaßen. Offenbar waren unsere Tage in Teheran noch lange nicht vorüber.

Und dann bekamen wir ein Geschenk. Einer der Wachen kam mit einem Buch. »Sie mögen doch Musik. Können Sie das hier gebrauchen?« Es war das *Lutheran Book of Worship.** »Es gibt noch jemanden, der es benutzen möchte«, fügte er hinzu.

»O danke«, antwortete ich rasch. »Ja, da schauen wir sehr gern rein, und dann können Sie es dem anderen bringen. Aber bringen Sie es dann bitte auch wieder zurück hierher.« Und so wanderte das Buch ein paar Tage lang hin und her. Ich konnte nicht herausbekommen, wo es herkam, aber wer immer es auch besorgt hatte, wir waren überglücklich. Schließlich durften wir es ganz behalten.

Ja, und jetzt waren wir auch schon in der Adventszeit. »Komm, wir machen wieder einen Adventskranz«, sagte ich. »Tannengrün gibt's hier ja nicht, aber mit Weidenzweigen läßt sich auch was machen, und Kerzen haben wir sowieso.« Wir lasen im Hof einige rote Blätter auf. Wieder ein wenig Schmuck und Farbe in unserem Zimmer. Zeit, an das zweite Weihnachtsfest unserer Gefangenschaft zu denken.

---

* Gottesdienst- und Gesangbuch der Lutherischen Kirche Amerikas.

# 14. Kapitel

Iran lädt Diplomaten
zu Geiseldiskussion ein
*(Des Moines Register,
27. Dezember 1980)*

## Weihnachten 1980

Das zweite Weihnachtsfest in der Geiselhaft hätte eigentlich leichter für mich sein müssen als das erste. Schließlich hatte sich doch damals erwiesen, daß das Wesentliche an Weihnachten Christus ist und nicht Lametta, Geschenke und sonstiges Beiwerk. Ich hatte die innere Freude stiller Anbetung erfahren und die Kraft Gottes. Da hätte es Weihnachten 1980 eigentlich weiter keine Probleme mehr geben dürfen. Aber es kam anders.

Ich hatte den Eindruck, daß eine Freilassung allmählich unwahrscheinlicher wurde. In einem staatlichen Gefängnis waren wir ja schon; würde jetzt nicht vielleicht das Nationalparlament ein Exempel statuieren und jemandem von uns den Prozeß machen? Mein angeborener Argwohn war immer stärker geworden, und ich konnte mir ohne weiteres vorstellen, daß einige der Studenten und ihrer Hintermänner ihren Spaß daran haben würden, pünktlich zu Weihnachten einen amerikanischen »Spion« hinzurichten. Es war ein makabrer Gedanke, aber er wollte mich nicht loslassen.

Absolut sicher schien mir, daß die Studenten uns auch diesmal in einem Fernsehspektakel mit festlicher Atmosphäre als ihre »Gäste« vorführen würden. Ich erinnerte mich noch an einen kleinen Wortwechsel, den ich Ende September mit einer unserer jungen Damen gehabt hatte. Sie hatte gesagt: »Aber wir behandeln Sie doch so gut. Sind wir denn nicht großzügig? Sie sehen doch ein, daß wir keine Terroristen sind?«

Worauf ich scharf geantwortet hatte: »Dann geben Sie mir doch Ihren Tschador, wir tauschen die Rollen, und Sie versuchen, hier rauszukommen!«

Ich hoffte zwar andererseits, daß die Fernsehkameras wieder dabei wären, damit meine Verwandten sehen konnten, daß ich noch lebte und gesund war, aber den Fehler von Ostern mit dem Auftritt der »fröhlichen Geisel« wollte ich nicht wiederholen, das hatte ich mir fest vorgenommen.

Über das Weihnachtsessen waren Ann und ich verschiedener Meinung. Sie war der Auffassung, daß wir jede Gelegenheit, das Fest für unsere Kollegen ein wenig heller und fröhlicher zu machen, wahrnehmen sollten. Ich dagegen wollte auf keinen Fall zu einer Party-Atmosphäre beitragen. »Ich koche gern, jederzeit«, sagte ich verbissen, *»außer* für die Fernsehkamera.«

Wir versuchten – mit recht mäßigem Erfolg –, auch das Positive zu sehen: Wir waren jetzt sozusagen in Schutzhaft und vor den Mobs in den Straßen vor der Botschaft sicher. Ann und ich waren zusammen. Unsere Gesundheit war soweit gut, und wir konnten jetzt etwas öfter an die frische Luft. Wir hatten über ein Jahr Gefangenschaft überlebt. Gott war so gut zu uns gewesen.

Aber die bitteren Gedanken waren da. Wir sehnten uns so nach unseren Lieben zu Hause, vor allem Ann. Als Einzelkind hatte sie bisher noch fast jedes Weihnachtsfest in ihrer Familie verbracht – mit ihrer Mutter und ihren Vettern und Kusinen. Und jetzt schon das zweite Mal Weihnachten allein – das war sehr, sehr hart.

Wir baten Gott um seinen Frieden und seine Kraft und daß er uns helfen möge, trotz allem wieder die Geburt des Friedefürsten zu feiern. Wir mußten es versuchen – gegen alle Niedergeschlagenheit. Und Gott erhörte uns und antwortete uns. Eine Adventskerze brannte, dann zwei, und wir wurden innerlich stiller und konnten uns auf unsere Abendandachten freuen, in denen wir uns auf die Geburt Christi vorbereiteten.

Wir dachten auch an Weihnachtsgeschenke und begannen, kleine Handarbeiten für unsere Verwandten zu machen. In einem Brief an meine Eltern machte ich auch den ersten und einzigen Versuch, »heimlich« Informationen über unsere Lage weiterzugeben: Ich erwähnte, daß wir unseren Adventskranz aus Weidenblättern gemacht hätten, weil es hier keine Nadelbäume gäbe. Da auf dem Botschaftsgelände jede Menge Kiefern waren, würde vielleicht jemand zu Hause aufhorchen und merken, daß wir verlegt worden waren ...

Am 13. Dezember fingen wir an, unseren Weihnachtsschmuck zu basteln. Wir taten das nur ungern, bedeutete es doch, daß wir gleichsam resignierten und es als endgültig hinnahmen, daß wir auch diesmal Weihnachten nicht zu Hause feiern könnten. Ich faltete Papier und machte, unter Verbesserung meiner Bemühungen vom Vorjahr, wieder eine Krippe. In die Krippe kam ein winziges Jesuskind mit Windeln (diesmal aus braunem Papier); das »Heu und Stroh« waren getrocknete Weidenblätter. Marias Kopftuch säumte ich mit einem blauen Faden, und Josefs Kopfbedeckung befestigte ich mit einem Stück schwarzen Garn aus dem Handarbeitspäckchen, das wir von der Frau des britischen Botschafters bekommen hatten.

Meine Phantasie entfaltete sich, und bald grasten vor der Krippe zwei kleine Lämmchen, frisch angefertigt aus den Wattepfropfen der Vitaminpillenflasche. Dann gab ich Ann einen winzigen schwarzen Scotch-Terrier aus Nähgarn in die Hand und sagte: »Und der paßt auf die Schafe auf.«

»Mensch«, rief sie, »der sieht ja aus wie Cinder!« (Cinder war der Hund, den sie zu Hause hatte.)

Am 17. Dezember, um 21.30 Uhr, kamen die Brüder und sagten uns, wir hätten zehn Minuten zum Packen. Wir sausten wie zwei aufgescheuchte Hühner durch das Zimmer und suchten, sortierten und stopften das Nötigste zusammen. Wie gut, daß wir unsere diversen Tüten und Schachteln nicht schon alle ausgepackt hatten! Den Adventskranz und die Krippe mußten wir leider abbauen, und das Essen in unserem improvisierten Kühlschrank mußte ganz zurückbleiben.

Ab in den Wagen, und los ging die Fahrt. Man hatte uns sogar unsere Bibeln abgenommen, da konnten wir protestieren so laut und so lange wir wollten. – Ende der Fahrt. Raus aus dem Auto – »Nikt espreken!« – und rein in ein Gebäude. Durch irgendeinen Raum, ein paar Treppenstufen hoch, einen Korridor entlang. Eine Tür ging auf, und wir wurden hineingeführt. Man nahm uns die Augenbinden ab. Nanu, das sah ja aus wie ein großes Hotelzimmer: ein Wandschrank, Platz zum Abstellen des Gepäcks und da, links (ja, gab's denn das?), ein *richtiges* Badezimmer komplett mit Toilette, Waschbecken und *Badewanne*! Und sauber war es auch!

»Schalten Sie nicht das Licht ein«, ermahnte uns der Bruder,

»wegen der Luftangriffe. Und ziehen Sie morgen nicht die Gardinen auf. Die Vorhänge dürfen Sie aufziehen, aber nicht die Gardinen.« Er drehte sich um und ging zur Tür.

»Wo sind denn unsere Sachen?« fragte Ann.

»Die kommen.«

Es war jetzt etwa 22.30 Uhr. Wir gingen daran, uns das Zimmer anzusehen. Es war das bisher größte, das wir gehabt hatten. In der Mitte stand ein großer Konferenztisch aus Mahagoni, dazu zwei Holzstühle mit Damast-Polstern. Eine der Wände bestand praktisch ganz aus einem riesigen Fenster, mit blaßblauen Vorhängen. An den übrigen Wänden prangte eine Art feine Grastapete. Von der wohl über vier Meter hohen Decke hing ein schwerer Kronleuchter aus Zinn, und der Mahagonitisch war so stark poliert, daß er selbst jetzt, in dem aus dem Bad kommenden Dämmerlicht, glänzte.

Mit der Installation gab es offenbar Probleme, denn in die Tür zum Korridor hatte man ein kleines Loch gebohrt, durch das zwei Gartenschläuche – der eine für warmes, der andere für kaltes Wasser – ins Bad gingen. Die Schläuche waren über zwei Hähne an eine Brause angeschlossen. Da hatten wir also fließend kaltes und warmes Wasser – mit kleinen Schönheitsfehlern (der Druck war schwach, hier und da leckte etwas), aber immerhin.

Aber wo blieb unser Gepäck? »Komm, wir machen erst mal Freiübungen«, schlug Ann vor. Hier konnte man sogar *richtig* laufen! Mitternacht, dann 0.30 Uhr. Immer noch keine Kleider, keine Bettwäsche, keine Bibeln.

Ann klopfte an die Tür: »Wo sind unsere Sachen? Wir möchten schlafengehen.«

»Sind unterwegs«, antwortete der Bruder, und wir warteten weiter. Gegen 2 Uhr bekamen wir endlich jeder eine Decke. Mehr nicht. Wir legten uns damit auf den Fußboden und schliefen.

Am Morgen, gegen 8 Uhr, kamen unsere vollgepackten Kissenbezüge und die beiden Matratzen. Unsere Bibeln waren unberührt. *Danke, Herr.* Wir packten aus und räumten ein. Im Wandschrank waren sogar Kleiderbügel; wir mußten herzlich lachen über soviel Service.

Je tiefer Ann in ihre Tasche griff, um so stiller wurde sie.

Endlich, mit zorngeweiteten Augen, kam es heraus: »Weißt du, was die Lumpen mir geklaut haben? Meine Grapefruitmarmelade!« Sie hatte sie monatelang als Delikatesse gehortet und gehütet und immer nur ein wenig davon gegessen. Ann war außer sich vor Ärger.

Aber da klopfte es an die Tür. Es war einer der Brüder, und er brachte uns unser Frühstück: Tee, Brot und Grapefruitmarmelade. »Wir sind ja so froh, daß Sie die viele Marmelade hatten«, sagte er, »wir wußten schon gar nicht, was wir Ihnen heute zum Frühstück geben sollten.« Wir wußten nicht mehr, ob wir lachen oder weinen sollten ... »Na, hoffentlich haben unsere Jungs auch was davon bekommen«, sagte Ann.

Ich zählte: Das war jetzt das 13. Mal, daß ich »umgezogen« war. Nun, unser gewohnter Tagesablauf hatte uns bald wieder, und morgens hatten wir jetzt sogar so etwas wie einen Wecker: die Schulmädchen nebenan. Unser riesiges Fenster lag zur Rückseite einer Mädchenschule hin, und jeder Schultag begann mit Gymnastik im Hof, inklusive lautstarkem Einüben von politischen Parolen.

Wie sollten wir unser neues Domizil schmücken? Unseren Weidenkranz hatten wir nicht mitnehmen können. Aber siehe da, in einer unserer Taschen lag noch etwas Glitterzeug vom letzten Jahr vergraben; na bitte, da hatten wir einen neuen Kranz. Jetzt noch die Kerzen dazugesteckt und das Ganze auf den Tisch gestellt: prächtig! Die wiederaufgebaute Krippe kam auf einen kleinen Schrank, und meine »Schneeflocken« vom Vorjahr hefteten wir über der Krippe an die Wand; in ihre Mitte kam der Stern, den ich zu Weihnachten 1979 bekommen hatte. (Ich hatte ihn bei einem meiner Umzüge liegengelassen, aber später irgendwo im Abfall wiedergefunden.)

Ann sah sich kurz meine Krippenfiguren an und ging dann selbst an die Arbeit. Bald wurden Adventskranz, Krippe und Bücherregale von mindestens einem Dutzend kleiner Engel bewacht. Ihre Gewänder bestanden aus buntem Briefumschlagfutter, die Köpfe aus Garnstücken, die Flügel und Arme aus sorgsam aufbewahrter Aluminiumfolie. Die Weihnachtskarten, die wir letztes Jahr bekommen hatten, standen auf den Schränken Parade. Wenn man sich dann noch von den Sonnenstrahlen, die durch das Fenster kamen, aufwärmen ließ oder den leise heruntertanzenden Schneeflocken nachsah, dann konnte man sich fast wie zu Hause fühlen.

Ich hatte inzwischen so viel abgenommen, daß ich meine blauen Hosen hatte enger machen müssen. Die so erhaltenen blauen Stoffstücke schnitt ich jetzt in Streifen von der Größe eines Lesezeichens, und auf jedes Zeichen stickte ich ein Symbol: ein Kreuz mit Sonnenstrahlen für Ann, ein Chi-Rho-Zeichen* als Geschenk für alle Fälle, vielleicht für den Priester. Aus einer leeren Toilettenpapierrolle, die ich mit einem alten Briefumschlag umkleidete, machte ich einen Bleistiftbehälter, aus einer alten Grußkarte mit Goldpapier noch ein Lesezeichen. Ein üppiger Gabentisch würde es auch diesmal nicht.

Am Morgen des 23. Dezember kam ein mit einem Lächeln und zwei riesigen Säcken Grüngemüse bewaffneter Bruder ins Zimmer. »Heute sind Sie an der Reihe«, sagte er. Er stellte die Säcke ab, ging wieder und kam mit zwei großen Schüsseln zurück, dicht gefolgt von dem Mann mit dem Frühstück.

Nun, wir leerten die Säcke in die Badewanne aus, ließen diese voll Wasser laufen und frühstückten erst einmal. Dann fingen wir an, das Gemüse zu waschen und zu putzen. Statt weniger schien es immer mehr zu werden. Wir schufteten stundenlang – sechs Stunden, um ganz genau zu sein. Anschließend waren wir todmüde.

Da es immer häufiger zu Luftangriffen kam, ließen wir die große Deckenleuchte auch nach Einbruch der Dämmerung ausgeschaltet und ließen uns statt dessen auf dem Fußboden des kleinen Gangs zum Korridor nieder. Hier waren wir auch näher beim Badezimmer, das kein Fenster hatte; wenn es wirklich brenzlig würde, könnten wir dort in Deckung gehen und vor Glassplittern sicher sein.

Unsere Abendandachten ließen wir uns jedoch von keiner Angst nehmen. Es war eine große Quelle der Stille und Kraft, wenn wir dort um den Adventskranz saßen, dessen Lichtstrahlen

---

* Ein bekanntes liturgisches Symbol, das aus den zu *einem* Zeichen vereinten Anfangsbuchstaben (Chi und Rho) des griechischen Wortes für »Christus« besteht. Es sieht so aus: ☧

auf den Flügeln unserer Weihnachtsengel tanzten, und Advents- und Weihnachtslieder sangen, in der Bibel lasen und für unsere Verwandten beteten. Wir spürten dann immer, wie Gott uns ganz nahe war.

Endlich brannten alle vier Kerzen. Morgen war Heiligabend. Wir knieten noch einmal kurz nieder, dann bliesen wir die Kerzen aus und gingen in den Gang zum Bad, um uns in unsere Abendlektüre zu vertiefen.

Kurz darauf klopfte einer der Brüder. Wir öffneten. Mit ziemlich verlegener Miene begann er eine kleine Rede: »Morgen feiern Sie doch Ihr Weihnachten. Können Sie Ihr Zimmer für eine Feier herrichten? Wir bringen Ihnen einen Baum und Schmuck. Können Sie daraus etwas Schönes machen? Bis morgen 18 Uhr müssen Sie fertig sein.«

»Zeigen Sie doch mal, was Sie haben«, entgegnete ich ruhig.

Weitere Brüder kamen, mit Schachteln und Kisten. »Wenn Sie noch was brauchen, rufen Sie uns«, sagte einer von ihnen, als sie wieder gingen.

Ich rümpfte die Nase: »Ist wohl wieder die alte Propagandamasche.«

»Scheint so«, sagte Ann. »Aber diesmal ohne mich. Wieder die lustigen Geiseln spielen, das gibt's nicht.«

»Bei mir auch nicht. Aber wenn wir den Baum nicht schmükken, machen's die Brüder. Da ist es schon besser, wir machen die Arbeit – nämlich nach unserer Fasson!«

Wir vertieften uns in die Schachteln, deren Inhalt offensichtlich zum größten Teil aus dem Botschaftsladen kam. Zunächst stellten wir in einer Ecke den Baum auf, der künstlich, aber recht hübsch war. Dann der Schmuck. Wir hatten rote und weiße Bänder zur Verfügung und auch eine Schachtel mit sehr großen gelben Schleifen. Wir grinsten uns an. Ob die Studenten wußten, daß in den USA gelbe Schleifen und Bänder ein Symbol für die Geiseln geworden war? »Komm, eine davon muß an den Baum«, sagte Ann, »und zwar so, daß sie jeder sehen kann!«

»Von den anderen können wir ein paar auseinanderreißen und Goldketten draus machen«, sagte ich. »Das Zeug klebt ganz gut.«
Also ans Werk. Ann nahm auch Glanzpapier und bastelte kleine

Tiere für den Baum. Ich nahm mir unsere Krabbeltasche vor und sortierte grüne, rote und goldfarbene Briefumschläge aus. Bevor wir uns versahen, war es schon Mitternacht. Wir hatten jetzt auch ein Sternenkreuz für die Baumspitze, ein Dutzend kleine Rentiere, ein Alpha-Omega-Zeichen und mehrere »Schneeflocken«. Die Finger taten mir weh von den vielen »Eiszapfen«, die ich aus Alufolie geschnitten hatte.

Der Morgen brachte neues Material. Wir schmückten einen zweiten, sehr kleinen Baum mit den »Ostereiern« von April und stellten ihn in eine Ecke. Ein Karton mit Weihnachtsmännern kam. Sie gefielen uns nicht sonderlich, aber die Schachteln, in denen sie steckten, gaben gute Häuser ab, und so hatten wir bald ein kleines Dorf unter dem großen Baum. Mit roten Bändern schmückten wir die Türen und den Kronleuchter. Das Zimmer sah jetzt richtig festlich aus – festlich, aber nicht überladen.

Um 17.30 Uhr erschien einer der Brüder. »Wir haben einen richtigen Baum für Sie«, verkündete er und hielt uns eine große, duftende Kiefer hin.

»Ach, wie schade«, jammerte ich, »jetzt ist es schon zu spät, wir sollen doch um sechs fertig sein. Aber warten Sie, können Sie uns ein paar von den unteren Zweigen abschneiden?« Spät hin, spät her – so einfach durch die Lappen gehen lassen konnte man sich diesen Baum auch nicht.

»Klar«, antwortete er. »Wieviel möchten Sie?«

»Soviel wie möglich!«

Was wir auch bekamen.

Ungefähr um diese Zeit kam auch der Bruder, den wir Honcho nannten (weil er hier der Chef zu sein schien), sah sich im Zimmer um, rümpfte die Nase und ging wieder. »Dem gefällt das wohl noch nicht«, meinte Ann.

»Dann nehmen wir noch die Zweige dazu, das hilft bestimmt«, schlug ich vor. Also machten wir noch schnell aus den Zweigen und den roten Bändern eine Reihe Girlanden, mit denen wir so ziemlich jeden noch nicht behängten Fleck im Zimmer schmückten. Schließlich schmückten wir auch noch uns selbst: mit schönen, großen, gelben Bändern im Haar . . .

Wir waren fast fertig, als draußen ein heftiger Bombenangriff losging. Der Lärm der Bomben und Fliegerabwehrkanonen kam immer näher – zu nah für unseren Geschmack, so daß wir aufsprangen, das Licht ausknipsten und zum Bad rasten. Wir rannten fast den Bruder mit dem Abendessen um. Er lachte nur und versicherte uns, wir bräuchten doch keine Angst zu haben. Um ein Haar hätte ich ihm geantwortet: »Wenn ich hier nicht eingesperrt wäre, hätte ich vielleicht auch keine Angst!«

18 Uhr war schon längst vorbei. Wir aßen und fragten uns, was wohl als Nächstes käme. Als Honcho wieder einmal hereinschaute, hielt ich ihn an und sagte: »Entschuldigen Sie, ich möchte gern darum bitten, daß wir diesmal zusammen mit unseren Kollegen am Gottesdienst teilnehmen können. Ich weiß, daß Sie früher immer gesagt haben, daß das nicht richtig aussehen und uns ins Gerede bringen würde. Aber es kann doch niemand etwas dagegen haben, wenn wir in der Gegenwart eines Priesters mit den Männern zusammen sind und einen Gottesdienst halten, oder?«

Die Antwort war wie erwartet: »Das wäre aber sehr schwierig für die Männer. Sie müssen unsere Probleme verstehen . . .«

»Aber ich glaube, daß Sie auch verstehen sollten, daß zum Weihnachtsgottesdienst die Gemeinschaft gehört, das Zusammensein. Gemeinschaft ist für uns Christen sehr wichtig, besonders zu solchen Gelegenheiten wie Weihnachten und Ostern.«

»Wir werden sehen«, sagte er nur. Bald kamen die Brüder, um uns abzuholen. Wir nahmen unsere Decken, unsere Bibeln und einige Bücher und ließen uns in den Flur führen. Es war jetzt 21.30 Uhr. Man brachte uns in einen kleinen Vorratsraum, und dort saßen wir nun und hörten, wie die Männer grüppchenweise in unser Zimmer gebracht wurden. Jedesmal wenn wir wieder »Stille Nacht« hörten, war wohl wieder ein neuer Gottesdienst im Gange.

Gegen Mitternacht brachte uns ein Bruder je eine Portion Pudding: Schokolade und Vanille. Wir aßen etwas davon und rückten auf unseren harten Stühlen hin und her. Beheizt war der Raum auch nicht. Ich sprach mir selbst Mut zu: *Denk nicht an zu Hause, denk nicht an deine Verzagtheit. Du wirst jetzt bald einen Pastor treffen und an einem Gottesdienst teilnehmen können.*

Endlich, um 1.30 Uhr, waren wir an der Reihe. Wir nahmen unsere Bibeln und Bücher zur Hand, ließen uns die Augen zubinden und wurden in unser Zimmer geführt. Dort waren der uns mittlerweile bekannte päpstliche Nuntius Monsignore Anibale Bugnini und ein weiterer Priester. Sie begrüßten uns herzlich. Ich ließ meine Augen rasch durch den Raum streifen. Gleißend helle Fernsehstrahler und -kameras, überall Brüder und mehr Stühle als sonst, insgesamt acht. Die Männer mußten in Gruppen von je sechs gekommen sein. Überall die Reste von Plätzchen, Pudding, Süßigkeiten und Obst, der Teppich voll von Krümeln. Ob unsere Kollegen uns vielleicht ein Zeichen oder eine Nachricht hatten hinterlassen können? Nun, das würde sich morgen zeigen, beim Aufräumen. Jetzt kam erst einmal der Gottesdienst.

Der Nuntius bat uns, uns links und rechts neben den anderen Priester – es war Bischof John Issayi – zu setzen. Der Gottesdienst begann. Wir sangen »Stille Nacht«, und ich las die Verheißungsworte aus dem Propheten Jesaja. Das Glaubensbekenntnis sprachen wir in einer neuen englischen Version. Bischof John Issayi hielt eine Predigt über Maria und wie sie Gott diente.

Dann gab er uns das Abendmahl. Als er die Einsetzungsworte sprach, kam mir der Monat März wieder in den Sinn – wie ich damals solche Sehnsucht nach dem Abendmahl gehabt und wie Gott mir mit dem Erlebnis der inneren Gemeinschaft mit ihm geantwortet hatte. Ich sprach ein stilles Dankgebet und nahm froh die Oblate aus der Hand des Bischofs.

Und jetzt tat der Nuntius etwas ganz Außergewöhnliches. Er beugte sich zu dem Bischof vor und flüsterte ihm etwas ins Ohr – worauf dieser den Kelch hob und auch ihn mir reichte. Mit Freudentränen trank ich. Wann würde ich wohl das nächste Abendmahl bekommen?

Der Gottesdienst ging zu Ende, und wir konnten kurz mit den beiden Besuchern sprechen. Wir bekamen jeder ein kleines Kruzifix. Dann ging ich zu dem großen Baum, an dem zwei meiner Lesezeichen hingen, und gab sie den Priestern. Ein armseliges Geschenk, aber sie nahmen es gern entgegen.

Dann kam es: »Wollen Sie vielleicht jetzt Ihren Verwandten etwas sagen?«

»Du zuerst, Kate«, sagte Ann.

Ich versuchte, mich an sämtliche guten Ratschläge zu erinnern, die ich in früheren Jahren meinen Schülern im Stimm- und Sprechunterricht gegeben hatte. Zweimal tief Luft holen. Nicht vor der Kamera zusammenbrechen! Meine Knie und Beine zitterten. Ich preßte meine Hände zusammen; jetzt brauchte ich jedes Stückchen Kraft und Ruhe, das ich hatte.

Noch einmal Luft holen, und jetzt los! Würde das klappen? Würden die Studenten das jetzt auch wirklich filmen und aufnehmen? Würde ich das Richtige sagen? Ich wußte noch: Als ich klein war – etwa fünf Jahre alt –, war in einem anderen Staat der USA ein Kind in meinem Alter brutal entführt und ermordet worden, und ich war ganz schockiert davon gewesen. Ob nicht meine kleinen Neffen und Nichten jetzt ebensolche Ängste hatten, wo ihre Tante Kate als Geisel im Iran saß? Was ich jetzt sagte, sagte ich für sie – und für Vater, Mutter, meine Schwestern und meine Schwäger.

Ich fing an: »Mutter und Vater, ich möchte euch für all das danken, was ihr mir über Lieben und Leben, über das Leben hier auf der Erde und das in der Ewigkeit, beigebracht habt. Und jetzt, Jared, Suzie, Carrie, Diann, John Lars, Becky, Mark und Emma Lou, könnt ihr ein Lied mit mir singen?« Ich holte wieder tief Luft und sang leise die dritte Strophe des Liedes »Away in a Manger« (»Dort in einer Krippe«):

Be near me, Lord Jesus!
I ask Thee to stay
Close by me forever,
And love me, I pray.

Bless all the dear children
In Thy tender care,
And take us to heaven,
To live with Thee there.

(Bleib bei mir, Herr Jesus!
Laß mich nicht allein.
Laß für immer deine Liebe
Und Hilfe bei mir sein.

Und gib deinen Segen
Und Gnad' jedem Kind,
Und führ uns zum Himmel,
Wo wir dann bei dir sind.)

»Es geht mir ordentlich«, fuhr ich fort. »Ich nehme weiter ab, was auch ganz gut so ist.« Noch ein paar Sätze, und ich war fertig.

»Lieber Herr«, betete ich im stillen, »bitte hilf, daß die Studenten das hier auch an meine Lieben schicken.« Aus einem Brief von Anabeth wußte ich, daß sie damals nach Ostern ins Fernsehstudio gegangen waren und sich die Ausschnitte, die die Studenten geschickt hatten, angesehen hatten.

Dann sprach Ann zu ihrer Familie, und die Priester machten sich fertig, um zu gehen. Monsignore Bugnini fragte, ob er wohl etwas von dem Baumschmuck ins Außenministerium mitnehmen könne, zu Bruce, Vic und Mike. Sie waren also noch da! Wieder ein Geschenk, dieses Wissen!

Die Studenten gaben uns noch je einen Packen Briefe, einen Trainingsanzug und eine Jacke sowie ein Gesellschaftsspiel. Die Priester gingen (mit verbundenen Augen), und wir machten uns daran, aufzuräumen.

Unsere Matratzen kamen wieder ins Zimmer, und wir begannen, uns für die Nacht fertigzumachen. Die Post würde ich wohl erst morgen früh lesen. Schließlich wollte ich vor Ann aufwachen, damit ich ihren Weihnachtsstrumpf füllen konnte. (Wir hatten jeder bei dem Weihnachtsbaum einen Strumpf an die Wand geheftet.) Ich hatte dazu ein paar heimlich aufbewahrte Bonbons und das Lesezeichen parat, und dann wollte ich auch noch den Bleistiftbehälter ausgraben und unter den Baum schieben.

Weihnachtstag. Wir standen spät auf, frühstückten und hielten unsere Andacht. Als »Predigt« las ich etwas aus dem Buch *Bright Valley of Love* (»Helles Tal der Liebe«) von Edna Hong. Vorher gab ich Ann rasch noch einen Packen Papiertaschentücher. »Hier«, sagte ich, »gleich können wir uns mal so richtig ausheulen.«

Ich las Abschnitte über behinderte Kinder und wie ein solches Kind Weihnachten erfuhr. Wir weinten ausgiebig, für die Kinder und für uns selbst; wie gut das tat!

Anschließend nahmen wir unsere Weihnachtsstrümpfe ab. Ann war ganz begeistert von dem Bleistiftbehälter, und ich fand das Mobile, das sie mir gemacht hatte, toll. Ich hing es prompt am Kronleuchter auf.

Kaum hatten wir uns in unsere Lektüre vertieft, als die Brüder kamen, beladen mit weiteren Geschenken: Süßigkeiten und anderes Eßbares von unseren diplomatischen Kollegen in Teheran. Parfüm von Ahkbar! Dann Bücher – die Titel, um die ich in meinem Brief an Dr. Preus gebeten hatte, am 3. September. Das erste Buch, ein Bibelkommentar, hätte ich eigentlich schon gern zu Anns Geburtstag gehabt. Nun, jetzt bekam sie es also zu Weihnachten.

Im weiteren Verlauf des Tages bekamen wir noch jeder einen Schuhkarton voll Geschenken von unseren Verwandten, und am Abend besuchten uns zwei Vertreter der algerischen Botschaft. Sie hatten eine lange Liste mit den Namen der Leute, die auch noch in diesem Gebäude sein sollten, aber alles, was sie uns sagen konnten, war, daß Verhandlungen im Gange seien. Sie gingen, und wir waren wieder allein.

Wir aßen ein Stück Schokolade und ließen noch einmal die Szenen dieser bittersüßen Tage an uns vorbeigehen. Es war unser zweites Weihnachten im Iran, in der Geiselhaft, gewesen, und wir wußten, daß es für unsere Lieben zu Hause geradeso schwer gewesen war wie für uns selbst. Aber die Algerier hatten uns gesprochen, und dann vor allem die Priester. Die Fernsehkamera war auch hier gewesen. Wir hofften, daß unsere Familien erfahren würden, daß wir weitermachten und den Mut nicht zu sehr sinken ließen.

»Was möchtest du gern noch singen?« fragte ich Ann und holte das Gesangbuch hervor.

»Engel bringen frohe Kunde«, antwortete sie. Und bald füllte das »Gloria« unser Zimmer und unsere Herzen.

# 15. Kapitel

Iran droht mit Hinrichtung der Geiseln
*(Des Moines Register, 1. Januar 1981)*

## Januar 1981

Das zweite Neujahrsfest der Gefangenschaft kam. Ein volles Kalenderjahr hatten wir jetzt als Geiseln zugebracht – irgendwie war das mehr, unerhörter als bloße 365 Tage. Das mußte gefeiert werden, am besten laut, und so klopften wir pünktlich um Mitternacht Teheraner Zeit an die Wand zu den Männern nebenan. Und jawohl, sie klopften zurück. Frohes neues Jahr! Wieder ein kleiner Triumph.

Ich hatte für Ann eine Karte gemacht, die ich ihr jetzt am Neujahrsmorgen gab. Sie sah wie ein kleiner Schneemann aus: Wattebällchen für den Rumpf, kleine Kiefernzweige als Arme, ein Stück Zwirn als Schal. Gesicht und Zylinderhut hatte ich mit Tinte eingezeichnet. In die Karte hatte ich ein kleines, selbstgemachtes Gedicht geschrieben.

Die Tage nach Neujahr waren nicht sonderlich aufregend: Bibellesen, sonstige Lektüre, nachdenken, beten. Als ich durch den ersten und zweiten Korinther-Brief ging, merkte ich, wie wichtig es doch war, daß ich jedem Menschen so begegnete, wie sich das für ein Gotteskind gehört. Also: nicht den Stab über den anderen brechen, ihn so annehmen, wie er ist – auch die Studenten!

In einem der Bücher, die ich las, hieß es: »Vertrauen ist Willenssache.« Auch das machte mich nachdenklich. Konnte, wollte ich Gott vertrauen? Ja, ich wollte es. Ich konnte ihm zutrauen, daß er mich und die ganze Situation, in der ich war, recht gebrauchte und führte. Obwohl auch wiederum ein solches Vertrauen gar nicht so einfach war, wenn, wie zur Zeit, so wenig geschah. Der einzige Mensch, dem ich helfen konnte, war doch wohl Ann, und ihr zu helfen war auch keine Heldentat, denn sie half ja auch mir. Als wir für unsere Kollegen kochen konnten, war das Leben erträglicher gewesen. Aber jetzt: nichts als unsere Alltagsroutine und das ständige Warten und Fragen, ob diese Affäre jemals ein Ende haben würde.

Die Studenten brachten ein Videogerät in das Gebäude, und wir sahen einige Filme. Ich bekam Schlafstörungen. Ob das von der Schaumgummimatratze kam? Ich versuchte es mit dem Fußboden, dort, wo er durch Warmwasserrohre etwas von unten beheizt war. Jetzt wurde mein Schlaf wieder besser.

Der Krieg mit dem Irak forderte seinen Tribut. Der Strom wurde regelmäßig abgeschaltet, manchmal zweimal am Tag. Wir bekamen zum Teil neue Wächter; einige der Studenten waren jetzt fort. Wir hörten, daß Ahkbar als Reporter für eine Nachrichtenagentur an die Front gegangen war. Aber ein klein wenig über den neuesten Stand der Feindseligkeiten und Haßgefühle konnten wir auch über die Mädchen in dem Schulhof vor unserem Fenster erfahren. Sie übten mal *»Marg bar Ahm-ri-ka«* (»Tötet Amerika«), mal *»Marg bar Schu-ra-vie«* (»Tötet Rußland«).

Dann, am Samstag, dem 17. Januar, kam Honcho und sagte uns, wir würden jetzt vielleicht sehr bald nach Hause kommen.

Wir ließen ihn gar nicht richtig zu Wort kommen: »Also, sagen Sie so etwas doch bitte erst dann, wenn es auch wirklich stimmt! Jetzt reden Sie schon seit sechs Wochen von unserer Freilassung!«

Er brach in der Mitte seines Satzes ab, sagte: »Nun ...« und ging wieder. Wir wußten nicht, ob wir ihm diesmal glauben sollten oder nicht, und so beschlossen wir, nicht weiter über die ganze Sache nachzudenken und unseren gewohnten Tagesablauf abzuspulen. Der Rest dieses Samstages wie auch der Sonntag vergingen ruhig. Aber früh am Montagmorgen klopfte es an die Tür.

»Ja?« sagte ich.

»Können wir herein?«

»Natürlich«, sagte ich und langte nach meinem Kaftan (ein Geburtstagsgeschenk von einem unbekannten Wohltäter). »Nur einen Augenblick, bitte.«

Ein Bruder trat ein und schloß die Tür hinter sich. »Wir haben eine Überraschung für Sie. Jemand will Sie sprechen.« Ann und ich sahen einander stumm an und fingerten an unserem Haar herum. Wer konnte das sein? Der Bruder öffnete die Tür wieder, und da stand »Tigerlily«.

Ich weiß nicht, welche Begeisterungsausbrüche die beiden von uns erwartet hatten. Wir blieben kühl, spulten beide (auf Farsi) das traditionell-höfliche »Guten Morgen, wie geht es Ihnen?« ab und baten sie, sich doch zu setzen. Wir kannten Tigerlily vor allem als Lügnerin, die uns die phantastischste Propaganda glaubhaft machen wollte. Und überhaupt konnten wir diesen Schwestern mit ihrer ständigen sklavischen Abhängigkeit von den Brüdern sowieso nicht mehr soviel Achtung entgegenbringen.

Tigerlily öffnete feierlich ihren Mund und fing an: »Wir sind noch nicht 100 Prozent gewiß, daß Sie bald freigelassen werden, aber ich kann Ihnen versichern, daß die Chance dazu noch nie so groß und so real gewesen ist.« Sie hielt inne, damit wir auch Zeit hatten, gehörig beeindruckt zu sein. Aber wir verzogen keine Miene. Sie fuhr fort: »Es sind Verhandlungen im Gang, und die Möglichkeit besteht, daß man Sie freilassen wird.«

Sie redete noch ein paar Minuten weiter. Wir hörten schweigend zu, sagten Dankeschön, und sie zog wieder ab.

Kurz danach kam wieder ein Bruder: »Sie werden bald von algerischen Ärzten untersucht werden.« Wir dankten ihm für die Mitteilung, und er ging. Schließlich kam noch ein Student: »Wir bringen Sie gleich in ein anderes Zimmer. Nehmen Sie sich etwas mit.«

»Dann kommen wir nicht mehr hierher zurück?« fragte ich.

»Doch, doch. Wir brauchen dieses Zimmer halt einen Augenblick.«

Wir packten die Bücher, die wir gerade lasen, unsere Bibeln und unsere Handarbeit zusammen und ließen uns zu dem kleinen Vorratsraum führen, wo wir vor dem Weihnachtsgottesdienst gewartet hatten. Hier war gerade genügend Raum für unsere beiden Stühle. Jemand brachte uns Decken, und wir machten es uns so bequem es ging.

Bald kam einer der Brüder zurück und sagte: »Wir wollen Sie jetzt für unser Archiv interviewen.« Ich sah Ann an. Wir wußten genau, was das bedeutete: wieder Propaganda. Schweigend legten wir unsere Augenbinden an und ließen uns zurück in unser Zimmer führen.

Aha. Die Kulissen standen, das Spiel konnte beginnen. Unsere beiden Stühle hatte man in eine Ecke geschoben und einen kleinen Tisch vor sie gestellt, der mit unserem kleinen Weihnachtsbaum geschmückt war. Auf dem Heizkörper im Hintergrund prangten sämtliche Weihnachtskarten, die im Zimmer greifbar gewesen waren. Wir setzten uns mit verhaltener Wut auf die Stühle, und Tigerlily kam herein. Sie setzte sich uns gegenüber, mit dem Rücken zur Fernsehkamera.

Sie fing an: »Wir möchten uns gern mit Ihnen darüber unterhalten, wie Sie hier behandelt worden sind. Wir möchten gern von Ihnen hören, wie das Essen war, wie wir für Sie gesorgt haben, wie Sie sich gefühlt haben.«

Mit einer solchen Show hatten Ann und ich schon seit langem gerechnet, und wir waren übereingekommen, den Studenten nicht in die Hände zu spielen. Ann sprach zuerst. Sie sagte: »Was das körperliche Wohlergehen betrifft, hat man uns eigentlich ganz ordentlich behandelt. Wir haben reichlich zu essen gehabt, und warm war es auch. Aber wir haben die ganze Zeit Angst gehabt. Man hat die Post von unseren Verwandten nicht immer an uns weitergegeben. Manchmal haben wir monatelang keinen einzigen Brief von unseren Eltern bekommen.«

Und so ging es weiter. Wir sprachen – mal Ann, mal ich – darüber, wie wenig wir an die frische Luft konnten, wie selten und unregelmäßig wir baden durften, wie beengt wir in unseren Zimmern waren und wie wir uns so überhaupt nicht mit unseren Mitgeiseln hatten unterhalten dürfen.

Einmal, als gerade der Film ausgewechselt wurde, beschwerte sich Tigerlily: »Warum sind Sie so negativ? Reden Sie doch mal über das Positive!«

»Können Sie mir sagen, was positiv daran ist, wenn man eingesperrt ist?« schnappte ich.

Sie zuckte irritiert die Schultern. »Aber denken Sie doch mal daran, wie großzügig wir waren. Die Nüsse, die Süßigkeiten . . .«

Der Kameramann unterbrach sie mit der Bemerkung, daß sie wieder fertig zum Filmen seien, und so lehnte sie sich wieder zurück, und das Interview ging weiter. Nach 45 Minuten waren wir entlassen.

Es ging wieder zurück in die Vorratskammer. Wir waren noch nicht damit fertig, unsere Eindrücke über das Interview auszutauschen, da kamen drei Männer herein, die wie ein medizinisches Team aussahen. Sie trugen weiße Kittel und hatten ein Tablett mit verschiedenen Fläschchen und Instrumenten dabei. Ich hielt sie für die versprochenen Algerier und sprach sie auf französisch an. Aber sie verstanden kein Französisch; sie waren Iraner. Ich rief den Bruder aus dem Korridor und sagte, daß das nicht ginge; die Ärzte seien keine Algerier, also dürften sie mich nicht untersuchen. Ann sagte nichts.

Wir stritten uns ein paar Minuten lang, dann kam Honcho. »Was reden Sie da? Sie werden nicht freigelassen, bevor Sie sich nicht haben untersuchen lassen.«

»Sie haben uns gesagt, das wären algerische Ärzte, und dabei sind es Iraner. Was ist denn jetzt mit den Algeriern? Was wollen diese Leute hier?«

Honcho war rot vor Wut, und unser Wortwechsel ging noch ein paar Sätze weiter. Schließlich kapitulierte ich. »Natürlich, natürlich, ich bin ja Ihr Gefangener. Bitte, machen Sie, was Sie wollen.« Ann und ich ließen uns die Blutproben nehmen, die die drei haben wollten. Immerhin waren ihre Instrumente originalverpackt und mithin steril. Dann, die Bibeln in der Hand, mußten wir die Treppe in ein anderes Zimmer hinuntergehen. Hier erwartete uns ein zweites Ärzteteam, diesmal die Algerier.

Auch der große, elegante Student mit dem guten Englisch, den ich einmal für einen Vertreter des Außenministeriums gehalten hatte, war da, außerdem etliche iranische Pressefotografen. Die Fotografen schossen ein paar Bilder und gingen, aber der Elegante – wir hatten ihn übrigens »Vogelscheuche« getauft – machte keine Anstalten, den Raum zu verlassen.

Ich sagte zu dem Arzt: »Bevor Sie mich untersuchen, muß dieser Herr aber gehen.«

»Vogelscheuche« versuchte ein begütigendes Lächeln. »Aber Miss Koob, nun seien Sie doch mal nicht...«

»Hören Sie, wenn hier unbedingt einer der Studenten dabeisein muß, dann von mir aus eine Schwester. Aber Sie werden den Raum verlassen, bevor ich untersucht werde.«

»Miss Koob...«

»Nichts da! Sie sind kein Arzt. Wenn diese Ärzte mich untersuchen sollen, müssen Sie gehen. Ich lasse mich nicht untersuchen, wenn hier ein Mann im Zimmer ist.«

Sein Gesicht erstarrte zu einer Maske, aber er stand auf, holte eine der Schwestern und ging. Wieder ein kleiner Sieg.

Sobald er fort war, begannen die Ärzte ihre Untersuchung. Mein Französisch war arg eingerostet, aber ich konnte den Ärzten doch zu verstehen geben, daß ich das meiste von dem, was sie sagten, verstehen konnte, wenn auch meine aktiven Sprachkenntnisse nicht sehr weit über *oui* und *non* hinausgingen.

Die Untersuchung war gründlich; anschließend machte in einem Nebenzimmer eine junge Assistentin noch ein EKG. Endlich war alles vorbei, und wir wurden – immer noch die Bibeln unter dem Arm – wieder in den Vorratsraum geführt.

Da meine Augenbinde nicht so wollte wie mein ungeduldiger Führer, hatte er mir in der Eile einfach meinen Schal über den Kopf gehängt. So konnte ich auf dem Weg durch die Korridore deutlich eine ganze Reihe meiner Kollegen sehen, wie sie ebenfalls von ihren Wächtern geführt wurden. Sie sahen alle recht gut aus. Ob das wirklich wahr war, ob diese Tortur jetzt endlich zu Ende ging? Ich wagte gar nicht, zu sehr daran zu denken.

Jetzt bekamen wir auch zum ersten Mal alte Nummern des Regierungsblattes *Teheran Times* zu lesen. Schlagzeilen und lange Artikel über die Geiselverhandlungen. War das jetzt nur Propaganda, oder steckte wirklich etwas dahinter? Nach so vielen falschen Versprechungen und enttäuschten Hoffnungen waren Ann und ich entschlossen, kühl und abwartend zu bleiben.

Wir saßen in dem Vorratsraum und horchten auf das Kommen und Gehen in den Fluren und Gängen. Stunde um Stunde verging. Um 21 Uhr steckte ein Bruder seinen Kopf durch die Tür. »Das ist doch hier sicher nicht sehr bequem für Sie.«

»Nein, wirklich nicht.«

»Dann packen Sie Ihre Sachen zusammen. Wir haben einen anderen Raum für Sie gefunden. Tut uns leid, aber Ihr Zimmer brauchen wir immer noch.«

Wir legten unsere Binden um und wurden in eine Küche

geführt, in der zwei offensichtlich in aller Eile herbeigeholte Sessel standen. Die Brüder gingen, und wir sahen uns um.

Auf den Regalen und in den Schränken stapelte sich alles mögliche: Papier, Reinigungsmittel, Toilettenartikel, Lebensmittel, Kartoffelchips etc., etc. Und dort, ganz oben, Post! Schachtel- und stapelweise. Post, die wir nie bekommen hatten.

Wir waren wie versteinert. Vorsichtig holten wir die Schachteln herunter und inspizierten sie. In einer war ein Trainingspullover für irgend jemanden; in einer anderen eine Bibel. Noch ein Bücherpaket, offenbar für Weihnachten gedacht. Es war alles so sinnlos! Der Pullover hätte jemanden wärmen, die Bibel und all die vielen Briefe jemand lesen können.

Wir untersuchten das Weihnachtsbücherpaket genauer. Es war das Andachtsbuch, um das ich Dr. Preus gebeten hatte! Wir nahmen das Buch an uns und legten die leere Verpackung zurück in das Regal. Dieses Buch sollte uns nicht entgehen!

Dann und wann kamen Studenten herein, um Erfrischungen oder sonstige Dinge zu holen. Sie sahen jedesmal erschöpfter aus. Es war ein anstrengender Tag für sie gewesen, aber auch für uns. Es war schon weit nach Mitternacht, als wir hörten, wie irgendwelche schweren Gegenstände durch den Flur geschleppt wurden. Ein Bruder kam und sagte: »Sie sind sicher sehr müde. Sie können jetzt auf Ihr Zimmer zurück.«

Erschöpft stolperten wir durch die Flure. Das Zimmer war von Essensresten übersät. Der kleine Tisch war fort, und die beiden Stühle standen wieder an ihrem gewohnten Platz. Man gab uns auch unsere Matratzen und Decken zurück.

Wir schliefen unruhig und wurden zeitig durch »unsere« Schulmädchen geweckt. Unsere Bewacher mußten wohl mindestens genauso erschöpft sein wie wir, denn es war lange ruhig auf dem Flur, und das Frühstück kam sehr, sehr spät. Wir stillten den ersten Hunger mit Datteln aus unserem kleinen Privatkühlschrank (dem Fensterbrett). Das konnte ja ein langer Tag werden!

Dann gingen unter dem Fenster die Trommeln los. Bumm ... bumm ... bumm. Langsam, wehmütig, dumpf. Es schien, als solle das stundenlang so gehen. Und die Studenten fingen an, zu dem Takt der Trommeln zu marschieren und ihre Parolen zu schreien. Der Himmel war bleigrau.

»Ich glaube nicht, daß wir vor halb sieben oder so was hören«, sagte ich zu Ann.

»Wie meinst du das?«

»Na, heute ist Inauguration Day«*, sagte ich. »Ich glaub', die Zeremonie findet um 10.30 Uhr Washington-Zeit statt. Also vor 18.30 Teheran-Zeit wird es hier nichts Neues geben.«

»Ich glaub', du hast recht«, sagte sie. Wir lasen weiter. Der Tag blieb so, wie er war: grau und traurig. Bumm ... bumm ... bumm gingen die Trommeln.

---

* Wörtlich »Amtseinführungstag«; der Tag, an dem der jeweils neue Präsident der Vereinigten Staaten offiziell in sein Amt eingesetzt wird. Es ist dies jeweils der 20. Januar des auf die Wahl folgenden Jahres.

# 16. Kapitel

Geiseln endlich frei. Reagan tritt Amt an.
*(Des Moines Register, 21. Januar 1981)*

## 20. Januar 1981

Ich kann mich noch an jede Einzelheit erinnern.

Um 17.50 Uhr klopfte einer der Brüder an die Tür. Er kam herein, ein Blatt Papier in der Hand, und sagte: »Machen Sie sich fertig. Wir gehen.«

»Wohin?« fragte Ann.

»In die Vereinigten Staaten«, sagte er. »Packen Sie Ihre Sachen.«

Ohne auch nur einen Blick auszutauschen, langten wir beide in den Schrank und zogen unsere seit Monaten fertiggepackten »Nottaschen« hervor. Das Ganze dauerte vielleicht fünf oder zehn Sekunden. »In Ordnung, wir sind fertig.«

Er starrte uns völlig entgeistert an, und es dauerte einen Augenblick, bis er seine Sprache wiederfand. Dann sagte er: »Wir sind in höchstens einer Stunde zurück«, drehte sich um und ging.

Jetzt starrten Ann und ich einander an, die Augen voll Hoffnung und Furcht. »Sag mal, ist das hier wirklich wahr?« fragte sie. Wir hatten von dem algerischen Botschafter gehört, daß Verhandlungen im Gang seien; algerische Ärzte hatten uns untersucht; und heute war die Amtseinführung des amerikanischen Präsidenten. Das stimmte alles zusammen. Aber wir wußten andererseits auch, daß den Studenten nicht zu trauen war. Das Ganze konnte auch einfach ein Vorwand für einen weiteren »Umzug« sein, bei dem sie dann wieder etwas von unserem Eigentum »verlieren« konnten.

Wir verloren keine Minute Zeit, sondern zogen uns sofort Extrakleidung an: je eine zweite Jeans, die wir irgendwo aufgestöbert hatten, einen zweiten Pullover. Dann gingen wir unseren kleinen Besitz durch und sortierten sorgfältig die Dinge aus, die wir auf jeden Fall bei uns haben wollten, falls wir *nicht* nach Hause gingen. Wir banden unsere Bibeln einmal mehr so zusammen, daß die verschiedenen Zettel und Fotos nicht herausfallen konnten. Wir waren noch mitten in der Arbeit, da ging wieder das Licht aus. Wir mußten lachen. Typisch! Wir holten unsere Streichhölzer hervor und zündeten Kerzen an.

Nach ein paar Minuten kam wieder ein Bruder. »Das können Sie nicht alles mitnehmen«, sagte er, »das ist zuviel. Nur ein kleines Päckchen, bitte.«

»Wieso?« sagte ich. »Das hier sind Briefe von meinen Verwandten. Die will ich nach Hause nehmen.«

»Soviel Post hat doch gar keiner bekommen«, warf er mir über die Schulter zu.

Ich packte die Briefe in aller Eile zu meinem Handarbeitszeug und vergaß auch unsere kleinen Weihnachtsengel nicht. Endlich sahen unsere Taschen klein genug aus, um den kritischen Bruder zufriedenzustellen. Da kam er auch schon ins Zimmer gestürmt und legte los: »Warum sind Sie noch nicht fertig? Wenn Sie nicht dalli machen, kommen Sie nie hier weg!«

»Wir sind doch fertig«, sagte ich. »Hier sind unsere Binden.«

Mehrere Brüder führten uns durch den Korridor, eine Treppe hinunter und zu einem Ausgang. Der kalte Luftzug von draußen war frisch und belebend. Jemand sagte: »Vorsicht, es ist glatt.« Dann unterhielten sie sich darüber, ob für uns noch Platz in dem Bus sei. Nein, er war schon voll.

Den Motorengeräuschen nach standen mehrere Fahrzeuge in dem Hof. Endlich führten zwei Brüder Ann und mich zu einem von ihnen und befahlen uns einzusteigen. »Passen Sie auf das Trittbrett auf!« Ich streckte unbeholfen meine Hand aus. Aha, ein Haltegriff. Ich hielt mich daran fest und zog mich hinein. Jetzt saß ich auf einer Bank, Ann zu meiner Linken. Es waren noch mehr Leute in dem Bus. »Nikt espreken!« kam es prompt.

Wie ich mich danach sehnte, endlich nach Hause zu kommen! Aber ich ließ meinen Gefühlen keinen Lauf. Keine verfrühte Begeisterung! Immerhin, hier waren wir zum ersten Mal zusammen mit den männlichen Geiseln im gleichen Fahrzeug. Jetzt kam rechts von mir eine leise männliche Stimme:

»Wie geht's?«

»Danke. Wer sind Sie?«

»Kalp.«

Ich bin Koob.«

Das war also Malcolm Kalp, ein Botschaftsbeamter. Die Studenten protestierten: »Psst, nikt espreken.«

Wir saßen und warteten. Auf was? Es schien eine Ewigkeit zu dauern. Ich hatte vergessen, auf unsere Armbanduhr zu schauen, als wir das Zimmer verließen. Hinten machte ein Amerikaner auf Farsi eine abschätzige Bemerkung zu einem der Bewacher. Man zog ihn sofort aus dem Bus und schlug ihn zusammen. Wir konnten die Schläge deutlich hören. Ich hatte Angst, sie würden ihn hierbehalten, aber schließlich hörte ich, wie sie ihn wieder zurück auf seinen Sitz schoben.

Endlich fuhr der Bus an. Die Fahrt schien mehr oder weniger geradeaus zu gehen. Wir wurden auf unseren Sitzen hin- und hergeschüttelt. Ich versuchte, einige von den Stimmen meiner Mitfahrer zu erkennen.

Nach etwa 30 Minuten hielten wir an. Der Fahrer verkündete: »Sie können jetzt Ihre Augenbinden abnehmen.« Unser Ziel wurde von Lichtern und einem riesigen Vollmond hell erleuchtet. Wir waren am Flughafen von Teheran!

Ich sah mich um. Hinten saß Mike Metrinko; da hatte ich also richtig gehört. Er sah zerschunden aus. Und da war Bob Blucker und direkt neben mir Malcolm. Wir begannen, uns zu unterhalten – hastig und verstohlen, schließlich waren die Studenten noch da.

Soldaten patroullierten hin und her, lässig, aber schußbereit. Vor uns stand ein größerer Bus mit dem Rest unserer Kollegen. Einer nach dem anderen wurden sie herausgeholt und, vorbei an einem Haßparolen brüllenden Mob und im gleißenden Licht der Fernsehlampen, zu den Flugzeugen gebracht. Erst jetzt sah ich sie – die beiden algerischen Verkehrsmaschinen, die da startbereit auf der Rollbahn warteten.

War das wirklich kein Traum? Die Studenten brüllten immer noch, die Fäuste hoch erhoben: *»Marg bar Ahm-ri-ka! Marg bar Car-ta-re!«* Und dann eine neue Parole: *»Marg bar Rea-gan!«*

Jetzt durften auch wir aus unserem Kleinbus. Als ich ausstieg, sah ich rechts von mir den kleinen Ali. Im nächsten Augenblick war ich mitten in dem Haßstrudel dieser ungepflegten Bartgesichter und erhobenen Fäuste. Noch einmal *»Marg bar Ahm-ri-ka«*.

»Jetzt laß ich mich erst recht nicht unterkriegen«, sagte ich mir. Und mit hocherhobenem Kopf und stolz auf mein Land ließ ich mich an dem Mob vorbei und zu dem Flugzeug führen.

Jetzt die Einstiegstreppe hinauf. Da war die Tür der Maschine. Hinter ihr ein kleiner Haufen iranischer Reporter und Kameramänner. Ich zwängte mich durch. Und dann das Schönste: meine Kollegen. Sie standen vor ihren Sitzen und begrüßten jeden Neuankömmling mit großem Hurra und Händeklatschen.

Da war Bruce Laingen. Direkt neben ihm mein Chef, John Graves. Vor John waren Barry Rosen und Bill Royer, die den Platz zwischen sich für mich freigehalten hatten.

Wir fielen uns in die Arme, drückten uns wortlos. Dann brach der Wortdamm.

»Wie geht's dir?«

»Gut. Und dir?«

»Prima!«

Ich setzte mich und fing an zu reden wie ein Wasserfall.

»Wart ihr auch aus der Stadt raus?« – »Das war doch was, das letzte Quartier, oder?« – »Hast du das Zimmer mit den Kristallleuchtern gesehen?« – »Erinnert ihr euch an den Raum mit dem Christbaum? Das war das Zimmer von Ann und mir!«

Auch an Bord waren der algerische Botschafter im Iran (er hatte uns Weihnachten besucht) und der schweizerische Botschafter Erich Lang. Die beiden hatten eine Namensliste, die wir unterschreiben mußten. Ich zog meine doppelte Kleidung aus und hörte zu, wie Don Cooke erzählte.

Nur mit halbem Ohr hörte ich, wie jemand sagte: »Leute, jetzt müßt ihr euch aber hinsetzen und anschnallen, sonst kommen wir nicht weg!« Ich spürte kaum, wie wir zum Start rollten und abhoben. Wie gut das tat, in diesem Flugzeug zu sein!

Bruce hatte den Flugkapitän gebeten, es uns zu sagen, wenn wir den iranischen Luftraum verließen. Als die Durchsage endlich kam, brach ein donnerndes Hurra los, und von irgendwoher erschienen Sektflaschen, mit denen Algerian Airlines uns unsere neugewonnene Freiheit feiern ließ. Als Dank setzten wir für jedes Besatzungsmitglied unsere Autogramme auf die neueste Tageszeitung. Erst jetzt merkte ich, wie verspannt ich noch war. Ich hatte die ganze Zeit dieses Wissen im Hinterkopf gehabt, daß man die Maschine, solange sie noch in iranischem Luftraum war, ohne weiteres wieder zum Umdrehen zwingen konnte. Ich hatte sogar halb damit gerechnet, daß die Iraner uns, sobald wir über der Türkei wären, beschießen würden. Die Studenten hatten uns oft genug vorgelogen, der CIA würde uns am liebsten umbringen, und bei ihrem revolutionären Verfolgungswahn und ihrem Superagenten-Komplex hätte es mich nicht im geringsten überrascht, wenn sie jetzt versucht hätten, uns abzuschießen und dann den CIA als den Schuldigen hinzustellen.

Aber was sollte das Grübeln, jetzt hieß die Parole »Feiern«. Die Algerier eröffneten uns mit vielen Entschuldigungen, daß sie leider keine richtige Mahlzeit für uns an Bord hätten, aber das schien niemanden zu stören. Erst später erfuhr ich, daß sie das wenige, was wir bekamen – Brot und Käse – auf einem Straßenmarkt in Teheran selbst gekauft hatten. Sie hatten durchaus ihr Bestes für uns getan und ihre Aufgabe sehr ernst genommen. Und die Soldaten, die wir auf dem Teheraner Flughafen gesehen und die die Flugzeuge bewacht hatten, waren *algerische* Soldaten gewesen.

Erst hieß es, wir würden in der Türkei zwischenlanden, aber dann landeten wir in Athen. Als wir aufsetzten, wurde ich endlich richtig ruhig. *Jetzt geht es wirklich nach Hause!* Ich wußte, in der Nähe war ein amerikanischer Militärstützpunkt, und wenn nötig, könnten wir Geleitschutz von US-Flugzeugen bekommen. Wir waren frei!

Weiter nach Algerien. Wir redeten und redeten. Keiner dachte an Schlaf. Es gab ja soviel zu erzählen, und es war sooo gut, wieder zusammenzusein.

Als wir in Algier landeten, waren wir schon ganz ungeduldig. »Warum geht's nicht sofort weiter nach Frankfurt?« – »Wir wollen nach Hause!« – »Was soll denn das ganze Getue!« Eine allgemeine Meuterei drohte.

Aber wir hörten dann doch höflich zu, als algerische Beamte an Bord kamen und uns Instruktionen gaben. Wir würden das Flugzeug verlassen und begrüßt werden. Dann würden wir zum Warteraum des Flughafens gehen und offiziell in die Obhut der dort wartenden amerikanischen Regierungsbeamten übergeben werden. Jeder von uns würde jetzt einen Ausweis bekommen, damit alles seine Ordnung habe.

Schließlich sagte jemand: »Okay, geh'n wir!« Und dann, aus vielen Kehlen gleichzeitig: »Damen zuerst!«

Ann und ich schoben uns nach vorne durch, aber Ann rief: »Wo ist Bruce? Ohne Bruce gehen wir nicht!«

Bruce rief uns von hinten zu: »Ich geh' als letzter, der Kapitän verläßt als letzter das Schiff!«

Wir protestierten. »Nein, du bist der Boß. Wir gehen nur, wenn du mit uns kommst.«

Das meinten die anderen dann auch. Wir warteten, bis Bruce bei uns war, und dann marschierte er, flankiert von uns beiden, durch die Tür. Aber wir waren kaum zwei Schritte gegangen, da legte Bruce Anns Hand in meine, schob uns an und fiel einen Schritt zurück.

Fernsehkameras und Lampen und eine große Menschenmenge, die uns begrüßen wollte. Viele von ihnen weinten. Menschen, die ich noch nie gesehen hatte, fielen uns um den Hals. Aber am schönsten waren die Umarmungen von unserem amerikanischen Botschafter in Algerien, Ulrich Haynes, und seiner Frau.

Weiter ging's. Am Zaun des Flughafens drängten sich die Leute und riefen uns zu. Noch mehr Kameras und Lichter. Komisch; es war doch mitten in der Nacht, 1.30 Uhr! Ich merkte erst überhaupt nicht, daß wir da live ins Fernsehen kamen!

Wir betraten die Empfangshalle; links und rechts warteten Stuhlreihen auf uns. Wir setzten uns. Die offizielle Begrüßungsgruppe formierte sich. Während wir dasaßen und warteten, fragte ein Fernsehreporter: »Möchte jemand etwas sagen?«

Sie hielten mir ein langes Mikrofon vor die Nase. Ich sagte: »Es ist schön, wieder nach Hause zu kommen«, und die Kameras schwenkten weiter.

Dann erinnerte ich mich. Was hatte ich mir da in Teheran vorgenommen? Richtig: Ich wollte doch, wenn ich jemals Gelegenheit dazu hatte, all den Leuten, die für uns gebetet hatten, mein Dankeschön sagen. Ich rief dem Kameramann zu:

»Entschuldigung, kann ich noch was sagen?« Er kam sofort zurück. »Was ich noch unbedingt allen Leuten zu Hause sagen möchte: Ihr könnt euch gar nicht vorstellen, wieviel eure Briefe, eure Gebete und eure Hilfe uns bedeutet haben. Wir konnten euch das ja nicht schreiben oder sonstwie mitteilen. Nur Gott weiß, wieviel ihr uns geholfen habt. Ich möchte euch ganz, ganz herzlich danken.«

Der Kameramann ging weiter. So, da hatte ich so etwas wie ein Versprechen eingelöst.

Die Begrüßungsfeierlichkeiten begannen. Ein Vertreter der algerischen Regierung verlas eine offizielle Erklärung. Dann kam die Reihe an Warren Christopher vom State Department. Nach 444 langen Tagen waren wir nicht mehr Geiseln, sondern wieder freie Amerikaner, und bald könnten wir unseren »Flug in die Freiheit« fortsetzen.

Zurück aufs Rollfeld, wo inzwischen ein leichter Sprühregen niederging. Was wäre ich so gern sofort nach Hause geflogen! Aber erst einmal ging es nach Frankfurt. Wir bestiegen zwei Maschinen des amerikanischen Roten Kreuzes. Wie schön, wieder ein Flugzeug mit dem amerikanischen Flaggensymbol sehen zu können. Innen grüßten uns große Schilder mit der Aufschrift »Willkommen in der Freiheit« und jede Menge gelbe Bänder. Jeder Sitz war mit einer gelben Schleife geschmückt, und die Besatzung trug ebenfalls solche Schleifen.

Man gab uns die neuesten Ausgaben der gängigen amerikanischen Nachrichtenmagazine. Ich machte es mir in dem großen Sessel bequem und ging daran, meine großen Wissenslükken über das, was in der Welt vor sich gegangen war, zu füllen. Ich merkte bald, daß das noch eine ganze Zeit dauern würde!

Jetzt, wo das Flugzeug nicht mehr so gedrängt voll war, war es leichter, sich zu unterhalten. Einer der amerikanischen Regierungsvertreter, die uns in Algier begrüßt hatten, sagte mir: »Kate, du hast klasse Eltern. Die sind das Salz der Erde.« Der Mann war Sheldon Krys, der State-Department-Beamte, der während der Krise den regelmäßigsten Kontakt mit meinen Eltern gehabt hatte. Er sagte mir auch, daß meine Schwester Mary Jane eine hervorragende Sprecherin für unsere Familie gewesen sei. Wo immer es notwendig gewesen war, etwas zu sagen, hatte er auf sie zählen können.

»Du machst dir ja kein Bild, was euch erwartet, wenn ihr wieder zu Hause seid!« fuhr Sheldon fort. »Was meint ihr, wie die euch empfangen werden und wie tief die amerikanische Öffentlichkeit für euch fühlt.« – Wahre Worte, wie ich bald erfahren würde.

# 17. Kapitel

Koob: »Es geht mir gut; danke für eure Gebete«
*(Des Moines Register, 22. Januar 1981)*

## 21. Januar 1981

Als die Maschinen auf dem Rhein-Main-Flughafen Frankfurt gelandet waren, zog ich meinen neuen Air-Force-Parka an, der schön warm und voll praktischer Taschen war, und heftete das gelbe Band vom Flugzeugsitz auf die Brust. Dann schnappte ich mir meine Tasche, und ab ging's nach draußen. Wieder großer Empfang, wieder Fernsehkameras.

Der erste, den ich sah, war Harry Barnes, der Generaldirektor des diplomatischen Dienstes; er war mein Chef gewesen, als ich stellvertretender Kulturattaché in Rumänien war. Dann sah ich meinen Chef aus Washington, Ted Curran. Als ich ihn umarmte, fragte er mich: »Wie geht's, Kate?«

Meine Antwort war: »Prima, Ted. Was ist mein nächster Posten?« Und das meinte ich ernst!

Wir bestiegen die modernen Busse, die uns zum amerikanischen Militärkrankenhaus in Wiesbaden bringen sollten. Ich war müde, aber immer noch nicht zu müde, um mich ausgiebig zu unterhalten. Botschafter Barnes setzte sich neben mich, und wir fingen an, einander zu berichten: was es in Rumänien Neues gab und wie es seiner Frau Betsy ging; was ich in Teheran erlebt hatte und wie mein Glaube an Gott mir so wichtig gewesen war und mir durchgeholfen hatte.

Man hatte uns gesagt, daß wir vom Krankenhaus aus nach Hause anrufen könnten. Was man uns nicht gesagt hatte, war, daß halb Deutschland und so gut wie jeder zwischen dem Flughafen und dem Krankenhaus wohnende Amerikaner auf den Beinen war, um uns zu begrüßen. Überall an den Straßen waren Autos geparkt, und die Leute waren ausgestiegen und winkten, klatschten, riefen uns zu. Ich konnte gar nicht glauben, daß der ganze Trubel uns gelte, aber Harry ließ sich nicht davon abbringen. Daß meine Kollegen im diplomatischen Dienst sich über unsere Heimkehr freuen würden, nun ja, das hatte ich erwartet, aber daß all diese anderen Leute solchen Anteil nahmen...

Wir erreichten das Krankenhaus. Die Menschen standen zu Hunderten an den Toren und Türen und Zufahrtswegen. Neue Zurufe, Winken, Applaus, noch mehr Fernsehkameras und Reporter. Wir winkten und lächelten benommen zurück und gingen in das Gebäude.

Man brachte uns ins 2. Obergeschoß, wo ein ganzer Flügel für uns reserviert war. Der Krankenhausleiter begrüßte uns herzlich und versicherte uns, man würde in den vier oder fünf Tagen, die wir hier untersucht würden, die Reporter vom Krankenhausgelände fernhalten. Es wäre wohl am besten, wenn wir das Gelände nicht verließen, aber das sei in unser eigenes Ermessen gestellt; die Tore seien auf jeden Fall offen und wir seien wieder freie Amerikaner.

Man sagte uns auch, wo die Telefone waren, und teilte uns die Zimmer zu. Ich ging in meines und lud meine Sachen ab. Da kam auch Ann, und wir inspizierten die Kostbarkeiten auf unseren Nachttischen: Shampoo, Gesichtscreme, Make-up – all die Sachen, die wir in Teheran so selten gehabt hatten. Das Zimmer hatte sogar eine warme Dusche – und dazu nicht *ein* Handtuch, sondern gleich eine ganze Auswahl. Und die Betten hatten vier Beine! Wir wußten nicht, ob wir vor Freude noch lachen oder schon weinen sollten. Aber jetzt raus und zum Telefon!

Zu spät; die Schlange war schon lang. Was machte es, wir stellten uns geduldig an. Ein Dr. Johnson kam und stellte sich vor. (Er sollte während meines Aufenthaltes in Wiesbaden mein Psychiater sein.) Wir unterhielten uns kurz darüber, was mir bei der Bewältigung der Geiselsituation im Iran geholfen hatte, und dann war ich an der Reihe mit dem Telefonieren. Da es Januar war, waren meine Eltern bestimmt nicht in Iowa; also rief ich Mary Jane an.

Der Ruf ging durch. In Washington war es jetzt noch mitten in der Nacht – 3.17 Uhr –, aber mein Schwager John nahm sofort ab, meldete sich gleich mit »Hallo, Kate« und rief mit

Stentorstimme Mary Jane ans Telefon. Wir begrüßten uns, und dann platzte ich los: »Du, ob ich Mutter und Papa aufwecken soll? Wo sind sie jetzt?«

»Die sind bei Anabeth, ja klar, ruf doch gleich an!«

Also gleich noch ein Anruf nach Tampa. Ich unterhielt mich gleichzeitig mit Mutter und (am Nebenapparat) Anabeth. Vater schlief, und da wollte ich ihn dann doch nicht stören. Aber in ein paar Stunden würde ich wieder anrufen.

Ich fragte Anabeth: »Was meinst du, soll ich jetzt mitten in der Nacht auch noch Vivian und Emi aufscheuchen?«

»Wenn du's nicht tust, kannst du dich ja nicht mehr blicken lassen...«, kam Mutters Antwort.

Das Telefon war aus den nun folgenden Tagen nicht mehr wegzudenken. In den vielen Gesprächen wurde mir nach und nach bewußt, was da jetzt, nach unserer Freilassung, eigentlich vor sich ging. In einem Gespräch sagte eine liebe Freundin und Mitschülerin aus dem diplomatischen Dienst in etwas merkwürdigem Tonfall: »Also, Kate, ich werde dich nichts fragen, und du kannst reden, worüber du willst, gelt?«

Wie bitte? »Sag mal, Susan, was ist denn los?« fragte ich.

Und sie erklärte mir behutsam, daß irgendein Psychologe gesagt hatte, wir stünden vielleicht zu sehr unter Schockeinwirkung, als daß wir über unsere Erlebnisse berichten könnten, und da dürfe man uns nicht drängeln.

Ich mußte lachen. »Also, Susan, du kennst mich doch. Wenn du Fragen hast, dann raus damit!« Und damit war die Welt wieder in Ordnung, und wir unterhielten uns ganz natürlich. Susan hatte während meiner Gefangenschaft eine Tochter bekommen, die kleine Katie, und über diese neue Namensschwester mußte ich mich doch gründlich informieren. Und Susan wollte wissen, wie ich mich denn *eigentlich* fühlte. »Eigentlich gut«, sagte ich.

Es war immer noch der 21. Januar, und wir belagerten immer noch das Telefon, als der frühere Präsident Jimmy Carter und die ehemaligen Außenminister Vance und Muskie eintrafen. Carters Offenheit und die Bereitwilligkeit, mit der er mit uns sprach und unsere Fragen, warum denn die Gefangenschaft so lange gedauert habe, beantwortete, beeindruckte mich sehr.

Für mich bekam sein Besuch noch eine sehr persönliche Note. Nach unserem Gespräch mit ihm drängten sich so viele der Krankenhausangestellten um ihn, um ihm auch einmal die Hand zu schütteln, daß ich die Gelegenheit wahrnahm und mich wieder in den Telefonraum verdrückte. Ich war mitten im Gespräch mit meiner Mutter, als ich auf einmal eine Hand auf meiner Schulter fühlte. Ich sah mich um; es war Jimmy Carter.

»Mit wem sprechen Sie gerade, mit Ihrer Mutter?« fragte er freundlich. »Wie heißt sie? Könnte ich sie auch mal sprechen?«

»Sie heißt Elsie«, sagte ich; dann wieder zu meiner Mutter: »Augenblick, Mutter, der Präsident möchte dich sprechen.«

Er nahm den Hörer. »Hallo, Elsie, hier Jimmy Carter.« Dann sagte er etwas über mich. Mutter muß dann wohl gefragt haben, wie ich aussah, denn das nächste, was er sagte, war: »Oh, die sieht richtig gut aus, und jetzt geb' ich ihr eine dicke Umarmung von Ihnen.« Was er auch prompt tat.

Nach dem Gespräch mit meiner Mutter ging er an die anderen Telefone, wo einige der anderen Geiseln waren, und sprach auch mit ihren Verwandten.

Dieses Treffen mit Carter war nur kurz, aber sehr beeindruckend. Wärme und Mitgefühl wurden bei ihm offenbar großgeschrieben – was nur um so bemerkenswerter wird, wenn man bedenkt, daß er gerade eine Wahl verloren hatte und daß wir eben nicht während seiner Amtszeit freigekommen waren.

Jetzt brach eine wahre Lawine von Anrufen, Einladungen, Anfragen aller möglichen Zeitungen und Rundfunk- und Fernsehsender über uns herein. Konnten wir dies sagen, jenes tun, dorthin kommen? Konnten wir ein Interview geben, erstmalig und exklusiv und bitte, bitte sofort oder noch eher?

Ich bekam unter anderem ein Telegramm von der Zeitung *Des Moines Register* in Iowa*; ob ich die Redaktion anrufen könne? Nun, ich ging ans Telefon und wählte die angegebene Nummer. Als ich sagte: »Hier Kathryn Koob in Wiesbaden«, fing mein Gesprächspartner zu stottern an. Aber er faßte sich

---

* Des Moines ist die Hauptstadt des US-Bundesstaates Iowa.

sofort wieder und brüllte geradezu: »Das ist Kathryn Koob!« Sie interviewten mich eine halbe Stunde lang, wobei ich nicht vergaß, den Menschen zu Hause für all ihre Unterstützung für mich und meine Eltern zu danken.

Die halbe Welt schien sich Sorgen um unsere körperliche und geistige Gesundheit zu machen. Die Schikanen und Mißhandlungen, zu denen es gekommen war, fanden rasch ihren Weg in die Schlagzeilen, und natürlich wollte jeder wissen, wie wir mit der langen Geiselhaft – immerhin über ein Jahr – seelisch fertig geworden waren. Ich konnte meinen Fragern sagen, daß ich den Sturm gut überstanden hatte. Und als sie mich fragten, wie ich das denn geschafft habe, berichtete ich, wie mich die Kraft Gottes aufrechterhalten und getragen hatte.

Nach einem mit Untersuchungen vollgepfropften Tag stand zu meiner großen Erleichterung fest, daß meine Gesundheit wirklich nicht schlecht war. Anders war es schon mit meinem Aussehen. Vom Scheitel bis zur Sohle brauchte ich neue Kleidung – und nicht nur ich. Nun, man sorgte auch dafür. Schon am nächsten Morgen, in aller Frühe, bestiegen wir Busse, die uns zum nächsten Verkaufsladen der amerikanischen Streitkräfte brachten. Die Verkäufer waren extra für uns früher aufgestanden, und zur Begrüßung hörten wir – zum ersten Mal seit unserer Freilassung – das Lied »Tie a Yellow Ribbon Round the Old Oak Tree« (»Bind ein gelbes Bändchen um den alten Eichenbaum«).

Wie im Traum gingen wir durch die Abteilungen des Kaufhauses. Erst die Kleidung: neue Unterwäsche, ein schöner, weicher Morgenmantel, Kostüm, Bluse, Schal, Jeans, Handtasche, Geldbörse. Dann die Luxussachen: eine winzige Kamera und Ohrringe. Gleich auch noch ein Koffer, um alles zu transportieren. Aha, Schuhe in Größe 11 sind nicht vorrätig; die müssen mir meine Eltern besorgen.

Auch das schönste Einkaufen hat ein Ende. Zurück in den Bus – wieder vor den Augen der Fernsehkameras und Reporter; irgend jemand hatte herausbekommen, wo wir waren. Zurück ins Krankenhaus, wo wir jetzt allmählich an unsere Heimreise in die USA dachten.

Der leitende Zahnarzt und seine Frau ermöglichten es mir,

unbeobachtet vom Argusauge der Presse und des Fernsehens aus dem Krankenhaus zu kommen und sie zu besuchen. Jetzt konnte ich zum ersten Mal seit über vierzehn Monaten in einer Privatwohnung, einem Zuhause sein und mich mit »ganz normalen Leuten« unterhalten. Der gemeinsame Glaube an Christus band uns rasch zusammen. Was für eine schöne Art, wieder ins normale Leben zurückzukehren...

Als ich etwas zu mir gekommen war, ließ ich eine Video-Aufzeichnung von mir machen, ein kleines Privatinterview. Craig Roberts, ein Reporter aus Tampa, der mit meiner Schwester Anabeth zusammengearbeitet hatte, war gerade in Wiesbaden, und wir verabredeten uns zu einem kurzen Treffen an einem unbeobachteten Seiteneingang des Krankenhauses. In aller Frühe zog ich meinen neuen Parka und meine Jeans an und schlich mich zu Craig. Wir unterhielten uns ein paar Minuten, nicht zuletzt auch über das gelbe Band in meinem Haar und die gelben Bänder in Amerika, und ich sagte: »Die Farbe ›Gelb‹ wird für den Rest meines Lebens eine ganz besondere Bedeutung für mich haben.«

Wir mußten bald aufhören. Wie von Geisterhand verwandelte sich die eine Kamera und das eine Mikrofon in fast ein halbes Dutzend Kameras und Mikrofone. Ich machte mich schnell aus dem Staub, zurück in die sicheren Mauern des Krankenhauses.

Das einzige andere Fernsehinterview in Deutschland gab ich zusammen mit Ann. Es handelte sich um eine Sendung der Fernsehanstalt CBS über die Irankrise, mit meiner Lieblingsmoderatorin Liz Trotta. Bei Liz Trotta mochte ich auf keinen Fall nein sagen.

Man brachte uns durch den Keller des Krankenhauses in einen abgedunkelten Kleinbus, und ab ging die Post zu unserem CBS-Interview. Es fand in einem abseits gelegenen Hotel statt; eine ganze Stunde plauderten wir mit Liz. Ausschnitte der Aufzeichnung des Gesprächs gingen dann in die Fernsehsendung ein. Noch ein leichtes Abendessen, und dann zurück ins Krankenhaus. So, das hatte Spaß gemacht.

Dieses Krankenhaus war ein einziges Bad der Liebe. Ob Ärzte, ob Schwestern und Pfleger, ob die Serviererinnen in der

Cafeteria – alle waren sie darauf bedacht, uns zu helfen, uns froh zu machen. Dazu ergoß sich ein wahrer Strom von Blumen, Karten, Briefen, Geschenken über uns. Wir bekamen T-Shirts, Schallplatten, Bücher, Lebensmittel, Puppen, sogar Lampen. Was für eine Freude war es dann, wenn man in eine der anderen Stationen gehen und den Patienten dort den einen oder anderen der Blumensträuße weiterschenken konnte.

Oder auch die Säuglingsstation. Da konnte man sich mit den frischgebackenen Müttern unterhalten und im Kinderzimmer ihre Neugeborenen bewundern. Eine der Schwestern sagte dabei einmal: »Bedienen Sie sich doch!«

»Gut«, lachte ich, »ich nehme gern eins, aber wie soll ich das den Leuten in Amerika erklären, wenn ich aus dem Flugzeug steige?« Das ganze Personal brüllte vor Lachen.

In einem ökumenischen Gottesdienst in der Krankenhauskapelle konnten wir Gott für seine Hilfe und Liebe zu uns danken. Wir trafen dort einige der Militärseelsorger, die sich in den 444 Tagen um unsere Verwandten gekümmert hatten. Hier hatte ich also erstmals wieder Gelegenheit, zusammen mit meinen männlichen Kollegen in einem Gottesdienst zu sein. Wir lasen Bibelabschnitte vor und bezeugten, was sie uns in unserer Lage zu sagen hatten.

Endlich, überschüttet mit den besten Wünschen der Leute im Krankenhaus und umgeben von einem neuen Reporter-Auflauf, winkten wir »auf Wiedersehen, Wiesbaden« und stiegen in den Bus, der uns zurück zum Flughafen brachte. Das Rückflugprogramm war uns bekannt; unsere Verwandten würden wir am Stützpunkt West Point* begrüßen können. Man gab uns noch ein paar Ratschläge für die Gesundheit und machte ein Gruppenfoto von uns. Wir genossen die neugewonnene Freiheit bereits in vollen Zügen, aber jetzt war es doch Zeit, wieder zurück zu unseren Lieben zu kommen.

Wir hatten eine kurze Zwischenlandung auf dem Flughafen

---

* West Point, am Westufer des Hudson River im Staat New York gelegen, ist ein bedeutender Militärstützpunkt und Sitz der 1802 gegründeten Militärakademie der Vereinigten Staaten.

Shannon in Irland, wo wir vom irischen Premierminister, einem Mitglied des irischen Parlaments und allen möglichen Flughafenangestellten empfangen wurden. Eine Pressekonferenz war nicht geplant, aber der Premierminister faßte Ann und mich kurzerhand bei der Hand und brachte uns nach draußen, um den Leuten guten Tag zu sagen.

Im Flughafengebäude wartete ein sehr schönes kaltes Büfett auf uns, und wir konnten auch noch ein paar Einkäufe machen. Da ich meine Wertsachen in Teheran nicht zurückbekommen hatte, es aber nicht lassen kann, bei Gesprächen mit meinen Ringen zu spielen, kaufte ich mir für meinen jetzt so unangenehm nackten Ringfinger einen hübschen Kamee-Ring, dazu noch einen blauen Schal, eine warme, weiße Baskenmütze, einen dicken Pullover und Geschenke für meine Neffen und Nichten. Bevor wir wieder ins Flugzeug stiegen, bekamen wir noch jeder ein Geschenk, und Ann und ich bekamen auch Blumen.

Wir waren jetzt so bepackt, daß wir uns fragten, wie wir mit all den Sachen aus dem Flugzeug kommen sollten. Ann hatte die rettende Idee: Wir teilten unsere Blumensträuße unter die Männer auf, so daß jeder beim Aussteigen ein paar Blumen als Willkommensgruß für seine Mutter oder Frau oder seinen Schatz etc. hatte.

Kurz bevor wir in den amerikanischen Luftraum kamen, übernahm Colonel Schaefer die Steuerung der Maschine, und wir konnten mithören, wieviel Glückwünsche wir von den Fluglotsen und von anderen Flugzeugen bekamen. Unsererseits funkten wir den Kanadiern ein herzliches Dankeschön dafür, daß sie damals unseren Kollegen zur Flucht aus dem Iran geholfen hatten. Diese Episode sowie der Bericht über das Eishockey-Spiel, bei dem die USA die Sowjetunion schlugen, waren mir von allen Neuigkeiten, die ich bisher gehört hatte, die liebsten.

Wir landeten auf dem Flughafen Stewart im Norden des Bundesstaates New York. Wieder große Menschenmengen an den Zufahrtsstraßen. Wachsame Hubschrauber patroullierten in der Luft. Ich drückte die Nase ans Fenster. Wo waren meine Eltern? Da, Mutters Mantel – und da war Vater! Als erste verließen die Marinesoldaten die Maschine, dicht gefolgt von uns anderen.

Als ich dann vor meinen Eltern stand, brachte ich kein Wort heraus. Der Streß der vergangenen 14 Monate stand deutlich auf ihren Gesichtern geschrieben. Wir umarmten uns lange. Wir waren wieder zusammen.

Endlich fragte ich: »Wie geht's euch? Ist alles in Ordnung?« Die Antwort war noch eine lange Umarmung. Großer Worte bedurfte es nicht.

Wir gingen mit den anderen zum Flughafengebäude. Mutter trug den Rosenstrauß, den ich in Deutschland bekommen hatte, Vater mein Bordgepäck. Mutter fing an, mich den Verwandten anderer Geiseln vorzustellen. Ich sah Ann und begrüßte ihre Mutter. Ich wollte diese meinen Eltern vorstellen, aber sie ließen mich gar nicht zu Wort kommen und fingen lauthals an zu lachen.

»Aber Liebling«, sagte Mutter, »wir kennen uns doch schon wer weiß wie lange!«

Im Flughafengebäude stellten meine Eltern mich noch einmal etlichen Leuten vor, die sie während meiner Geiselhaft kennengelernt hatten, und dann gab es eine kurze offizielle Begrüßungsansprache. Dann hinein in die Busse und auf nach West Point. Ich ergatterte einen Fensterplatz. Mutter saß neben und Vater hinter mir.

Die Fahrt schien im Zeitlupentempo vor sich zu gehen. Die Busfenster waren getönt, so daß man uns von draußen nur sehen konnte, wenn wir unsere Nasen an den Scheiben plattdrückten. Wir fuhren durch ganze Alleen parkender Autos und Hände und Fahnen schwenkender, rufender, singender, hüpfender, tanzender Menschen. Gelbe Bänder überall, an jedem Baum, an jedem Strauch, am Halsband von Hunden. Ein Meer von Fahnen und Fähnchen – an Häusern, an Autos, in den Händen der Menschen, an eigens errichteten Fahnenstangen. Jetzt rechts und links eine ganze Serie solcher Fahnen, und an jeder Stange einer unserer Namen. Papas Augen waren schneller als meine; ich hatte meinen Namen verpaßt.

Dann wurde es still. Acht Flaggen wehten hier, aber ohne

gelbe Bänder – auf halbmast und mit schwarzen Bändern; ein stilles Zeugnis für die Aufopferung jener Männer, die nicht mehr nach Hause kommen würden. Für einen Augenblick stockte mein Herz, schien die Welt stillzustehen.

Aus einer Fahrt von normalerweise 20 Minuten wurde eine Prozession von über einer Stunde. Fast die ganze Zeit schaute ich aus dem Fenster und winkte diesem Meer von Menschen zu. Endlich bogen wir in die Einfahrt zum Hotel Thayer bei West Point ein.

Das Thayer ist schon zu normalen Zeiten ein höchst angenehmer Ort, aber jetzt, mit all den Willkommensblumensträußen und unseren Verwandten dabei, war es schon fast wie im Paradies. In meinem Zimmer weitere Blumen, alle möglichen Süßigkeiten und Aufmerksamkeiten und ganze Berge von Briefen, Karten und Mitteilungen (die meisten von der Presse, die es gar nicht erwarten konnte, sich auf uns zu stürzen). Ich ließ die Briefe und Zettel erst einmal liegen, wo sie waren, und ging zum Zimmer meiner Eltern, wo wir – etwas stockend noch – begannen, uns über die letzten 14 Monate der Familiengeschichte auszutauschen.

In der evangelischen Kapelle konnten wir an einem wunderbaren Gottesdienst teilnehmen, mit vielen meiner Lieblingslieder und -bibelstellen; es war fast so, als hätte ich sie ausgesucht. Ein gemeinsamer Gottesdienst mit anderen Gläubigen. Welche Kraft!

Auch das gemeinsame Abendessen mit den Kadetten der Militärakademie West Point werde ich nie vergessen. Wir waren kaum aus dem Bus, da ging im Speisesaal ein Riesentrubel los. Das gesamte Corps war auf den Beinen und begrüßte uns mit lautem Hurra, Stampfen und wehenden Taschentüchern.

Während der drei Tage, die wir im Thayer verbrachten, traf ich mich – im ruhigen Hinterzimmer eines Cafés – auch mit einem Reporter und Fotografen der Zeitung *Des Moines Register*. Jack Halverson hatte eine tolle Überraschung für mich dabei: Er schenkte mir ein Sammelalbum mit Zeitungsausschnitten über die ganzen 444 Tage der Gefangenschaft.

Und jetzt war es auch Zeit, nach Washington zu fliegen, wo meine Schwestern schon auf mich warteten. Es ging wieder zum Flughafen Stewart (diesmal schneller), und dann, nach wenigen Stunden, die für mich eine halbe Ewigkeit waren, landeten wir auf dem Luftwaffenstützpunkt Andrews.

Ich schüttelte pflichtbewußt die Hände der vielen Fremden, die uns auch hier wieder erwarteten. Wo war meine Familie? *Da!* Endlich sah ich sie: Anabeth, Mary Jane und John, Tante Ruth, Vivian, Norman und ihre Kinder Teri, Stephie und Jerry, Connie und ihr Mann Joe. Wir redeten alle durcheinander, und Mary Jane, den Schalk in den Augen, sagte: »In deinem ersten Telefoninterview hast du dich doch so nach einer Räucherwurst aus Jesup gesehnt. Hier ist eine!« Sprach's und packte sie aus ihrer Alufolie aus. Ich aß sie auf der Stelle.

Dann sah ich mich weiter um. Da waren die Frauen, die damals im November freigelassen worden waren: Liz, Joan, Terry, Lillian und Kathy; und da waren die Lijeks und Staffords.

Überall kräftige Umarmungen und Freudenschreie. Immer wieder die Frage: »Wie geht's dir?«, und immer antwortete ich: »Gut, prima!« Die Kameras klickten fleißig. Dann wurde all die Aufregung zuviel für Anabeth; sie bekam einen Schwächeanfall. John hielt sie, bis die Sanitäter kamen und sie an einen ruhigeren Ort brachten. Mit etwas Ruhe und Orangensaft kam sie wieder auf die Beine, und in dem Bus zum Weißen Haus war sie wieder dabei.

Die Menschenmengen, die wir jetzt an der Straße sahen, übertrafen alles bisherige. Schulkinder, Willkommensschilder, Fahnen und überall gelbe Bänder. Die Menge wuchs und wuchs, bis wir bald fast nur noch Menschen sahen, so weit das Auge reichte. Sie standen auf Podesten, Kisten und Fässern, sie saßen auf Bäumen und Laternenpfählen. Da ein Schild der USICA: »Willkommen zu Hause, Barry, John, Kate und Bill!« Ja, hier im Regierungsviertel waren wir ja fast zu Hause. Die Menschen sprangen begeistert in die Luft, wenn sie einen von uns erkannten. »Da ist sie, ich hab' Katie gesehen!« schrie ein junges Mädchen.

Ich lehnte mich aus dem offenen Fenster und winkte und rief zurück, soviel ich konnte. Ganz langsam ging es durch die Straßen, bis wir endlich in die Einfahrt zum Weißen Haus einbogen.

Am Eingang an der Pennsylvania Avenue mußten wir uns zunächst von unseren Verwandten trennen. Wir, d. h. die 52 jetzt freigelassenen Geiseln und Richard Queen, kamen in den Blue Oval Room. Präsident Reagan und seine Frau traten ein. Bruce Laingen begann, uns einzeln vorzustellen, und Frau Reagan schüttelte jedem von uns die Hand. Aber nicht lange, da rief sie aus: »Also, so mag ich das nicht!«, warf kurzerhand die Arme um den jungen Mann und drückte ihn so richtig fest. Nach ihr schüttelte der Präsident uns die Hände. So ging es weiter, bis sie zu mir kamen. Der Präsident blieb stehen, zwinkerte seiner Frau zu und sagte: »So, und jetzt bin ich an der Reihe!« Und so wurde ich auch noch von ihm umarmt.

Dann gab es draußen auf dem Rasen eine Feier zusammen mit unseren Verwandten, und anschließend ging es wieder in den Oval Room, wo der Präsident jedem von uns eine kleine seidene Flagge in einer hübschen Schachtel aus Rosenholz schenkte. Danach bekamen wir in den Empfangsräumen Kaffee und Kuchen. Hier konnte jeder, der Lust hatte, versuchen, die eigens dazu mit eingeladenen Würdenträger zu zählen. 6000 waren eingeladen worden, und wie ich gehört habe, hatten so viele der Eingeladenen die Einladung angenommen, wie noch nie zuvor bei einem Empfang im Weißen Haus. Jetzt waren wir also hochoffiziell zu Hause.

# 18. Kapitel

Begeisterter Empfang für Koob
*(Des Moines Register, 5. Februar 1981)*

## 30. Januar 1981

Zu den Höhepunkten und tiefsten Stunden unserer Heimkehr gehörte auch ein Gottesdienst in der National-Kathedrale in Washington. Es war ein bewegender Gottesdienst, voll Lob und Dankbarkeit. Wir baten Gott auch, jene Familien besonders zu segnen und zu bewahren, die ihren Sohn, Mann oder Vater in dem gescheiterten Befreiungsversuch verloren hatten. Ich war sehr dankbar, daß so viele Menschen so viele Stunden auf den Knien verbracht hatten, um unsere Freilassung zu erwirken, und daß sie sich jetzt auch die Zeit nahmen, Gott zu danken.

Nach dem Gottesdienst wurden Anabeth, Mary Jane, ich und eine Reihe anderer Exgeiseln sofort zum Flughafen gebracht, auf daß wir pünktlich beim nächsten Programmpunkt dabei wären: der großen Konfetti-Parade in New York.

New York war schon immer eine meiner Lieblingsstädte gewesen. 1968–69 wohnte ich selbst einige Monate dort, und weil meine Schwester Micki so lange dort gewohnt hat, besuche ich die Stadt nach wie vor gern. Der Empfang, den uns die New Yorker bereiteten (sowohl die Stadt als solche als auch meine dort wohnenden Freunde), waren fantastisch. Kaum eine Stadt in der Welt versteht es, so zu feiern wie New York, und schon als wir unser Flugzeug bestiegen, wußte ich, daß es ein unvergeßliches Erlebnis werden würde.

Bürgermeister Koch begrüßte uns, und dann fuhren wir in einer langen Kolonne imposanter schwarzer Limousinen durch die von begeisterten Menschen gesäumten Straßen zum Waldorf-Astoria. Wir betraten die Empfangshalle dieses vornehmsten aller Hotels, begleitet vom Applaus der Menge draußen und der Hotelangestellten drinnen, und kamen uns schon beinahe königlich vor.

Fünf Mädchen der Familie Koob: hinten die »Große« (Kate), links Micki, rechts Vivian, vorne Anabeth und (mit dem Arm über dem Gesicht) Mary Jane. Diesmal leider nicht dabei: Emi. Tatort: Präsident Harry Trumans Haus in Independence (Missouri); das Jahr: 1949.

Der Familienhof in Iowa. Er gehört jetzt meiner Schwester Emi und ihrem Mann. Mit ihren drei Töchtern sind sie die 6. Generation unserer Familie auf diesem Bauernhof.

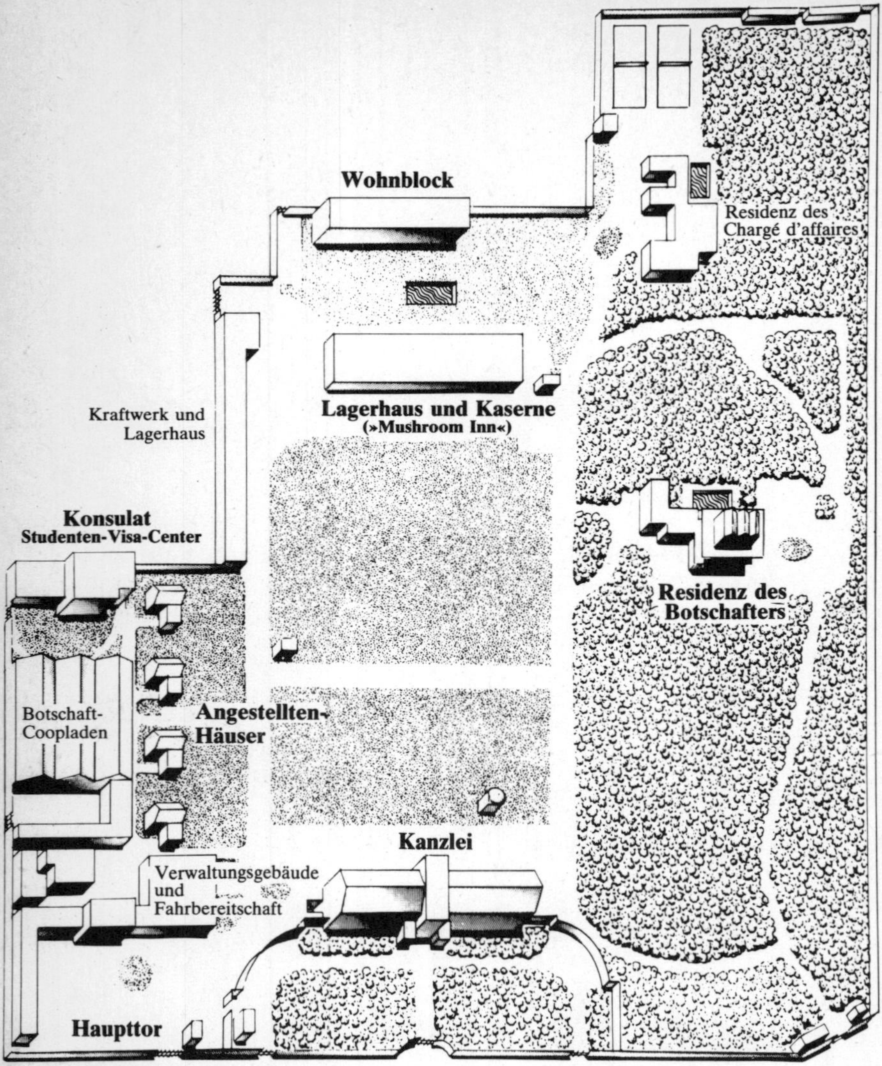


Oben: Das Gelände der US-Botschaft in Teheran. Rechts oben: Ausschnitt aus dem Stadtplan von Teheran, der auch die IAS und das Iranische Außenministerium, wo Bruce Laingen, Victor Tomseth und Michael Howland festgehalten wurden, zeigt. (© 1981 by The New York Times Company; Nachdruck mit freundlicher Genehmigung.)

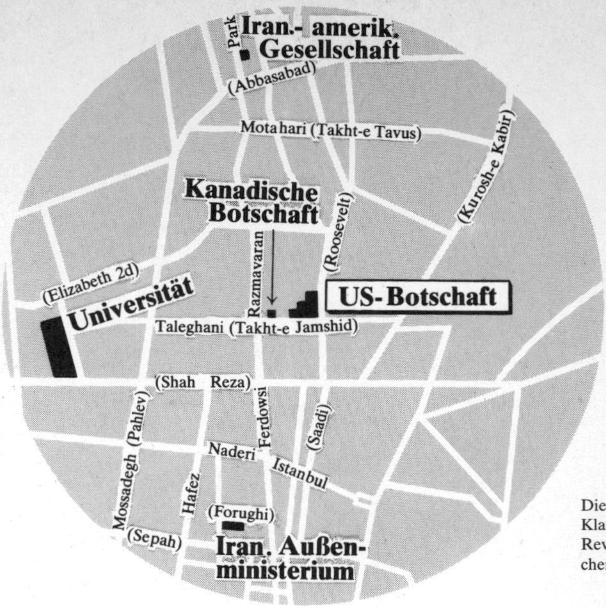


Die Straßennamen in Klammern sind die vor der Revolution gebräuchlichen Namen.

Kathy Gross (damals 22), eine der Botschaftssekretärinnen, die am 18. November 1979 freigelassen wurden. Hier wird sie am Tag des Sturms auf die Botschaft von ihrer Bewacherin (links unten, im traditionellen Tschador) vorgeführt. (Photo: United Press International)

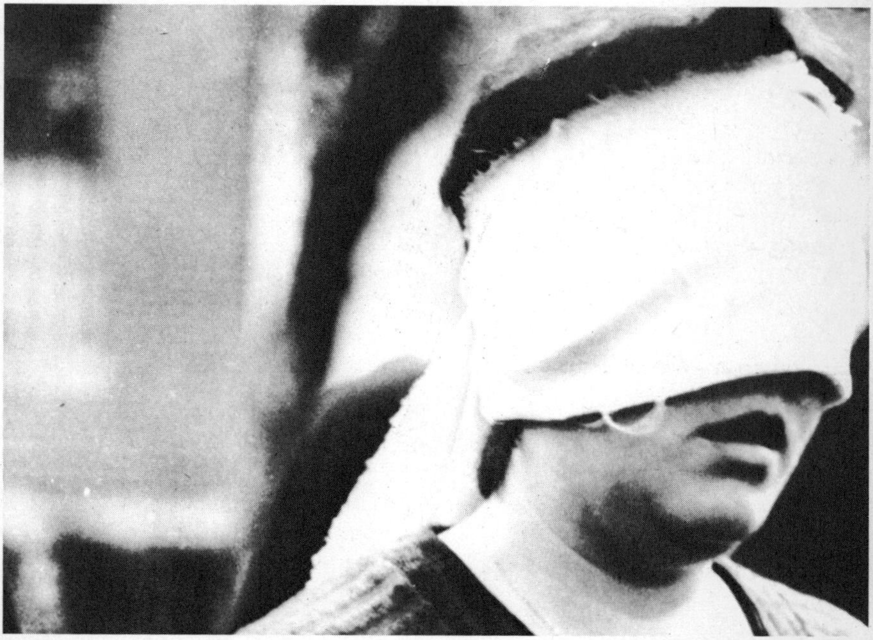

Ein Soldat der iranischen Luftwaffe hat sich in den antiamerikanischen Parolen brüllenden Mob vor der Botschaft eingereiht. (Photo: United Press International)

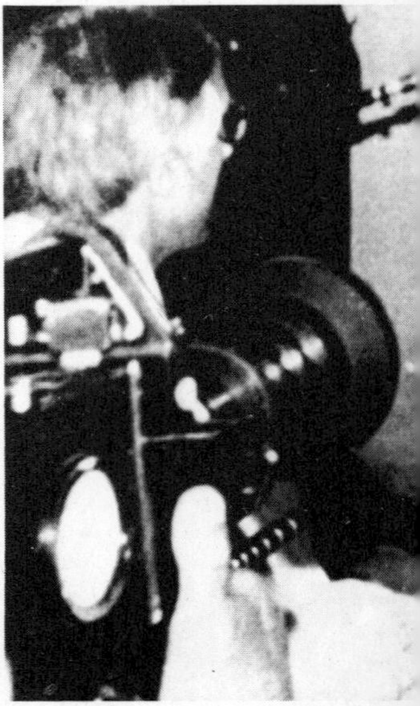

Einige meiner Kollegen bei dem Weihnachtsgottesdienst 1979. Im Vordergrund links Bischof Thomas Gumbleton aus Detroit, rechts Etienne Duval, der Erzbischof von Algiers. An der Wand, wie damals überall in der Botschaft, antiamerikanische Parolen und Khomeinibilder. (Photo: United Press International)

Ein Teil unseres Christbaumschmucks. Wir bastelten ihn aus alten Briefumschlägen und Weihnachtskarten, Papier, Faden- und Folienstücke und den Wattestopfen aus Vitaminpillenflaschen. (Photo: Marilyn K. Yee)

Dieses Mobile schenkte Ann mir zu Weihnachten 1980. Links ist unsere Heimat dargestellt: Bäume mit gelben Bändern, Briefe, die amerikanische Flagge. Ganz unten Symbole unserer Gefangenschaft: Gefängnisgitter und der schwarze Tschador unserer Wächterinnen. Das Kreuz rechts weist auf unseren ständigen Helfer und Begleiter hin: Christus und sein Geist. (Photo: Marilyn K. Yee)

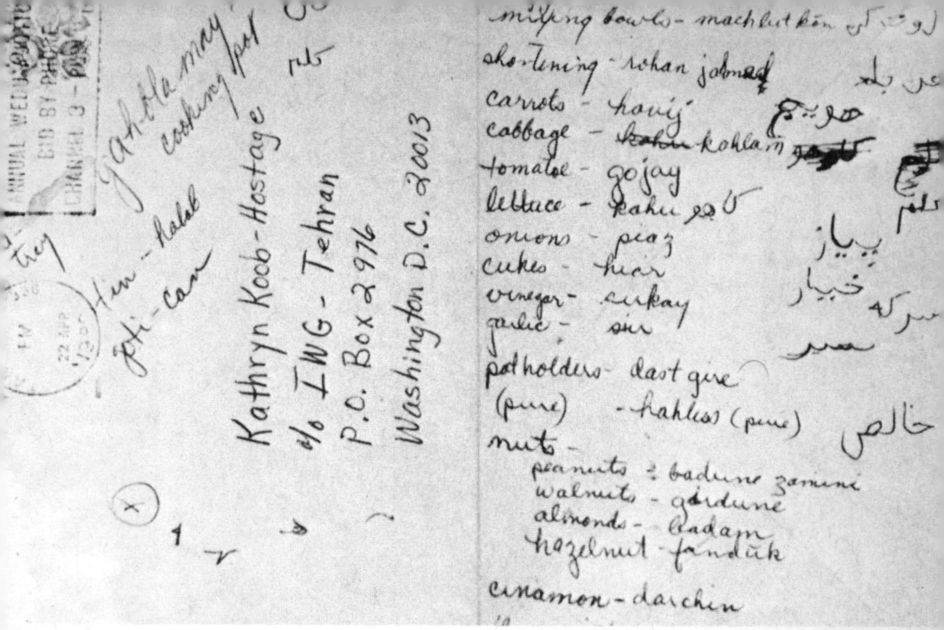


Im Juni 1980 begannen Ann und ich unseren Küchendienst. Zur Aufzeichnung von Speiseplan und Zutaten benutzten wir alte Briefumschläge. Hier verschiedene Zutaten auf englisch und Farsi – letzteres für die Mädchen, die sie uns besorgten. (Photo: Marilyn K. Yee)

Eine »Seite« aus meinem Tagebuch. (Photo: Marilyn K. Yee)

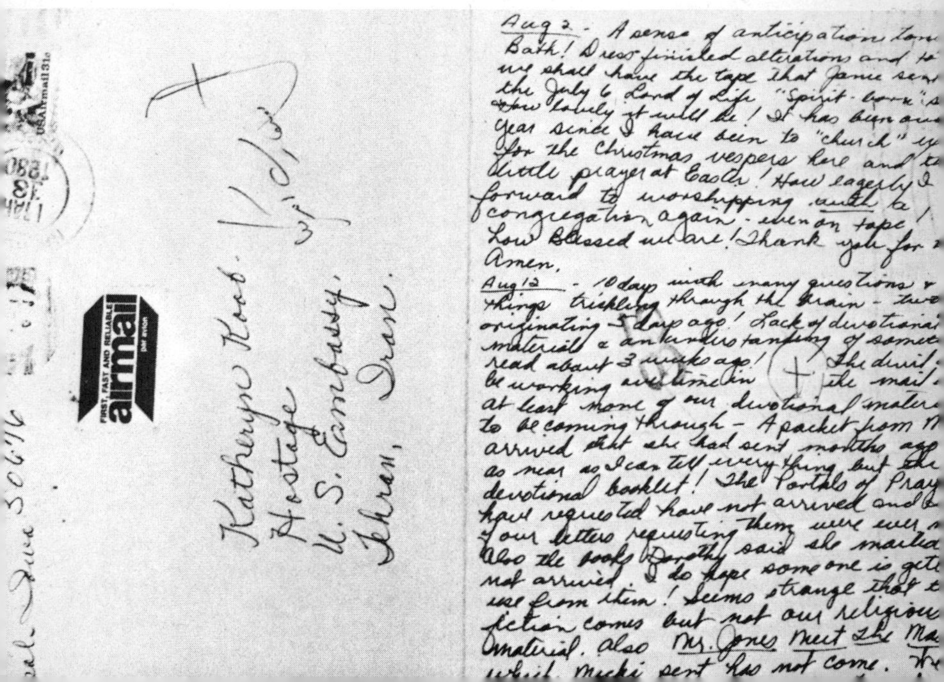

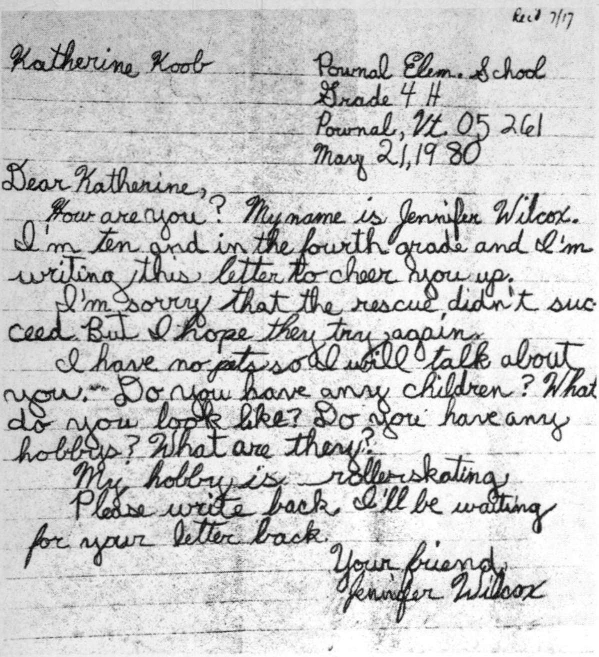
Rec'd 7/17

Katherine Koob

Pownal Elem. School
Grade 4 H
Pownal, Vt. 05 261
May 21, 1980

Dear Katherine,

How are you? My name is Jennifer Wilcox. I'm ten and in the fourth grade and I'm writing this letter to cheer you up.

I'm sorry that the rescue didn't succeed. But I hope they try again.

I have no pets so I will talk about you. Do you have any children? What do you look like? Do you have any hobbys? What are they?

My hobby is rollerskating.

Please write back. I'll be waiting for your letter back.

Your friend,
Jennifer Wilcox

Dieser Brief, der den Befreiungsversuch erwähnt, ging durch das Netz unserer Zensoren. Im übrigen ist er ein typisches Beispiel für viele der Briefe, die wir von Schulkindern bekamen. (Photo: Marilyn K. Yee)

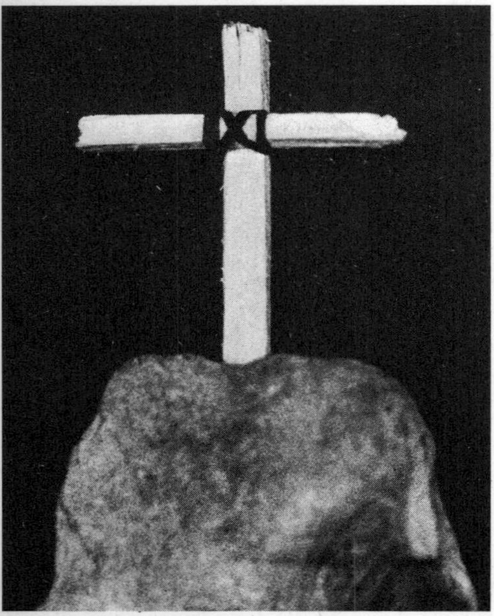

Das Kreuz, das Ann mir zu Ostern 1980 schenkte. Für den Rest unserer Gefangenschaft wurde es der Mittelpunkt der »Andachtsecke« in unserem Zimmer. (Photo: Marilyn K. Yee)

Beim Verlassen des Flugzeugs auf dem Flughafen Frankfurt. Vor mir mein Chef, John Graves; hinter mir Duane Gillette vom Kommunikations- und Nachrichtendienst der Marine. In meiner linken Hand meine mit Bindfaden umwickelte Gefangenschaftsbibel. (Photo: United Press International)

Im Gespräch mit Harry Barnes, der als amerikanischer Botschafter in Rumänien 1974/75 mein Chef war. Wir sind auf dem Weg zum amerikanischen Militärkrankenhaus in Wiesbaden. (Photo: Donna Gigliotti)

Im Krankenhaus in Wiesbaden: Jimmy Carter begrüßt die Geiseln. Rechts Exvizepräsident Walter Mondale. (Mit freundlicher Genehmigung der Carter White House Photo: Office Collection, Carter Presidential Materials Project)

Auf dem Weg vom Flughafen Stewart nach West Point. (Photo: United Press International)

Auf dem Weg nach West Point: Die acht Flaggen auf Halbmast erinnern an die acht amerikanischen Soldaten, die bei dem Befreiungsversuch ums Leben kamen. (Photo: United Press International)

Ann Swift (vorne) und ich brechen von West Point zu einer Pressekonferenz auf. Hinter mir Anns Mutter. (Photo: Donna Gigliotti)

Meine Eltern und ich im Hotel Thayer (West Point). Wie gut, wieder zusammen zu sein! (Photo: Donna Gigliotti)

Im Blue Oval Room des Weißen Hauses: Präsident Reagan und seine Frau begrüßen uns. (Photo: Bill Fitzpatrick, The White House)

Die Konfetti-Parade in New York. Neben mir im Wagen City Comptroller (Rechnungsprüfer) Harrison Goldin. (Photo: United Press International)

»Liebe Kathy, ganz Iowa feiert Deine gesunde Rückkehr ... Willkommen zu Hause. Gouverneur Robert D. Ray.« – Mit diesem riesigen Schild wurde ich am Parlamentsgebäude von Iowa in Des Moines begrüßt. (Mit freundlicher Genehmigung des Governor's Office, State of Iowa)

Bei den Feierlichkeiten in Jesup, Iowa, wo ich zur Schule ging. Hinter mir eine ehemalige Schulfreundin und Mitkonfirmandin, Eleanor Harting Fratzke. Sie und Roger Fisher (verdeckt hinter mir) planten die Willkommensfeier. (Photo: Brenda Riensche, mit freundlicher Genehmigung des Citizen Herald, © 1981)

In Des Moines: Ich begrüße gerade die im Parlamentsgebäude Versammelten. Rechts neben mir Gouverneur Robert D. Ray. (Mit freundlicher Genehmigung des Governor's Office, State of Iowa)

Wieder bei der Arbeit, im Foreign Press Center in New York City. (Photo: Marilyn K. Yee)

Ich weiß gar nicht, wo ich weitermachen soll, wenn ich an New York zurückdenke. Es gab ein verspätetes Weihnachtsessen, komplett mit Christbaum, Chor und Liedern. Wir sahen zwei Shows in den Theatern am Broadway: *Chorus Line* und *Sugar Babies.* In *Chorus Line* wirkte meine Freundin Alice mit. Also hin zu ihr nach der Aufführung, freudige Begrüßung! Und nie werde ich vergessen, wie Ann Miller aus *Sugar Babies* mich um ein Autogramm bat!

Sie waren wie ein Traum, diese Tage in New York. Ich hatte ja den Eindruck, daß ich all diesen Aufwand gar nicht verdient hatte, aber abwimmeln konnte ich all diese Menschen auch nicht. Was konnte ich dann Besseres tun, um ihnen meine Dankbarkeit zu zeigen, als mitzumachen bei der Konfetti-Parade? Ja, es zählte, es war wichtig, diese überfüllten Bürgersteige, die Fahnen, das Rufen und Winken. Nicht deswegen, weil wir Exgeiseln etwas so Besonderes gewesen wären, sondern weil diese Begeisterung ein Zeichen der Gesundung war für diese von Krisen geschüttelte Nation. Ich glaube, daß es in den ganzen letzten 30 Jahren nicht solch einen Aufbruch der Vaterlandsliebe und der nationalen Solidarität in den USA gegeben hatte wie jetzt. Wie gut, diesen Menschen zuzuwinken, ihnen die Hände zu schütteln, ihnen Dankesworte sagen zu können.

In New York bekam ich auch eine neue Freundin: die Detektivin, die als meine Leibwache fungierte. Wo ich mich blikken ließ, war auch Henrietta Lange dabei, und da war es eine besondere Freude, zu entdecken, daß auch sie eine gläubige Christin und Mitglied der Lutherischen Kirche war. Als wir uns verabschiedeten, gab ich ihr einige der vielen Blumensträuße, die ich wieder bekommen hatte, und sie nahm sie in ihre Kirche mit. Mittlerweile bin ich in dieser Kirche auch zu Besuch gewesen, in einem Gottesdienst zusammen mit Henrietta und ihren Eltern.

Wieder ins Flugzeug und zurück nach Washington. Wie sollte es jetzt weitergehen im Programm? Es ging alles viel zu schnell. Hinz und Kunz wollten mit der ehemaligen Geisel sprechen, Meier und Müller ihr die Hand schütteln, jeder Verein sie eine Flagge einholen oder ein gelbes Band durchschneiden lassen, jeder Reporter ein Exklusivinterview haben... Aber was wollte *ich* denn, was war mir jetzt am liebsten? Klar, nach Hause fliegen, den Rest meiner Familie treffen, meine kleinen Nichten. Also den Flug gebucht!

Meine Schwester Micki und ihr Mann, die gerade aus Südamerika zurück waren, stießen in Washington zu mir und meinen Eltern, und am 4. Februar saßen wir alle in der Frühmaschine nach Iowa. Nach einer Zwischenlandung in Chicago, wo uns wieder eine Reihe Freunde begrüßten, landeten wir um 10 Uhr morgens endlich in Des Moines. Man bat uns, im Flugzeug zu bleiben, bis die anderen ausgestiegen seien, und dann gab es wieder einen Empfang. Der Gouverneur von Iowa (Robert Ray) war mit seiner Frau da, der Oberbürgermeister von Des Moines, etliche weitere Bürgermeister und eine große Menschenmenge, die uns »Willkommen zu Hause!« zurief.

Nach der kurzen Begrüßungszeremonie am Flughafen ging es im Dienstwagen des Gouverneurs in die Stadtmitte. Spielmannszüge der Schulen, winkende Menschen. Es war bitterkalt, aber der Gouverneur fragte mich, ob ich nicht den Rest der Strecke in einem offenen Wagen fahren wollte. Nun, ich hatte in weiser Voraussicht schon in Washington einen extrawarmen Mantel gekauft und antwortete: »Na, wenn ich das in New York konnte, warum nicht auch hier?« Also umgestiegen in ein Kabriolett und eingerahmt von Gouverneur und Oberbürgermeister die Hauptstraße entlang und zum Parlamentsgebäude von Iowa.

Dort hatte man eine kräftige Überraschung für mich bereit: Ich sollte vor dem Parlament von Iowa sprechen und würde die Gouverneursmedaille für Tapferkeit verliehen bekommen. Ich war ganz platt. Ich hatte doch eigentlich überhaupt nichts Besonderes getan. Ich hatte nur das getan, wozu man mich von Kind auf erzogen hatte: Ich hatte mir Mühe gegeben, hatte das Beste aus meiner Lage zu machen versucht. Was sollte ich denn jetzt in dieser Rede nur sagen? Nun, am besten wohl etwas über das, was ich von meinen Eltern und Lehrern gelernt hatte. Ich wählte als Thema meiner Ausführungen »Verantwortung«.

Zunächst stellte ich den versammelten Parlamentariern des

Senats und Repräsentantenhauses* meine Eltern vor. Das war mir eine große Freude, waren sie doch beide dabei und konnten sehen, daß ihre treue, liebevolle Erziehungsarbeit nicht umsonst gewesen war. Weil sie sich so um mich bemüht hatten, konnte ich jetzt diese Ehrung entgegennehmen. Und ich konnte hier öffentlich meiner Dankbarkeit für die beiden Menschen Ausdruck geben, die mir zum Glauben an Christus verholfen und die entscheidenden Lebenswerte vermittelt hatten. Ich rief die Regierung von Iowa zu verantwortlichem Regieren auf; ich bat sie, die jungen Menschen in diesem Bundesstaat in einem Geist der Verantwortung zu erziehen und darin auch selbst Vorbild zu sein.

Auf die Parlamentssitzung folgte ein privates Mittagessen im Gouverneurspalast, und dann flog man mich und meine Lieben in einem kleinen Flugzeug nach Waterloo (Iowa). Jetzt ging es »richtig« nach Hause; der Flughafen Waterloo liegt nur noch 25 km vom Bauernhof meiner Eltern entfernt. Als ich aus dem Flugzeug stieg, wurde ich prompt von einem Vetter meines Vaters, Milton Roth, begrüßt und erhielt von ihm den Stadtschlüssel von Waterloo. Und dann, ja dann rollten sie wortwörtlich den roten Teppich für uns aus!

Im Flughafengebäude erwarteten uns ehemalige Schulfreunde, andere Freunde, Verwandte, Bekannte und Fremde, alle ganz erpicht darauf, mich willkommen zu heißen. Auf einer kleinen Pressekonferenz konnte ich allen mein Dankeschön sagen für das, was sie für meine Eltern getan hatten. Autogramme geben, zahllosen Leuten guten Tag sagen; dann hinein in ein Auto und ... nach Hause.

Nach Hause kommen, das heißt für mich: bei meinen Eltern und Verwandten sein. Zu Hause sein – mit Vater und Mutter sprechen, meinen kleinen Nichten aus ihrem Lieblingsbuch vorlesen, das neue Pony begutachten und die Enten, die Ziegen, die Kälber und Kätzchen, all die Hauptpersonen in der kleinen Welt meiner Nichten.

---

* In den Teilstaaten der USA besteht das Parlament in der Regel (wie auch auf Bundesebene) aus zwei Kammern: einem Senat und einem Repräsentantenhaus.

Natürlich wartete die Presse schon, als wir an unserem Familienhof ankamen, aber ich gönnte ihr nur ein paar Worte und ging ins Haus. So schnell ich konnte, zog ich mich um; her mit den Jeans und dem Parka! Dann wieder hinaus, quer durch den schneebedeckten Garten und zum Haus meiner Schwester Emi. Da kamen sie auch schon aus der Tür gerannt: Susie, Carrie und die dreijährige Diann.

»Tante Katie! Tante Katie!« schrie Diann, beide Arme ausgestreckt. »Diann!« rief ich und nahm sie hoch in meine Arme.

Ihr Vater sah ganz erstaunt zu. »Sag mal, Emi, die erkennt die Kate ja! Aber die kann sich doch gar nicht an sie erinnern, sie war doch erst anderthalb, als sie sie das letzte Mal gesehen hat!«

Ja, wie ging das zu? Aber halt, da war ja die Lösung: Die kleine Diann hatte Tante Katie ja zur Genüge im Fernsehen gesehen!

Der erste Tag zu Hause ... Ich spielte mit diesen kleinen Mädchen, saß mit meiner Schwester am Küchentisch, schlürfte meinen Kaffee, erzählte, ließ die Kinder auf meinem Schoß sitzen oder mir ihre neuesten Schätze zeigen. Dann zurück durch den Schnee und die frische kalte Luft ins Haus meiner Eltern. *Danke, Herr, daß ich wieder zu Hause hier auf dem Land sein kann!*

Der Strom der kleinen und großen Freuden riß nicht ab. Einer unserer Nachbarn veranstaltete ein großes Eintopfessen, was Stunden schöner Gemeinschaft mit den Menschen, die ich schon von Kind auf kannte, bedeutete. Am Sonntagmorgen gab es in der Kirche meiner Kindheit, der Zion Lutheran Church in Jubilee, einen Dankgottesdienst. Die Kirche war bis auf den letzten Platz besetzt – Nachbarn, Freunde der Familie (manche waren von weither angereist), unser Bischof L. David Brown, Präsident Robert Vogel vom Wartburg College und seine Frau Sally.

Auch Pastor William Planz, der mich konfirmiert hatte, war da. Er berichtete, wie für mich dreieinhalb Wochen lang, bis ich das Gesangbuch und dann später die Bibel bekam, die einzige Quelle geistlicher Worte und geistlichen Wissens mein Gedächtnis war. Und er erzählte, wie sein Pastor ihm bei der

Ordination eingeschärft hatte, die Kinder im Konfirmandenunterricht auch Bibelabschnitte auswendig lernen zu lassen. Als ich ihm so zuhörte, mußte ich einmal mehr Gott dafür danken, daß es Pastoren und Lehrer und Eltern gibt, die es ihren Kindern »zumuten«, etwas auswendig zu lernen.

Auch ich mußte in diesem Gottesdienst sprechen. Ich stieg auf die Kanzel und gab meiner Dankbarkeit für das Ausdruck, was ich hier von den Christen in Jubilee an geistlicher Nahrung erhalten hatte.

Dann das Abendmahl. Als ich mit meinen Eltern und Geschwistern dort vor dem Altar niederkniete, dankte ich Gott noch einmal für das große Geschenk, das er mir mit diesen Lieben gemacht hatte, für seine Güte zu uns und für seine Liebe zu jedem in dieser Kirche. Ich betete, daß sein Licht und seine Liebe und sein Wille auch in den Iran kommen möchten. Diese Bitte hatte ich seit jenem Osterbesuch von Pastor Bremer in Teheran jeden Tag vor Gott gebracht.

Nach dem Gottesdienst gab es ein Eintopfessen im Untergeschoß der Kirche, und dann fuhren wir nach Jesup, wo ich damals zur High School gegangen war. In der Schule hatten sich meine ehemaligen Klassenkameraden versammelt. Sie gingen mit mir in die Aula, wo ich wieder einen Stadtschlüssel überreicht bekam – den von Jesup – und mehrere Reden gehalten wurden. Es war ein großartiger Nachmittag, beschlossen von einem großen Abendessen für mich und meine Klassenkameraden im Saal der Bank.

Das nächste größere Ereignis fand in meiner alten Universität statt, dem Wartburg College in Waverly (Iowa). In meiner Rede an die Studenten betonte ich, wie wichtig es für sie sei, ihre Studienzeit in Wartburg recht zu nutzen. »Seht zu, daß ihr etwas davon habt«, sagte ich, »seht zu, daß ihr wachsen, lernen, fragen, forschen könnt.« Während meiner Geiselhaft hatte man für mich und meine Leidensgenossen ein Licht auf dem Dach des ältesten Gebäudes des Colleges angezündet. Nach meiner Rede gingen wir nach draußen, und ich zog dankbar an der Leine, die das Licht zum Verlöschen brachte.

Irgendwann während dieses Besuchs hatte jemand die Idee, ich könnte doch meine Dienste vorübergehend dem College zur Verfügung stellen. Als offizielles Mitglied des Lehrkörpers könnte ich Reisedienste machen und über mein Erleben und die Lehren, die ich daraus gezogen hatte, berichten. Wir einigten uns auf die Zeit von Ostern bis Ende Mai 1981. Der Gedanke, auf diese Weise Wartburg College meinen Dank für das, was es mir gegeben hatte, zu zeigen, gefiel mir außerordentlich.

Nach zwei Wochen Iowa war es höchste Zeit, daß meine Eltern wieder in ein wärmeres Klima kamen. Einige Telefonanrufe und einen Flug später waren Mutter, Vater und ich am Flughafen von Tampa, wo wir noch eine Nichte und Neffen von mir begrüßen konnten. Die jetzt fast elfjährige Emma Louise warf mich fast um vor Begeisterung und ließ mich selbst auf der Rolltreppe noch nicht los.

Ich hatte gedacht, allmählich müßte die Presse sich wohl beruhigt haben; aber nein, wieder wartete in der Empfangshalle ein ganzer Haufen Zeitungs- und Fernsehreporter auf uns. Immer noch wollten sie wissen, was ich denn vorhatte und wie ich mich denn *eigentlich* fühlte. Sie wiederholten viele der Fragen, die ich schon x-mal beantwortet hatte (und heute immer noch geduldig beantworte). Endlich waren wir dann allein mit dem Florida-Zweig unserer Familie. Nachbarn schauten zu uns herein, und ich begann, meine Post durchzugehen. Hunderte von Briefen beantwortete ich in diesen ersten Tagen und Wochen; und als ich das Manuskript dieses Buches fertiggestellt hatte, hatte ich noch Tausende weiterer Antworten vor mir.

So war also die Heimkehr aus der Geiselhaft: fröhlich und dankbar, hatten wir doch unsere Lieben wieder und unsere Lieben uns, und wir waren alle 52 sicher und auch relativ gesund zurückgekommen. Die amerikanische Nation hatte eine schwere Krise erstaunlich gut überstanden. Unsere Heimkehr war, so glaube ich, mehr als nur die Freilassung von 52 Geiseln; in ihr entdeckten die Amerikaner, daß sie doch so etwas wie ein Nationalgefühl haben. In diesen 444 Tagen, in denen eine Gruppe militanter Revolutionäre und Studenten so ziemlich sämtliche internationalen Gesetze brachen, lernten viele Amerikaner, ihren Kopf wieder höher zu halten und wieder fester zusammenzustehen.

# Nachwort

»Ja, wer ist da, bitte?« fragte Mary Jane. Ihre normalerweise warme Stimme klang kühl und distanziert. Noch bevor ich überhaupt in Washington eingetroffen war, war schon eine wahre Flutwelle von Anrufen über sie losgebrochen. Fast ständig klingelte das Telefon.

Ihr Gesicht entspannte sich, und sie lachte. »Ja, Mrs. Todd, sie ist hier. Einen Augenblick bitte.«

Sie hielt mir den Hörer hin. »Kate, Susans Mutter will dich sprechen.« Elsie Todd war eine High-School-Englischlehrerin in Chatham (Virginia), die Mutter meiner Freundin Susan und mithin die Großmutter meiner neuen Namensschwester Kate. Sie war mir eine liebe Freundin geworden.

»Hallo, wie geht's?« fragte ich.

»Danke, gut. Susan hat sich ja so gefreut, als du sie aus Deutschland angerufen hast. Sie hat uns alles erzählt.« Und wir sprachen über dies und das – was gute Freunde so miteinander reden.

Dann kam eine Pause, und Elsie sagte: »Katie, du hast einen furchtbaren Fehler gemacht.«

Mir wollte das Herz in die Hose fallen. *Was soll ich denn jetzt wieder gesagt haben?* fragte ich mich. Diese Reporter!! »Ja, was denn?« japste ich.

»Na, du hast gesagt, du wolltest zu so vielen Leuten sprechen wie du kannst«, kam die Antwort. Ich konnte förmlich den Schalk im Auge von Frau Todd sehen. »Tja, und meine Schüler haben gesagt, daß sie dich gern mal hören würden. Kannst du bei unserer Schulabschlußfeier im Juni sprechen?«

»Ja, prima, gern!«

Seit diesem Telefongespräch habe ich Tausende von Stunden damit verbracht, durchs Land zu reisen, Reden zu halten, Autogramme zu geben, Briefe und Anrufe zu beantworten, Pressekonferenzen zu geben. Ich wollte damit vor allem ein Dankeschön sagen für die Liebe, die mir von so vielen Menschen entgegengeströmt ist. Diese Reisetätigkeit gab mir auch Gelegenheit, Werbung zu machen für den Simons Memorial Scholarship Fund.* Ich glaube, der ganze Rest meines Lebens wird in irgendeiner Weise ein Dank sein für die Fürsorge und Liebe, die ich während meiner Geiselhaft von Gott und seinen Kindern erfahren habe.

Ich habe schier zahllose Geschenke, Orden, Titel und Ehrungen bekommen. Aber jedesmal, wenn mich wieder jemand bittet, eine solche Ehrung anzunehmen, oder wenn wieder eine Mutter zu mir sagt: »Meine Tochter hält Sie für eine richtige Heldin!«, fühle ich mich aufs neue klein und demütig. Wenn hier jemandem Ehre gebührt, dann doch Gott, ohne den ich absolut hilflos gewesen wäre. Ihm gebührt auch *mein* Dank – und wie könnte ich diesen besser zum Ausdruck bringen, als dadurch, daß ich ihm diene?

Wohin der Dienst für Gott mich noch führen wird, weiß ich nicht genau. Aber auf jeden Fall haben sich für mein Zeugnis für Gott schon ganz ungewöhnliche Türen geöffnet. Da werde ich im Fernsehen interviewt, und die erste Frage lautet: »Wie kann man es lernen, seine Feinde zu lieben?« Diese und ähnliche Fragen höre ich immer wieder.

Mein Wunsch, Gott zu dienen, war auch ein entscheidendes Motiv dafür, dieses Buch zu schreiben. Es war keine leichte Arbeit, aber so viele Menschen haben mich auf diese oder jene Art gebeten: »Zeigen Sie uns doch mal schwarz auf weiß, wie Sie da durchgekommen sind«, daß ich das jetzt getan habe. Und wenn der Leser vielleicht meint, daß meine Geschichte aber gar nicht so etwas Besonderes sei, dann ist das deswegen so, weil die Gute Nachricht von der Liebe Gottes halt schon so alt ist.

Als Gott die Menschen schuf, gab er ihnen einen freien

---

* Ein Hilfsfond, mit welchem den Kindern der acht bei dem Befreiungsversuch ums Leben gekommenen Amerikaner die Schul- und Studienkosten finanziert werden sollen.

Willen. Als wir diese Freiheit mißbrauchten und aus Gottes Gegenwart vertrieben wurden, gab Gott uns in seiner Liebe diese Verheißung:

> Und ich will Feindschaft setzen zwischen dir und dem Weibe und zwischen deinem Nachkommen und ihrem Nachkommen; der soll dir den Kopf zertreten, und du wirst ihn in die Ferse stechen.
> (1. Mose 3,15)

Eines Tages würde seine Liebe und Macht im Messias voll zum Ausdruck kommen.

Durch Jahrhunderte und Jahrtausende hindurch hat Gott seine Liebe und Treue zu uns Menschen demonstriert, mitten durch all unsere Untreue und Auflehnung hindurch. Und als dann die Zeit dazu gekommen war, sandte er seinen Sohn – man bedenke: seinen Sohn! –, der uns so sehr liebt, daß er sein Leben für uns gegeben hat. Ist das nicht ein Wunder Gottes? Daß ich von dieser Liebe wußte, daß ich mein Vertrauen auf seine Kraft und Gnade setzen konnte, *das* hielt mich in jenen Monaten der Angst und Ungewißheit Tag für Tag aufrecht.

Sicher gab es auch Tage, wo ich unglücklich oder entmutigt war oder einfach Depressionen hatte, und manchmal regten sich Rebellion und Auflehnung in mir. Aber im Tiefsten *wußte* ich immer, daß Gott mich liebte und ich in seiner Obhut geborgen und sicher war. Nicht sicher im menschlichen Sinne, das verspricht uns die Bibel nirgends; aber geborgen in Ewigkeit in Christus.

Vielleicht danke ich Gott dann am besten, wenn ich anderen Menschen das Evangelium von Christus weitergebe. Ja, und wie kann man nun also seine Feinde lieben? Im Grunde ist mir das noch immer rätselhaft, aber ich habe begriffen, daß Christus uns gebietet, unsere Feinde zu lieben, und daß ich als Christ ein solches Gebot befolgen muß und kann. Diese Liebe – wie auch meine Liebe zu Christus – kommt dabei nicht aus mir selbst, sondern ist ein Geschenk des Heiligen Geistes, denn »die Liebe Gottes ist ausgegossen in unser Herz durch den Heiligen Geist« (Römer 5,5).

Dieses Wunder der Liebe ist eine der größten Realitäten, die ich im Iran erfahren habe. Ich hatte dabei, menschlich gesprochen, viele Lehrer: Christus im Garten Gethsemane, Corrie ten Boom, Augustinus, Martin Luther, Bruder Carlo Caretto. Das folgende Gebet von Vater Charles Eugene de Foucauld, das ich in Carlo Carettos *Search for the Beyond* fand und auf einer leeren Seite meines Neuen Testamentes abschrieb, ist eines meiner Lieblingsgebete geworden:

Mein Vater,
ich gebe mich ganz an dich hin.
Tu mit mir, was du willst.
Was immer du mit mir machst,
ich danke dir.
Ich bin bereit zu allem,
ich nehme alles an,
wo nur dein Wille sich in mir erfüllt
und in aller Kreatur.
Um mehr bitte ich nicht, mein Gott.
Ich lege meine Seele in deine Hände.
Ich gebe sie dir, mein Gott,
mit all der Liebe meines Herzens,
weil ich dich liebhabe.
Die Liebe ist es, die mich dringt,
mich selbst dir zu schenken,
mich so in deine Hände zu legen,
ohne Vorbehalte,
in grenzenlosem Vertrauen.
Denn du bist
mein Vater.

Dieses Gebet verkörperte für mich den Kern meines Gottvertrauens. Ich konnte damals buchstäblich nichts anderes tun, als vertrauen und warten! Jeden Tag neu erfuhr ich Gottes Liebe, und das war mir Grund genug, mich jeden Tag neu seiner Fürsorge anzubefehlen. Das Wissen darum, daß ich mich Christus hingegeben hatte, half mir sehr, jeden neuen

»Umzug«, jeden Tag der Einsamkeit auszuhalten. Ich wußte: Gott würde mich nicht verlassen.

Daß mich niemand mißversteht: Es ist nicht leicht, sein ganzes Leben unter Gottes Willen zu geben. Wir wollen doch so gern »selbständig« sein. Aber sobald ich meine Gefangenschaft mit allem, was dazu gehörte, unter Gottes Willen gegeben hatte, wurde ich innerlich frei, konnte ich meine äußeren Beschränkungen annehmen und das Beste aus ihnen machen.

Ich habe seit meiner Heimkehr mit vielen gesprochen, die in Not sind. Sofern sie Christus vertrauen, können sie sagen: »Wenn ich die Sache Gott in die Hand lege, dann ändert sich etwas.« Nicht, daß ihr Krebs auf einmal verschwindet oder der geliebte Verstorbene wieder lebendig wird; aber in der Liebe Gottes können sie diese schmerzlichen Realitäten tragen und ertragen, sind sie nicht länger in Angst und Verzweiflung gebunden. Sie kennen Gottes Freude und Frieden – jenen Frieden, der höher ist als alle Vernunft.

In den paar Monaten seit Januar 1981 habe ich mehr Stunden im Flugzeug verbracht als vorher in all meinen Berufsjahren zusammengenommen. Im Juni 1981 nahm ich wieder meine Arbeit in der USICA auf. Bei all dem brauche ich mehr Stille und Zeit für Gott als je zuvor. Es gibt immer wieder so viel zu lernen über Gott und meinen Nächsten, und wenn ich mir da nicht genügend Zeit für Gott nehme, werde ich rasch unruhig und eigenmächtig. Ohne die Verbindung zum Wasser des Lebens trocknet man rasch aus. Und wenn ich dann wieder einmal mich in mir selbst verzettele und nicht mehr über den Berg »meiner« Arbeit hinwegsehen kann, dann muß ich innehalten und mich wieder daran erinnern, daß es ja um Gottes Arbeit geht, nicht um meine. Und dann kann ich selbst in einem Bus in Manhattan oder einem Warteraum eines Flughafens still werden und auf Gott hören.

Ich habe sie lieben gelernt, diese leise, feine Stimme, die nach dem Sturm kommt. Wenn ich auf sie höre, dann geht all die Unruhe fort. Christus ist in meinem Leben.

Ich bin gerne mit meinen Verwandten zusammen. Ich rufe sie an, schreibe ihnen, besuche sie. Ich freue mich über meine gute Gesundheit und bin sehr dankbar, daß meine Lieben diesen Sturm überstanden haben. Aber ich habe eigentlich immer gewußt, daß sie ihn überstehen würden! Denn diese Familie ist ja der Ort, wo ich zum ersten Mal die Geschichte hörte, wie Jesus den Sturm stillt. Wir hatten schon manchen, wenn auch kleineren, Sturm überstanden.

Was ich den Menschen zu sagen habe, ist also nichts Neues, überhaupt nichts Neues. Es ist einfach die alte Botschaft vom Glauben, vom Vertrauen, vom Ernstnehmen der Verheißungen Gottes:

> Gott ist unsere Zuversicht und Stärke, eine Hilfe in den großen Nöten, die uns getroffen haben.
> (Psalm 46, 2)

> ... denn der Herr, dein Gott, wird selber mit dir ziehen und wird die Hand nicht abtun und dich nicht verlassen.
> (5. Mose 31, 6)

> Sei getreu bis an den Tod, so will ich dir die Krone des Lebens geben.
> (Offenbarung 2, 10)

Gott liebt uns; wir sind ihm nicht egal. Wir sind seine Geschöpfe, und wir sollen in alle Ewigkeit sein eigen sein.

Danke, Herr! Amen.

# Wort- und Sacherklärungen

Die wichtigeren der in den Fußnoten gegebenen Erläuterungen sind hier noch einmal, in alphabetischer Reihenfolge, zusammengefaßt.

*American Lutheran Church* = Amerikanisch-Lutherische Kirche, eine der protestantischen Denominationen in den USA.

*Des Moines* = Hauptstadt des US-Bundesstaates Iowa.

*Farsi* = Amtssprache im Iran.

*Fulbright-Stipendien* = Akademisches Austauschprogramm (für Studenten und Dozenten) zwischen den USA und anderen Ländern, geht auf den amerikanischen Senator Fulbright zurück (1946). Die Durchführung des Programms obliegt den *Fulbright-Kommissionen.*

*Hahnum* = Höfliche iranische Anrede; etwa: »Meine Dame«.

*Halloween* = Der Tag vor Allerheiligen (wörtlich »All Hallows Eve«, zu »Halloween« verkürzt), also der 31. 10. Er war im vorchristlichen England der letzte Tag des Jahres. Besonders in den USA heute noch ein Volksbrauch; zu einem zünftigen Halloween-Abend gehören u. a. »Geisterlaternen«, die aus einem ausgehöhlten Kürbis o. ä. hergestellt werden.

*Inauguration Day* = Tag der offiziellen Amtseinsetzung des jeweils neuen Präsidenten der Vereinigten Staaten. Er fällt auf den 20. Januar des auf die Wahl folgenden Jahres.

*Iran-American-Society (IAS)* = in den 30er Jahren gegründete Gesellschaft für den kulturellen Kontakt und Austausch zwischen den USA und dem Iran; Sitz in Teheran.

*Lektionar* = Liturgisches Buch mit den Bibelabschnitten für den christlichen Gottesdienst.

*St.-Patrick-Tag* = Der 17. März, der Tag des Schutzheiligen von Irland.

*State Department* = Außenministerium der USA.

*Thanksgiving* = Amerikanisches Erntedankfest; es fällt auf den 4. Donnerstag im November.

*Tschador* = Von der Frau getragener, den gesamten Körper einschließlich des Kopfes bedeckender schwarzer Schleier. Als traditionelle Kleidung im Iran, aber auch in anderen islamischen Ländern verbreitet; Zeichen für Keuschheit.

*USICA* = United States International Communications Agency (Internationale Kommunikationsagentur der USA).

*Valentins-Tag* = Festtag der Liebenden; ursprünglich ein heidnischer Tag (15. Februar), von der christlichen Kirche auf den 14. Februar, den Tag des Märtyrers St. Valentin, verlegt. Im englischsprachigen Raum verschickt man heute noch gern an diesem Tag anonyme Grußkarten, die ausdrücken sollen, daß man den Empfänger gernhat.

*West Point* = Bedeutender Militärstützpunkt am Westufer des Hudson River, im Staat New York; Sitz der 1802 gegründeten Militärakademie der USA.

# Haie unter Haien

Bericht eines Zeugen

von
Siegfried Schlieter

EDITION C-Paperback
320 Seiten
Nr. 56534
DM 24,80

Eine bunt zusammengewürfelte Schar von Hobbytauchern bricht auf zu einer Trauminsel mit einem Wrack in 35 Meter Tiefe. Unter ihnen ist jemand, der nicht zurückkehren will, der am Leben verzweifelt. Da fällt das unheilvolle Wort »Silberschiff«. Von nun an werden sie beherrscht von Gier, Haß, Rivalitäten und Rücksichtslosigkeiten.
Einer versucht, sie zur Besinnung zu bringen. Er konfrontiert sie auf ungewöhnliche Weise mit der Frage nach dem Sinn des Lebens. Aber gleich, ob sie miteinander reden oder ihre Abenteuer über oder unter Wasser suchen, sie sind immer auf der Flucht. Doch die Angst, Grundgefühl ihres Lebens, holt sie ein und treibt sie in die Katastrophe ...

»Was war denn heute morgen? Sag's doch«, fragte Robert.

Sie schüttelte den Kopf wie ein trotziges Schulmädchen und blickte zur Seite.

»Eva«, sagte Simone, die neben ihr stand, »soll ich es für dich tun?«

»Nein, bitte nicht!« Sie warf wieder einen ängstlich-hastigen Blick zur Tür, als wäre diese Tür für sie der Inbegriff alles Unheimlichen. »Was wissen wir schon voneinander! Die Namen gerade. Weiß ich, wer Jean ist oder wer Jörg ist – oder Ben?«

»Und wer bist du?« fragte Ben unvermittelt. »Du bist nicht Hanjos Frau. Wer bist du denn, daß du den Platz einer Ehefrau einnimmst, ohne ihn zu lieben?« Es klang weder vorwurfsvoll noch inquisitorisch, aber doch unausweichlich.

Sie starrte ihn groß an, und ihre Augen füllten sich mit Tränen; und so nicht von ihm ablassend, sagte sie leise: »Ich bin seine Mitarbeiterin, genauer: seine Untergebene, oder noch genauer: die dumme Gans, die lange Zeit bedingungslos getan hat, was er wollte, weil ich meinte, in ihm so etwas wie einen . . . wie einen Vater gefunden zu haben. Zu lange! Zu lange! Fragt mich nicht, warum!« Ängstlich-hilflos irrten ihre Augen von einem zum andern. »Später vielleicht auch aus Mitleid und schlechtem Gewissen seiner Frau gegenüber. Aber was sind schon Gefühle? Einbildungen! Ich weiß, daß das jetzt alles unlogisch in euren Ohren klingt. Es ist auch nicht wichtig, daß ihr's begreift. Aber jetzt braucht er Geld, viel Geld! Und das schnellstens; sonst geschieht eine Katastrophe, wenn er nach Hause kommt.«

Sichtlich erschöpft schloß sie einen Moment lang die Augen und stöhnte: »Ich weiß, daß ich jetzt zuviel gesagt habe. Aber vielleicht vergeßt ihr's.«

Von hinten legte jemand seine Hand auf ihre Schulter. Ich konnte nicht feststellen, zu wem sie gehörte. Jean sagte: »Jetzt begreife ich so langsam . . .« Er starrte finster auf die Tür, durch die Robert gerade die Bar verließ. Und leiser, als dächte er nur laut: »Dafür also der Sprengsatz!«

»Was redest du da?« fragte Claus. Er stand mit Manfred hinter

Eva, und nun sah ich, daß er seine Hand von Evas Schulter nahm. »Was soll der Unsinn?«

»Es ist kein Unsinn«, sagte Jean gedämpft. »Ich hab's deutlich gehört. Diego und Bill haben einen Sprengsatz besorgt, womit sie die Korallen beim Wrack wegsprengen wollen. Das soll niemand erfahren. Robert wohl auch nicht. Wenn's so um Hanjo steht, sollten wir vielleicht auch besser den Mund halten, sonst wird aus der ganzen Sache nichts.«

»Aber wozu wollen sie die Korallen wegsprengen?« fragte Simone.

»Also wie kann man nur so fragen!« ereiferte sich Jochen.

»Hanjo behauptet, unter den Korallen läge die Ladung des Silberschiffes«, berichtete Jean unbeirrt. »Und nun spinnen sie Einzelheiten aus. Die konnte ich nicht mehr mitbekommen, weil sie sich entfernten. Schließlich wollte ich nicht entdeckt werden. Ich hab's ja nur rein zufällig gehört, weil ich über den Rasen kam und hinter dem Hibiskus stehenblieb. Aber haltet den Mund! Am besten, ihr geht jetzt alle wieder auf eure Plätze und laßt euch nichts anmerken. Laßt mich mal machen!«

»Was willst du machen, du versoffener Schwätzer?« Erschrocken fuhren wir herum. Hanjo! Niemand hatte ihn kommen sehen. Keiner wußte, wie lange er bereits neben der Tür auf der Sessellehne gehockt und zugehört hatte. Mißtrauisch finster erhob er sich und kam langsam näher. Man konnte die unruhig forschenden Augen hinter seinen Brillengläsern sehen. Blicke voller Verachtung und Wut schossen zu Jean und zu Eva hinüber.

»Großartige Tauchpartner seid ihr! Sobald einer mal den Rücken kehrt, wird ihm nachspioniert, und dann werden die Köpfe zusammengesteckt, und es wird verdächtigt und dummes Zeug zusammengequatscht, daß einem die Luft wegbleibt.«

»Nun, darin hast du ja wohl Erfahrung«, konterte Jean überraschend ruhig.

»Worin habe ich Erfahrung?«

»Wie einem zumute ist, wenn ihm die Luft wegbleibt«, schaltete sich Jochen ein. »Aus dem Grund machst du doch hier soviel Wind und bringst mit deiner idiotisch-fantastischen Schatzsucheridee die ganze Crew durcheinander.«

»Wieso Luft wegbleibt?« wiederholte Hanjo und blickte finster von einem zum andern.

»Tu doch nicht so!« meldet sich Manfred. »Tu doch nicht so unschuldig, als könntest du hier den Großkotz spielen. Meinst du, wir wüßten nicht, was du brauchst? Wir wissen das ganz genau. Ganz genau wissen wir das! Jawohl, wir wissen alles! Und auch, warum das alles ...« In seiner Schlichtheit und Erregung verriet er durch ständiges Wiederholen und Verbessernwollen immer mehr und machte Andeutungen von einer Tragweite, deren er sich sicher nicht bewußt war.

Hanjo hingegen schien dem eine so ungeheure Bedeutung beizumessen, daß er Eva anstarrte, als wollte er sie mit seinen Blicken umbringen.

Sie war fahlgelb geworden. Atemlos entsetzt preßte sie die Fäuste gegen ihren Halsausschnitt. Sie hatte die Augen geschlossen. Ihre Lippen zitterten.

»Ach so, jetzt verstehe ich!« sagte er auffallend langsam mit unheimlicher Ironie, in der nackte Eifersucht und sein zutiefst verletzter Stolz zutage trat. »Was hat euch denn die kleine Mätresse erzählt? Will sie ein Komplott gegen mich schmieden – oder will sie nur das Herrchen wechseln? Aber das hat sie doch schon getan, denke ich. Fragt doch den armen kleinen Fuß ...«

»Schnauze!« Bill stand jenseits der Theke, drohend geduckt mit kleinen, böse funkelnden Augen, wie ein zum Angriff aufgerichteter Bär. »Noch ein Wort, und ich polier dir die Fresse!«

Hanjo zuckte wie ein geprügelter Hund zusammen. Finstere Wut in sich zurückstauend, wandte er sich ab. Zögernd, schwerfällig ging er mit gesenktem Kopf zur Tür.